普通高等学校应用型教材 · 财税

税收筹划

U1015714

SHUISHOU CHOUHUA

主　编　孙　伟
副主编　谭　韵　周少君
蔡倩怡　孙　璐

TAX

中国人民大学出版社
· 北京 ·

前　言

对税收筹划的研究起始于西方国家，在第二次世界大战后，随着西方各国经济的发展，以所得税制为核心的税收制度得到广泛推行，而所得税的复杂性使税务代理等咨询业得到发展。在 20 世纪 70 年代，西方有关税收的书刊主要分为两大类：一是政府及教学、研究机构出版的解释和宣传税收法规及税收理论与政策研究的书刊；二是咨询公司以企业和独立纳税人为对象，从有效利用税收政策的角度出发，给纳税人提供纳税策略的书刊。中国对税收筹划的研究起始于 20 世纪末，随着市场经济的发展和国家税制的完善，纳税人作为独立经济主体对自身税收利益的诉求越来越明确，税法对纳税人的行为约束也日益规范。因此，依法纳税与合理节税成为纳税人在自身经济利益与国家税收法律之间进行权衡后做出的最佳选择，税收筹划就是为这种选择服务的。税收筹划是在对税收制度和税收政策进行充分研究的基础上，通过对公司组织结构、筹资形式、投资方向及财务会计制度的设计等途径，或通过对具体纳税人的情况进行分析而提出合理的纳税建议，以合法减轻纳税负担的一门实践性很强的课程。

随着我国财经类院校与财经类专业的不断发展，它们对相关专业课程设置的要求逐渐提高。相应地，教材质量也应提升，不仅要具有一定的经济管理理论，而且要具备与之相匹配的实务操作。从专业课程的设置来看，大多数财经类专业已经开设了税收筹划课程；与此同时，随着我国税制的不断改革以及国际化的不断加快，税收筹划教材也应与时俱进，适应当今的教学与实务需求。

与同类教材相比，本教材有以下三个特点：

第一，在广泛吸取以往专家、学者和实际工作者优秀成果的基础上，对税收筹划的相关理论与方法进行梳理，以企业经营活动的全生命周期为主线进行阐述，本教材的体系设计更能体现纳税人作为筹划主体在实际生产经营过程中的税收利益诉求。全书一共分为 8 章，第 1 章介绍税收筹划的基本原理，包括税收筹划的概念与原则、产生的原因及限定因素，以及税收筹划的基本技巧。第 2 章至第 7 章介绍企业进行税收筹划的思路与方法，依次介绍了企业初创环节、经营环节、融资决策、投资决策、财务成果分配以及企业重组兼并的税收筹划思路与具体方法。第 8 章是国际税收筹划，在“双循环”的背景下，更显跨国企业税收筹划问题的重要性。

第二，本教材注重理论联系实际，将基本原理与税收筹划方法紧密结合，即将基本原理贯穿于思路与方法的讲述，而思路与方法也是对基本原理的进一步深化。在阐述基本原理的基础上，本教材着重介绍纳税主体在生命周期不同情境下的税收筹划思路与方法。为防范税务风险，本教材对案例的税务处理列出了相应的法律依据、风险提示和案例解析。

第三，本教材将课程思政元素融入相应的课程内容中，引导学生在学习税收筹划的专业知识过程中贯彻社会主义核心价值观，关注我国税收现实问题，培育学生经世济民、诚信服务、德法兼修的职业素养，培养学生运用税法知识分析、解决税务问题的应用能力，成为政治素养高、社会责任感强、专业基础扎实、具有较强职业能力和宽广国际视野的高层次、复合型税务专门人才。

本教材可以满足财政税务、财务管理、工商管理、会计以及相关专业学生的教学需要，亦可作为各类企业经营管理专业人员职业培训的参考书籍，还可根据不同专业、不同培养目标的差异对内容加以取舍，设计不同的教学计划。

本教材由广东财经大学财政税务学院孙伟主持编写，并负责全书的统稿和审定。其中，第 1 章、第 2 章、第 4 章由孙伟编写，第 3 章、第 6 章由谭韵编写，第 5 章、第 7 章由周少君编写，第 8 章由蔡倩怡编写，孙璐参与校对及 PPT 制作。

由于编者的水平有限，本教材在体系设计、内容阐述、文字表述等方面可能存在一定的不足，恳请各位读者提出宝贵意见。

目　　录

第1章 税收筹划概论

教学目的与要求：

本章主要介绍税收筹划的基本理论与原理。通过本章的学习，学生能对税收筹划的定义及分类、税收筹划的目标等问题有一个全面的了解，能把握税收筹划与避税、偷（逃）税的区别，能树立正确的税收筹划理念与思维。

思政元素的融入：

通过对税收筹划与偷税、避税在实务中的具体表现形式的介绍，使学生对这三种涉税事项的处理方法有感性认识，并要求学生对现实中存在的一些涉税事项处理方法属于哪一种类型进行判断；通过概念的讲解，使学生增强法治意识，明确依法纳税的理念。

第一节 税收筹划的概念与分类

税收筹划是一种事先的安排，而不是事后“诸葛亮”，对一切既成事实业务的筹划，都是在亡羊补牢，往往收效甚微。

一、税收筹划的概念

（一）税收筹划的起源与发展

税收筹划源于西方，是税务咨询中的一项重要业务。19 世纪中叶，意大利的税务专家已经出现，他们为纳税人提供税务咨询，其中便包括为纳税人进行税收筹划。提起税务咨询，人们一般会想起欧洲税务联合会。该联合会成立于1959年，在法国巴黎由5个欧洲国家的从事税务咨询的专业团体成立，其会员是税务顾问和从事税务咨询的专业团体，目前会员有15万，分别来自奥地利、比利时、瑞士、德国、英国、丹麦、西班牙、法国、意大利、卢森堡、荷兰等22个欧洲国家。欧洲税务联合会明确提出税务专家是以税务咨询为中心开展税务服务，同时从事纳税申报表、财务会计文件的填报和编制，以及对行政机关、法庭和纳税人的代理等业务，形成了一种独立于税务代理业务的新业务，这种业务的一个重要方面就是税收筹划。

在税收筹划的发展史上，被大家公认的税收筹划产生的标志事件是1935年英国的“税务局长诉温斯特大公案”。当时，参与此案的英国上议院议员汤姆林爵士对税收筹划做了这样的表述：“任何一个人都有权安排自己的事业。如果依据法律所做的某些安排可以少缴税，那就不能强迫他多缴税收。”这一观点得到了法律界的认同，意味着税收筹划第一次得到了法律上的认可，该案例也成为奠定税收筹划史的基础判例。此后，英国、美国、澳大利亚等国在涉及税务的判例中，也多次援引该案例的原则精神。

另一个重要事件为1947年美国法官G. 汉德在一起税务案件中的判词，它已成为美国税收筹划的法律基石。原文如下：法院一直认为，人们安排自己的活动，以达到降低税负的目的是不可指责的。每个人都可以这样做，不论他是富人还是穷人，而且这样做是完全正当的，因为他无须超过法律的规定来承担国家的税收。税收是强制课征，而不是自愿的捐献，以道德的名义要求缴纳更多的税收只是形而上学的说教之词。

如今，税收筹划在发达国家十分普遍，早已成为一个成熟、稳定的行业，而且专业化趋势十分明显。目前，美国有60%以上企业的纳税工作已委托税务代理人代为办理，日本的这一比例则高达85%。在美国，税收筹划咨询业的年产值在1 000亿美元左右。

税收筹划在我国属于舶来品，引入我国的时间并不长。在西方国家被视为智慧者的文明行为的税收筹划，在我国过去较长时期内却被人们视为神秘地带和禁区，直到1994年我国第一部由中国国际税收研究会副会长、福州市税务学会会长唐腾翔与唐向撰写的《税收筹划》由中国财经出版社出版，才揭开了税收筹划在我国的神秘面纱。该书把税收筹划和避税问题从理论上予以科学的界定，正确区分了避税与税收筹划的界限，引导企业正确理解税收筹划，并提醒企业必须遏制避税。6年后，在《中国税务报》筹划周刊上，出现了“筹划讲座”专栏。现今，税收筹划已经悄悄地进入人们的生活，企业的税收筹划意识不断提高。

（二）理论界对税收筹划概念的阐述

税收筹划概念自20世纪90年代中叶由西方引入中国，译自tax-planning一词，也译作税务筹划、纳税筹划、税务计划等。税收筹划是一门涉及多学科知识的新兴的现代边缘学科，国际上对其概念的描述不尽一致。

荷兰国际财政文献局（IBFD）在《国际税收辞汇》中对税收筹划的阐释是：税收筹划是指纳税人通过对经营活动或个人事务活动的安排，以达到缴纳最低税收的目的。

N. J. 雅萨斯威（印度）认为：税收筹划是纳税人通过对财务活动的安排，充分利用税务法规提供的包括减免税在内的一切优惠，从而获得最大的税收优惠。

迈伦·斯科尔斯（2004）认为：有效的税收筹划要求筹划者考虑拟进行的交易对交易各方的含义，即税收筹划要考虑所有的契约方。有效的税收筹划要求筹划者在进行投资和融资决策时，不仅要考虑显性税收（纳税人直接支付给税务当局的税收），而且要考虑隐性税收（有税收优惠的投资以取得较低税前收益率的形式间接支付非税务当局的税收）；有效的税收筹划要求筹划者认识到，税收只是众多经营成本中的一种，在税收筹划过程中必须考虑所有成本；筹划者要实施某些被提议的税收筹划方案，可能会带来极大的商业重组成本。

在我国，对于税收筹划这一概念，不同的学者给予了不同的解读和定义。

蔡昌（2013）认为：税收筹划是纳税人或扣缴义务人在既定的税制框架内，通过对纳税主体的战略模式、经营活动、投资行为、理财涉税事项进行事先规划和安排，以达到节税、递延纳税或者降低税务风险目标的一系列税务规划活动。

计金标（2012）认为：税收筹划是指纳税人在纳税行为发生之前，在不违反法律、法规（税法及其他相关法律、法规）的前提下，通过对纳税主体（法人和自然人）的经营活动或投资行为等涉税事项做出事先安排，以达到少缴税和递延缴纳税款的一系列谋划活动。

盖地（2012）认为：税收筹划是纳税人依据所涉及的税境，在遵守税法、尊重税法的前提下，以规避涉税风险，控制或减轻税负，有利于实现企业财务目标的谋划、对策与安排。

刘蓉（2015）认为：税收筹划是指纳税人站在企业战略管理的高度。在符合国家法律及税收法规的前提下，选择涉税整体经济利益最大化的方案来管理生产经营和投资、理财活动的一种企业涉税管理活动。

综合上述学者对税收筹划概念的诠释和界定，本书认为：税收筹划是在符合税法规定的前提条件下，在经济活动发生之前通过对企业涉税事项的合理筹划与安排，从而在减轻税收负担、获取资金时间价值和涉税零风险方面达到企业税收利益最大化的一种涉税管理活动。

（三）税收筹划与偷（逃）税、避税的区别

1. 与税收筹划相关的概念

（1）偷（逃）税。偷税是指“纳税人伪造（设立虚假的账簿、记账凭证）、变造（对账簿、记账凭证进行挖补、涂改等）、隐匿、擅自销毁账簿、记账凭证，或者在账簿上多列支出（以冲抵或减少实际收入）或者不列、少列收入，或者经税务机关通知申报仍然拒不申报或者进行虚假的纳税申报，不缴或者少缴应纳税款的”行为。对偷税行为，税务机关一经发现，应当追缴其不缴或者少缴的税款和滞纳金，并依照《中华人民共和国税收征收管理法》（以下简称《税收征管法》）的有关规定追究其相应的法律责任。构成涉税犯罪的，应当依法追究刑事责任。

纳税人采取欺骗、隐瞒手段进行虚假纳税申报或者不申报，逃避缴纳税款数额较大并且占应纳税额百分之十以上的；扣缴义务人采取欺骗、隐瞒手段，不缴或者少缴已扣、已收税款，数额较大的，即构成逃避缴纳税款罪。

在2009年2月28日第十一届全国人民代表大会常务委员会第七次会议通过的《中华人民共和国刑法修正案（七）》[以下简称《刑法修正案（七）》]中以逃避缴纳税款罪取代了原来的偷税罪。

《刑法修正案（七）》规定："纳税人采取欺骗、隐瞒手段进行虚假纳税申报或者不申报，逃避缴纳税款数额较大并且占应纳税额百分之十以上的，处三年以下有期徒刑或者拘役，并处罚金；数额巨大并且占应纳税额百分之三十以上的，处三年以上七年以下有期徒刑，并处罚金。

扣缴义务人采取前款所列手段，不缴或者少缴已扣、已收税款，数额较大的，依照前款的规定处罚。

对多次实施前两款行为，未经处理的，按照累计数额计算。

有第一款行为，经税务机关依法下达追缴通知后，补缴应纳税款，缴纳滞纳金，已受行政处罚的，不予追究刑事责任；但是，五年内因逃避缴纳税款受过刑事处罚或者被税务机关给予二次以上行政处罚的除外。"

（2）避税。避税是指纳税人利用税法的漏洞、特例或者其他不足之处，采取非违法的手段减少应纳税款的行为。这是指纳税人使用一种在表面上遵守税收法律法规，但实质上与立法意图相悖的非违法形式来达到自己的目的。避税具有非违法性、策划性、权利性、规范性和非倡导性的特点。

2. 税收筹划与偷（逃）税、避税的区别

税收筹划与偷（逃）税、避税都可达成降低税负的效果，但成功的税收筹划不应被视为避税，更不能被视为偷（逃）税，因而明确税收筹划与偷（逃）税、避税的区别十分必要。

【例1-1】 2018年，我国第一部体现"绿色税制"的单行税法《中华人民共和国环境保护税法》出台并正式实施。根据《中华人民共和国环境保护税法》的规定，国家对生产某种严重污染环境的产品要征收环境保护税。

一家生产污染产品的企业面临税收筹划方案选择的情境，如何决策才能不缴环境保护税（见图1-1）？

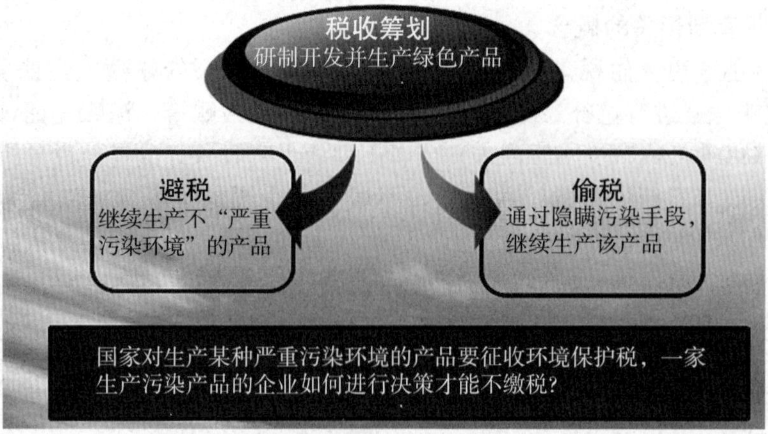

图1-1 污染企业的选择

该企业面临三种选择：

(1) 偷税。《中华人民共和国刑法》规定：纳税人采取欺骗、隐瞒手段进行虚假纳税申报或者不申报，逃避缴纳税款数额较大并且占应纳税额百分之十以上的，处三年以下有期徒刑或者拘役，并处罚金；数额巨大并且占应纳税额百分之三十以上的，处三年以上七年以下有期徒刑，并处罚金。

(2) 避税。避税是指以合法手段减少应纳税额，通常含有贬义。例如，该词通常用于描述个人或企业通过精心安排，利用税法漏洞、特例或其他不足之处来投机取巧，以达到避税目的。用来防范或遏制不允许的避税行为的法律条款，可称为“反避税条款”或“对付合法避税的条款”。

(3) 税收筹划。纳税人在符合国家法律及税收法规的前提下，按照税收政策法规的导向，事先选择税收利益最大化的纳税方案处理自己的生产经营和投资理财活动的一种企业筹划行为。

从上述界定可以看出，这三种行为都可以达到不缴税的目的，但偷税是违法的，会受到法律严惩；避税尽管不违法，但它很可能与国家税法的立法意图相违背，也是国家不鼓励的行为；只有税收筹划既符合国家的立法意图，又能达到不缴税或少缴税的目的。

案例解析：

本案例中的企业是采用隐瞒污染手段、继续生产污染产品的偷税行为，还是采用继续生产不“严重污染环境”的产品的避税行为，抑或是采用研发生产绿色产品的税收筹划行为？

偷税违法，会受到法律制裁；避税不违法，但违背税收公平；只有税收筹划才是可行的。该企业的正确做法是税收筹划，即根据税法的各项优惠、鼓励政策，进行投资、筹资、企业制度改造、产品结构调整、绿色技术创新等决策。尽管企业进行税收筹划在主观上是为了减轻自己的税收负担，但在客观上却是借助国家税收经济杠杆的作用，逐步走向了优化产业结构和生产力合理布局的道路，体现了国家的产业政策，有利于促进资本的流动和资源的合理配置。

因此，我们可以看到，税收筹划以遵守税法为前提，并且大多以选择最优业务方案的方式来实现税后利益最大化，因而具有合法性和合理性。

逃税是在纳税人的纳税义务已经发生且能够确定的情况下，采取不正当或不合法的手段以逃避其纳税义务的行为。因此，逃税行为触犯了税法，会受到法律制裁。

与逃税相比，避税更难与税收筹划相区分。避税行为在各国的税收实践中是争议很大的。一方面，根据自由合约精神，纳税人有权自主决定其经济行为来避免或降低税负。在相关的判例中，我们经常可以看见法庭对纳税人降低税负的行为做出支持。另一方面，在尊重经济效益和法律确定性的前提下，纳税人又不应滥用自己的权力来降低税负。经济合作与发展组织（Organization for Economic Cooperation and Development，OECD）在《国际逃税和避税报告》中提及：避税行为有违财务公平性原则，对财政预算有重大影响，并且对国际竞争和资本流动有扭曲性影响，所以成为政府的顾虑。

该报告还表明：通过合理的税收筹划（在税收减免和优惠政策中选择与业务模式匹配的最有利方案）来避免或降低税负是可行的。显然，这也不是政府意图打击的对象。将避税与税收筹划相混淆，是语义的扭曲，并且误解了政府针对不可接受的税收规避行为而采取的策略。

由此可见，税收筹划对政府来讲是可以接受的，而避税则是受到规制的。

当然，在现行法律体系下，界定“使用”和“滥用”是十分困难的。在OECD的这份报告中没有对“避税”做出精确定义，而是列出了“避税”通常具备的三要素：①整个交易安排有较重的人工痕迹，业务和经济目标不是其首要目标；②避税安排可能比较隐蔽；③避税行为经常利用法律漏洞。

从目前来看，国际组织以及各国之间为各自的经济利益，逐步走向国际反避税的联合，当前对国际反避税有较大推动作用的无疑是OECD的税基侵蚀和利润转移（BEPS）行动计划。BEPS行动计划为各国提供了建议，包括如何修订本土税法及税收协定，确保跨国公司支付与其利润相对应的税款。在反避税的制度构建方面，很多发达国家建立起成熟的税收体制，包括针对企图在其司法管辖区内避税的企业的法律制度。一般来说，这方面的制度包括一般反避税规则和特别反避税规则，用于避免企业在并无实际经营活动的地区获得税收优惠。

二、税收筹划的分类

（一）按税收筹划的需求主体进行分类

税收筹划的需求主体是指需要进行税收筹划的主体，即谁需要进行税收筹划。税收筹划是应需求主体的需要而产生的，不同的需求主体有不同的税收筹划需求。广义的税收筹划需求主体泛指一切需要税收筹划的纳税人，由于纳税人分为法人和自然人，因而税收筹划需求主体也分为法人和自然人。依据税收筹划需求主体的不同，税收筹划可分为法人税收筹划和自然人税收筹划两大类。

1. 法人税收筹划

法人税收筹划主要是对法人的组建、分支机构设置、筹资、投资、运营、核算、分配等活动进行的税收筹划。由于我国现阶段的税制模式是以流转税和所得税为主，企业是税收的主要缴纳者，因而法人税收筹划是我国税收筹划的主体。

2. 自然人税收筹划

自然人税收筹划主要是在个人投资理财领域进行。西方许多国家以个人所得税或财产税为主体税种，而且税制设计复杂，因而它们的个人纳税人对自然人税收筹划的需求有相当规模。目前，我国的税制模式决定了自然人不是税收的主要缴纳者，虽然我国涉及自然人的税种不少，但纳税总额并不大，因而自然人税收筹划的需求规模相对于法人税收筹划要小一些。当前，自然人税收筹划主要体现在个人所得税以及财产税方面。

(二）按税收筹划的供给主体进行分类

税收筹划的供给主体是指税收筹划方案的设计人和制定人，即税收筹划方案的提供者。税收筹划的供给主体可以是需求主体本身，也可以是外部提供者。按税收筹划提供主体的不同进行分类，税收筹划可以分为自行税收筹划和委托税收筹划两大类。

1. 自行税收筹划

自行税收筹划是指由税收筹划需求主体自身为实现税收筹划目标所进行的税收筹划。自行税收筹划要求企业拥有掌握税收筹划业务技能、具有税收筹划能力的专业人员，能够满足企业自身税收筹划的要求。对于企业来说，自行税收筹划的供给主体一般是以财务部门及财务人员为主。目前，由于我国税收法规和税收政策的复杂性，企业很难精通和准确把握税法的规定，因而自行税收筹划的成本与风险比较大，并且自行税收筹划的效果不是很理想。

2. 委托税收筹划

委托税收筹划是指税收筹划需求主体委托税务代理或税收筹划专家进行的税收筹划。由于税务代理或税收筹划专家具有丰富的税收专业知识和较强的税收筹划技能，因而他们制定的税收筹划方案的成功率相对较高。虽然委托税收筹划需要支付一定的费用，同时承担一定的风险，但委托税收筹划的成本与风险相对自行税收筹划要低，并且即使有风险，也能通过事前约定由委托方与受托方共同分担。可以说，委托税收筹划是效率比较高、效果比较好的一种税收筹划形式。

(三）按税收筹划的范围进行分类

按税收筹划的范围进行分类，税收筹划可分为整体税收筹划和专项税收筹划。

1. 整体税收筹划

整体税收筹划是指对纳税人的生产经营、投资理财等涉税活动进行全面、整体的税收筹划。一般来说，大中型企业的生产经营规模较大、运营情况较复杂、涉税事项较多、财务规划任务较重，因而对其进行整体税收筹划具有特殊的意义。整体税收筹划具有“两大”“两高”的特点，即“难度大、风险大，成本高、收益高”。目前，我国税收筹划尚处于初期阶段，整体税收筹划从业人员的业务素质水平不高，能胜任这项工作的人员较少，还不能满足企业整体税收筹划的需要。

2. 专项税收筹划

专项税收筹划是指针对纳税人的某一项或几项生产经营、投资理财决策活动以及某一税种或几个税种进行的专门税收筹划。专项税收筹划的针对性强、目标具体、难度相对较小，因而成本相对较低、效果比较明显。

(四）按税收筹划的税种进行分类

按征税对象的不同，我国税种分为流转税、所得税、财产税、资源税、行为税五大类。与此相对应，按照税收筹划涉及的不同税种进行分类，税收筹划可分为流转税的税收筹划、所得税的税收筹划、财产税的税收筹划、资源税的税收筹划和行为税的税收筹划。由于流转税和所得税是目前我国税制结构中最主要的两类税，因而也是纳税人税收筹划需求最大的两类税。

（1）流转税的税收筹划主要是围绕纳税人的身份、销售方式、货款结算方式、销售额、适用税率、税收优惠等相关纳税项目进行的税收筹划。

（2）所得税的税收筹划主要是围绕收入实现、经营方式、成本核算、费用列支、折旧方法、捐赠、筹资方式、投资方向、设备购置、机构设置、税收政策等涉税项目进行的税收筹划。

（五）按税收筹划的环节进行分类

企业在生产经营、投资理财等环节都存在决策问题，同时伴随着对税收筹划的需求。由于不同环节的决策目标十分具体且不尽相同，并且相应的税收政策及相关政策的规定较多且差别较大，这就给税收筹划留下了较为广阔的空间。也就是说，企业只要筹划得当，就有机会获得一定的税收利益。因此，从生产环节着手税收筹划在企业税收筹划中得到了高度重视，成为企业税收筹划的重点。

按税收筹划环节的不同，税收筹划可分为机构设置的税收筹划、投资决策的税收筹划、融资方式的税收筹划、经营策略的税收筹划、产销决策的税收筹划、成本费用核算的税收筹划、利润分配的税收筹划等。按生产经营、投资理财的不同环节进行的税收筹划一般可称为环节税收筹划。

第二节　税收筹划的目标和原则

一、税收筹划的目标

税收筹划的目标是税收筹划需求主体通过税收筹划期望实现的目的。自从税收筹划产生以来，人们对税收筹划的目标定位经历了不断发展演变的过程。

1. 减轻税收负担

在税收理论中，税收负担是指纳税人或负税人因税收而承受的经济利益牺牲或福利损失，即其承担的税额。税收负担可以分为直接负担和间接负担，货币负担和真实负担。

直接负担是指纳税人缴纳的税款不能转嫁给他人，完全由纳税人自己承担，即纳税人与负税人为同一人，如所得税、财产税等直接税，其税负一般不能转移。间接负担是指由他人以各种方式转移而形成的负担，即纳税人与负税人分离。

货币负担是指纳税人直接承担的货币税款。真实负担又称实际负担，是指纳税人因纳税而牺牲的真实福利。在某些情况下，货币负担与真实负担可能相等，也可能不等。如果缴税给纳税人带来的效用相等，则两者相等；如果缴税使纳税人感到效用牺牲较大，则两者不等。

税收负担既可以从全体纳税人的角度来分析，又可以从个别纳税人的角度来分析。前者被称为宏观税负，后者被称为微观税负。宏观税负是指一个国家中所有纳税人税收负担的总和，被称为总体税收负担，反映一个国家或地区税收负担的整体状况，一般用税收总收入与GDP的比率表示。微观税负是指单个纳税人的税收负担及其相互关系，它反映的是税收负担的结构分布和每个纳税人的税收负担状况。在税收筹划目标研究中，税收负担仅指微观个体的税收负担，而且是站在纳税人而非负税人（或两者兼顾）的角度。

税收负担有两种表示方法：一是绝对额，即纳税人支付给政府的税款；二是相对额，它是纳税人的应纳税额与其计税依据的比率，即税收负担率。相对额具有较强的科学性和可比性，它便于从不同角度对不同层次、不同方面的税收负担进行分析比较。因此，税收筹划中的“税收负担”概念通常是指税收负担率。

在计算纳税人的实际税负时，是否应该考虑税负转嫁和被转嫁因素？纳税人在将税负转嫁给他人时，也可能被他人转嫁。因此，在计算企业的实际税负时，不必考虑（计算）转嫁额，即不必考虑纳税人与负税人分离的问题：一是税负转嫁金额和被转嫁金额实际上很难准确计算出来；二是即使根据判断或测算计算出来，也没有合法合规的会计凭证作为依据；三是它已经体现在购销价格中，没有必要再进行主观剥离。

税收筹划的各项具体目标不是截然分开的，不同企业可以有不同的目标，同一企业在同一时期也可能有几种目标，其不同时期的具体目标也可能有所不同、有所侧重，即纳税人应该根据自身情况，设计适应企业发展的税收筹划目标或目标组合。

2. 实现涉税零风险

涉税零风险是指纳税人的账目清楚，纳税申报正确，缴纳税款及时、足额，不会出现任何关于税收方面的处罚，即在税收方面没有任何风险或风险极小，甚至可以忽略不计的一种状态。正确、恰当地履行纳税义务是税收筹划的基础目标或最低目标，旨在规避纳税风险和任何法定纳税义务之外的纳税成本（损失）发生，避免因涉税而造成的名誉损失，做到诚信纳税。为此，纳税人应做到纳税遵从，即依法进行税务登记，依法建账并进行票证管理，依法申报纳税，在税法规定的期限内缴纳应缴税款。如果偏离了纳税遵从，企业将面临涉税风险。

由于税制的复杂性，决定了纳税义务不能自动履行，纳税可能会给企业带来或者加重经营损失、投资扭曲和纳税支付能力不足等风险，纳税人必须正确掌握所涉及的税法，尽可能避免纳税风险带来的潜在机会成本发生。

3. 获取资金的时间价值

资金是有时间价值的，纳税人通过一定的手段，将当期应纳税额延缓到以后年度缴纳，从而获得资金的时间价值，这是税收筹划目标体系的有机组成部分之一。通过税收筹划实现递延纳税，相当于从政府取得了一笔无息贷款，其金额越大、时间越长，对企业的发展越有利。在信用经济环境下，企业一般都是负债经营，而负债经营既有成本又有风险，要求企业的负债规模要适度、负债结构要合理。通过税收筹划实现递延纳税，对改善企业的财务状况是非常有利的。

获取递延纳税的时间价值是假定税制和币值不变，如果预计未来税制或币值、汇率等可能发生变化，应充分考虑其变动趋势，避免日后出现相反的结果，那就“聪明反被聪明误”了。

4. 税收筹划的主导目标是企业价值最大化

企业作为理性经济人，其最终目标是实现企业价值最大化，这就要求企业以最小的成本投入换来最大的收益产出。与此同时，企业作为理性纳税人，其基本目标（或最终目标）是在遵守或尊重税法的前提下，正确履行纳税义务，充分享受纳税人的权利，实现企业税收利益最大化、税后价值最大化，而不是简单的缴税最少、最晚。

公司的目标是在税务会计的核算下实现税负最小化及税后利润的最大化。萨莉·M. 琼斯、谢利·C. 罗兹-盖特纳奇在《税收筹划原理》（第11版）中也明确指出：税收筹划意味着降低税收成本来最大化公司的价值。这两位作者还在《高级税收战略》一书中写道：经营和财务决策的目标是税后价值最大化。这既说明了税收筹划目标与财务决策目标的一致性，又说明了不能忽视税收因素对公司经营和财务决策目标的影响。

尽管税收筹划的目标与企业财务管理的目标最终一致，但税收筹划是从税收的角度或者是在充分考虑税收因素的情况下，通过对企业财务活动的精心安排，使纳税人的可支配财务利益最大化，即税后收益最大化。

二、税收筹划的原则

税收筹划是一项技术性、政策性很强的工作，税收筹划适当会给企业带来一定的经济利益，但如果税收筹划失当，则可能会给企业带来损失。在开展税收筹划时，企业应当遵循一些基本原则。

（一）合法性原则

合法性是指税收筹划只能在税收法律许可的范围内进行。这里有两层含义：一是遵守税法；二是不违反税法。合法是税收筹划的前提。企业税收筹划是在不违反国家税收法律的前提下，企业通过对经营、投资和理财活动进行调整，以达到减轻企业税负、获取最大经济利益的一种企业管理行为。

税收筹划之所以有别于偷（逃）税行为，就因为它是遵守了国家相关税收法规的合法行为。依法纳税是每个法人、自然人应尽的义务，国家法规不容忍任何单位和个人践踏，各种偷（逃）税行为是国家法律不允许的。《税收征管法》规定：“对纳税人偷税的，由税务机关追缴其不缴或者少缴的税款、滞纳金，并处不缴或者少缴的税款百分之五十以上五倍以下的罚款；构成犯罪的，依法追究刑事责任。”

作为纳税主体的企业法人，由于承担的税种较多，纳税税基、地点、时限、税率、纳税主体等各有差异，在进行税收筹划后，企业的税负就可能不同，加之税法的抽象性和概括性，无法将每项应税事务规定得很具体，其中不乏可通过调节业务来降低企业纳税的事项。但无论出于何种原因，企业进行税收筹划的前提就是合法，所有的违法行为都不能称为税收筹划。

企业要进行税收筹划，首先应遵守国家相关的税收法规，这就要求税收筹划的当事人应熟知国家各项税收法律法规，只有在懂法、守法的基础上，才能有效地进行税收筹划。

☞阅读材料

打击虚开发票正式立法

在增值税改革初期，各项配套措施还不够完善。一些不法分子趁机大肆进行虚开增值税专用发票和用于骗取出口退税、抵扣税款的发票，伪造、出售伪造的增值税专用发票犯罪给国家造成了巨大损失。为了严厉打击这类犯罪、保障税制改革的顺利进行以及保护国家经济利益，1995 年 10 月 30 日全国人民代表大会常务委员会通过了《关于惩治虚开、伪造和非法出售增值税专用发票犯罪的决定》，规定了虚开增值税专用发票罪，用于骗取出口退税、抵扣税款发票罪，伪造、出售伪造的增值税专用发票罪，并规定其法定最高刑是死刑。

《全国人民代表大会常务委员会关于惩治虚开、伪造和非法出售增值税专用发票犯罪的决定》(1995 年 10 月 30 日第八届全国人民代表大会常务委员会第十六次会议通过)第一条规定如下：

虚开增值税专用发票的，处三年以下有期徒刑或者拘役，并处二万元以上二十万元以下罚金；虚开的税款数额巨大或者有其他严重情节的，处三年以上十年以下有期徒刑，并处五万元以上五十万元以下罚金；虚开的税款数额特别巨大或者有其他特别严重情节的，处十年以上有期徒刑或者无期徒刑，并处没收财产。有前款行为骗取国家税款，数额特别巨大、情节特别严重、给国家利益造成特别重大损失的，处无期徒刑或者死刑，并处没收财产。虚开增值税专用发票的犯罪集团的首要分子，分别依照前两款的规定从重处罚。

虚开增值税专用发票是指有为他人虚开、为自己虚开、让他人为自己虚开、介绍他人虚开增值税专用发票行为之一的。

【例 1-2】　　“富余票虚开”，小心“馅饼”变“陷阱”

何谓“富余票虚开”？

企业在日常经营活动中，通常存在部分消费者未索取发票的情况，当企业按实际销售额申报增值税时，企业申报的销售额会大于发票开票金额，由此产生了“富余票”。

“富余票虚开”大多发生在自然人消费者较多的行业，比如加油站、超市、住宿、手机批发零售等行业。由于这些行业的客户大多为自然人，当消费者未要求开票时，有的企业就不再开具发票，导致有较多的不开票销售收入。部分企业经受不住经济利益的诱惑，虚开“富余票”，赚取开票费。

手机批发零售行业因其行业特点，往往“富余票”的规模较大，让一些不法分子动起了“歪心思”。广州税务稽查部门近年查处的 J 公司虚开发票案就是该类型的案件。

J 公司在没有真实交易的情况下，为 K 公司虚开增值税专用发票，按票面金额 7% 收取开票费。短短几个月时间，J 公司老板通过虚开 3 000 万元增值税专用发票，赚取了开票费 210 万元。

正当J公司老板高兴之际，广州市税务稽查部门运用大数据分析发现J公司有重大虚开嫌疑，及时启动税警联合办案机制。此后，税警联合成立专案组对J公司开展侦查，迅速掌握了J公司涉嫌虚开的大量证据。经周密部署后，税警部门联合对J公司突击进场检查，在现场查获大量涉嫌虚开的证据。最终证实，J公司无真实交易，为K公司开具与实际经营业务情况不符的增值税专用发票价税合计达3 000万元。J公司最终被法院判处罚金100万元，公司法人被判处有期徒刑11年。

利用“富余票”虚开增值税专用发票，触犯了刑法第二百零五条虚开增值税专用发票、用于骗取出口退税、抵扣税款发票罪，税务机关需要将案件移送公安机关追究刑事责任，按法律规定判处罚金，并对其直接负责的主管人员和其他直接责任人员进行刑事处罚。

广州税务部门特别提醒，广大企业应守法经营，依法开具发票和申报纳税，切莫以身试法。在日常经营中，一方面，企业要坚持依法诚信纳税；另一方面，还要加强企业内部风险控制，管住特殊岗位员工。企业经营者可以定期将业务部门的客户名单与财务部门开具发票的客户名单对碰，从中发现是否有异常发票，以杜绝特殊岗位上的员工利用工作之便私自以企业名义虚开发票的违法行为。

案例来源：如何防范发票虚开骗税风险看这里！广州日报，2020-10-10.

（二）事先性原则

税收筹划必须做到与现行的税收政策法令不冲突。由于国家税法制定在先，而税收法律行为在后，在经济活动中，企业的经济行为在先，向国家缴纳税款在后，这就为我们的税收筹划创造了有利的条件。企业完全可以根据已知的税收法律规定，调整自身的经济事务，选择最佳的纳税方案，争取最大的经济利益。如果没有事先筹划好，在经济业务发生后，应税收入已经确定，纳税义务已经既定，则税收筹划就失去了意义。

需要注意的是，事先安排叫税收筹划，事后处理可能构成欠税或逃税。企业的财务管理包括筹资管理、投资管理、资金运营管理和收益分配管理，每个管理过程都有税收筹划的工作可做。例如，按照税法的规定，负债的利息作为所得税的扣除项目，享有所得税利益，而股息支付只能在企业税后利润中分配，因而采用债务资本筹资就有节税优势。

又如，通过融资租赁，企业可以迅速获得所需资产、保存举债能力，而且支付的租金利息也可以按规定在所得税前扣除，减少了计税基数。更重要的是，租入的固定资产可以计提折旧，从而减少了企业的纳税基数，因此融资租赁的税收抵免作用极其显著。

在投资管理阶段选择投资地点时，可以选择低税率地区，如国家鼓励的西部地区等，这样就会享受到税收优惠；在选择投资方式时，如果企业欲投资一条生产线，是全新购建还是收购一家账面亏损的企业？除考虑不同投资方式实际效益的区别外，还应注意到收购亏损企业可能带来的所得税降低；在选择投资项目时，国家鼓励的投资项目和国家限制的投资项目在税收支出上有很大的差异。

在企业组织形式的选择上，对于有限责任公司与合伙企业、分公司与子公司来说，不同的组织形式所适用的税率是不同的。

在经营管理阶段，不同的固定资产折旧方法直接影响纳税。虽然不同的折旧方法应计提的折旧总额相等，但各期计提的折旧费用相差很大，从而影响各期的利润及应纳税所得额；在采购时，采购对象是不是一般纳税人也有很大的影响。

（三）成本效益原则

税收筹划可以减轻企业的税收负担，使企业获得更多的经济利益，因而许多企业都千方百计地加以利用。但是，在具体操作中，虽然许多税收筹划方案在理论上可以少缴纳一些税款或降低部分税负，但在实际运作中往往不能达到预期效果，其中很多税收筹划方案不符合成本效益原则，是造成税收筹划失败的原因。税收筹划的目标应该与企业财务管理的目标是相同的——实现企业价值最大化。所以，企业在进行税收筹划时，要综合考虑采取该税收筹划方案能否给企业带来绝对的利益，同时要考虑企业整体税负的降低以及纳税绝对值的降低。

由于税收筹划在降低纳税人税收负担、取得部分税收利益的同时，必然要为税收筹划方案的实施付出额外的费用，导致企业相关成本的增加，以及因选择该税收筹划方案而放弃其他方案所损失的相应机会收益。因此，企业在税收筹划前需要进行必要的税务咨询，有时还要聘用专业的税务专家为企业服务，或直接购买税收筹划方案。所以，税收筹划与其他管理决策一样，必须遵循成本效益原则，只有当税收筹划方案的所得大于支出时，该税收筹划方案才是成功的筹划。

（四）整体性原则

企业在进行一种税的税收筹划时，还要考虑与之有关的其他税种的税负效应。企业应进行整体税收筹划和综合衡量，以求整体税负轻、长期税负轻，防止顾此失彼、前轻后重。

企业的任何一项经济活动可能都会涉及多个税种，从小的方面说，综合衡量就是眼睛不能只盯在个别税种的税负高低上，因为一种税少缴了，另一种税有可能多缴。也就是说，要着眼于整体税负的轻重。税收筹划不能局限于个别税种的税负高低，而应保证整体税负最轻。

此外，从另一个角度来看，税款支付的减少不等于资本总体收益的增加，最理想的当然是节税增收。如果有多种税收筹划方案可供选择，那么总体收益多但纳税适当的方案，也应视为理想的方案。也就是说，税收筹划要算大账，要符合企业的战略发展需要。因此，选优弃劣、避害取利始终是税收筹划的根本原则。

（五）社会责任原则

企业利用有限的社会资源，通过合理分配、加工（包括研发环节），再到制成成品，在这个过程中产生的价值对社会有巨大的贡献。既然企业利用的资源来自社会，企业也要回馈社会，称之为“责任”。社会的发展过程证明，传统的自由至上主义理论并不是完全行得通的。从 20 世纪初到 20 世纪六七十年代，西方国家的一些重大环境灾害事件相继出现，使企业的社会责任实践受到了越来越多的关注和重视。

市场经济中的主体在从事利润最大化的经济活动时，会产生外部性。经济外部性是指经济主体（包括厂商或个人）的经济活动对他人和社会造成的非市场化影响，分为正外部性和负外部性。正外部性是指某个经济行为个体的活动使他人或社会受益，而受益者无须花费代价。负外部性是指某个经济行为个体的活动使他人或社会受损，而造成外部不经济的经济行为个体却没有为此承担成本。当企业产生正外部性时，其社会责任与财务利益大体是一致的；当企业产生负外部性时，其社会责任就与财务利益存在矛盾。此时，在进行税收筹划时必须考虑作为一名社会成员的纳税人所应承担的社会责任。

例如，某企业根据《中华人民共和国企业所得税法》（以下简称《企业所得税法》）中关于税收优惠的规定，购置并实际使用《节能节水专用设备企业所得税优惠目录》规定的节能节水专用设备，那么该专用设备投资额的10%可以从企业当年的应纳税额中抵免，从而可以减少企业的税负。这种税收筹划活动在承担社会责任的同时，不仅可以减少税负，而且还是政府鼓励的行为。

（六）稳健性原则

由于我国大部分税种的税率、征收率不是单一税率，有的税种还有不同的扣除率、出口退税率。纳税人要避免多缴税款，在兼营不同税种、不同税率的货物和劳务，出口货物，以及同时经营应税货物与免税货物时，要按不同税率（退税率）分别设账、核算（它与财务会计的设账原则不同）；在有混合销售行为时，要掌握计税原则。

另外，由于增值税实行专用发票抵扣制，故依法取得并认真审核、妥善保管增值税专用发票是至关重要的。对纳税人来说，这些都是保护性措施，否则不仅无法减轻负担，而且有可能加重负担。

【例1-3】 有些公司为了规避企业所得税、降低税负，通过购买大量的名人字画来增加企业支出，甚至使企业出现亏损。请思考：这样做是否可行？

企业购买的名贵字画、古董等收藏品，不属于固定资产的范畴，与企业生产经营没有直接关系（经营字画的企业除外），所支付的相关费用不得在税前扣除。

纳税人为了提升企业形象，购置古玩、字画以及其他艺术品的支出，不得在购买年度的企业所得税税前扣除，而应在处置该项资产年度的企业所得税税前扣除。

（七）时效性原则

税收筹划是一门科学，有其规律可循。但是，一般的规律并不能代替一切，不论多么成功的税收筹划方案，都只是一定历史条件下的产物，不是在任何地方、任何时间、任何条件下都可适用的。税收筹划的特征是合法性，究竟何为违法、何为合法，这完全取决于一个国家的具体法律。随着地点的变化，纳税人从一个国家到另一个国家，其具体适用的法律关系是不同的；随着时间的推移，国家的法律也会发生变化，而企业面对的具体的国家法律法规不同，其行为的性质也会因此而不同。

由此可见，任何税收筹划方案都是在一定的地区、一定的时间、一定的法律法规环境下，以一定的企业经济活动为背景制定的，具有针对性和时效性。一成不变的税收筹划方案，终将妨碍企业财务管理目标的实现，损害企业股东的权益。

所以，如果企业要想长久地获得税收等经济利益的最大化，就必须密切关注国家有关税收法律法规的变化，并根据国家税收法律环境的变化及时修订或调整税收筹划方案，使之符合国家税收政策的规定。

【例1-4】 卷烟委托加工案例

委托加工的应税消费品与自行加工的应税消费品的税基不同，在委托加工时，受托方（个体工商户除外）代收代缴税款，税基为组成计税价格或同类产品的销售价格；在自行加工时，税基为产品销售价格。在通常情况下，委托方收回委托加工的应税消费品后，要以高于成本的价格售出以求盈利。不论委托加工费大于还是小于自行加工成本，只要收回的应税消费品的计税价格低于收回后的直接出售价格，委托加工应税消费品的税负就会低于自行加工的税负。

在2012年9月1日之前，依据《中华人民共和国消费税暂行条例实施细则》（财政部、国家税务总局令第51号）第七条第二款规定："委托加工的应税消费品直接出售的，不再缴纳消费税"，而消费税又是单一环节征税，因而对委托方来说，由于其产品在委托加工环节已经由受托方代收代缴了消费税，若收回后直接出售的对外售价高于收回委托加工应税消费品的计税价格部分，实际上并未纳税。因此，应税消费品的不同加工方式使纳税人的税负不同，即纳税人可以进行税收筹划。

例如，2009年A卷烟厂委托B厂将一批价值100万元的烟叶加工成烟丝，协议规定的加工费为75万元；加工的烟丝继续加工成甲类卷烟，加工成本、分摊费用共计95万元，该批卷烟的售出价格为700万元(假设烟丝的消费税税率为30%，卷烟的消费税税率为45%，不考虑从量税)。A卷烟厂应选择下列哪一个方案？

(1) 方式一：半委托加工方式。

A卷烟厂在向B厂支付加工费的同时，向受托方支付其代收代缴的消费税。

消费税组成计税价格为：

$$(100+75)\div(1-30\%)=250\ (\text{万元})$$

应缴消费税为：

$$250\times30\%=75\ (\text{万元})$$

A卷烟厂在销售卷烟后，应缴纳的消费税为：

$$700\times45\%-75=240\ (\text{万元})$$

(2) 方式二：全委托加工方式。

如果委托加工的应税消费品运回后，委托方不再继续加工，而是直接对外销售。如果A卷烟厂委托B厂将烟叶加工成甲类卷烟，烟叶成本不变，加工费用为170万元；在加工完毕、运回A卷烟厂后，A卷烟厂的对外售价仍为700万元。

A卷烟厂在向B厂支付加工费的同时，向其支付代收代缴的消费税为：

$$(100+170)\div(1-45\%)\times45\%=221\ (\text{万元})$$

由于委托加工应税消费品直接对外销售，故A卷烟厂在销售时，不必再缴消费税。

(3) 方式三：自行加工方式。

如果生产者购入原料后，自行加工成应税消费品对外销售，其税负比委托加工方式是轻还是重？

A卷烟厂将购入的价值100万元的烟叶自行加工成甲类卷烟，加工成本、分摊费用共计175万元，售价700万元。

A卷烟厂应缴纳的消费税为：

$$700\times45\%=315\text{（万元）}$$

由此可见，在各因素相同的情况下，自行加工方式和半委托加工方式的消费税税负一样，而彻底的委托加工方式（收回后不再加工，直接销售）的消费税税负最低。

上述税收筹划是在当时税制下（2012年9月1日前）进行的，2012年9月1日《财政部、国家税务总局关于〈中华人民共和国消费税暂行条例实施细则〉有关条款解释的通知》（财法［2012］8号）规定：《中华人民共和国消费税暂行条例实施细则》（财政部令第51号）第七条第二款规定，“委托加工的应税消费品直接出售的，不再缴纳消费税”。

现将这一规定的含义解释如下：委托方将收回的应税消费品，以不高于受托方的计税价格出售的，为直接出售，不再缴纳消费税；委托方以高于受托方的计税价格出售的，不属于直接出售，需要按照规定申报缴纳消费税，在计税时准予扣除受托方已代收代缴的消费税。

所以，上述税收筹划案例在2012年9月1日以后，就没有税收筹划空间了。因此，纳税人在进行税收筹划时，一定要注意税法规定的新变化，才能避免税务风险。

第三节　税收筹划的方法

一、税收优惠政策筹划方法

如果企业充分利用国家给予的税收优惠政策，就可以享受到节税的好处。因此，用足、用好现行税收优惠政策本身就是税收筹划。在选择税收优惠政策作为税收筹划的突破口时，应注意两个问题：一是不能曲解税收优惠政策，滥用税收优惠政策，或以欺骗的手段骗取税收优惠政策；二是应充分了解税收优惠政策，并按法定程序进行申请，避免因程序不当而放弃了应有的权益。

为了加快经济发展、鼓励投资和进行生产经营活动，我国税法中制定了大量的税收优惠政策，客观上造成了地区之间、行业之间以及企业之间的税收差距，这就为国内纳税人利用这种差距进行税收筹划创造了条件。

1. 低税率及减计收入优惠政策

增值税作为我国最大的税源之一，国家制定了许多优惠政策，用于扶持和鼓励特殊行业。例如，对粮食、食用植物油等适用9%的低税率；直接从事植物种植、收割及动物的饲养、捕捞的单位和个人销售的自产农产品，免征增值税；利用城市生活垃圾生产的电力，实行即征即退政策；部分新墙体材料产品按增值税应纳税额减半征收。从事这些行业的上市公司，可以通过规范自己的经营范围，实现更低的增值税税率。

2. 产业投资的优惠政策

产业投资的优惠政策主要包括：对国家需要重点扶持的高新技术企业，减按15%的税率征收企业所得税；对农、林、牧、渔业给予免税；对国家重点扶持的基础设施投资享受“三免三减半”税收优惠；对环保、节能节水、安全生产等专用设备，其投资额的10%可从企业当年的应纳税额中抵免。

3. 就业安置的优惠政策

就业安置的优惠政策主要包括：企业安置残疾人员所支付的工资加计100%扣除，安置特定人员（如下岗、待业、专业人员等）就业支付的工资也给予一定的加计扣除。企业只要录用下岗员工、残疾人士等都可享受加计扣除的税收优惠。

企业可以结合自身经营特点，分析哪些岗位适合安置国家鼓励就业的人员，分析录用上述人员与录用一般人员在工薪成本、培训成本、劳动生产率等方面的差异，在不影响企业效率的基础上，尽可能录用可以享受优惠的特定人员。

【例1－5】 嘉诚安全保护服务公司是从事安保服务业务的，该公司属于劳动密集型企业，每年会招用大量退伍军人、应届毕业生、劳动失业人员等补充企业用工需求。然而，该公司的业务单一，主要是提供劳务服务，因而人力成本的控制与税费的缴纳就成了企业关注的重要经营支出。

那么，针对嘉诚安全保护服务公司，在人员使用上是否有相关的税收优惠？

政策依据：

《财政部、税务总局、退役军人部关于进一步扶持自主就业退役士兵创业就业有关税收政策的通知》（财税［2019］21号）第二条规定：

企业招用自主就业退役士兵，与其签订1年以上期限劳动合同并依法缴纳社会保险费的，自签订劳动合同并缴纳社会保险当月起，在3年内按实际招用人数予以定额依次扣减增值税、城市维护建设税、教育费附加、地方教育附加和企业所得税优惠。定额标准为每人每年6 000元，最高可上浮50%。

《财政部、税务总局、人力资源和社会保障部、国务院扶贫办关于进一步支持和促进重点群体创业就业有关税收政策的通知》（财税［2019］22号）第二条规定：

企业招用建档立卡贫困人口，以及在人力资源和社会保障部门公共就业服务机构登记失业半年以上且持《就业创业证》或《就业失业登记证》（注明“企业吸纳税收政策”）的人员，与其签订1年以上期限劳动合同并依法缴纳社会保险费的，自签订劳动合同并缴纳社会保险当月起，在3年内按实际招用人数予以定额依次扣减增值税、城市维护建设税、教育费附加、地方教育附加和企业所得税优惠。定额标准为每人每年6 000元，最高可上浮30%。

上述人员具体包括：

(1) 纳入全国扶贫开发信息系统的建档立卡贫困人口。

(2) 在人力资源和社会保障部门公共就业服务机构登记失业半年以上的人员。

(3) 零就业家庭、享受城市居民最低生活保障家庭劳动年龄内的登记失业人员。

(4) 毕业年度内的高校毕业生。高校毕业生是指实施高等学历教育的普通高等学校、成人高等学校的应届毕业生；毕业年度是指毕业所在自然年，即1月1日至12月31日。

案例解析：

通过对前述财税［2019］21号文和财税［2019］22号文的深度解析，只要企业是增值税纳税人或企业所得税纳税人，在招用退伍军人、应届毕业生、劳动失业人员等时，便可享受每人每年6 000元定额标准的税收减免，累计可享受3年，不同地域还可适当上浮。

当然，要享受以上的税收减免也需要满足一定的条件：

(1) 企业与劳动者签订1年以上期限劳动合同并依法缴纳社会保险费。

(2) 需要提供相关证件留存备查，如《中国人民解放军义务兵退出现役证》、《中国人民解放军士官退出现役证》或《中国人民武装警察部队义务兵退出现役证》、《中国人民武装警察部队士官退出现役证》、《就业创业证》或《就业失业登记证》。

(3) 政策执行期限为2019年1月1日至2021年12月31日。《国家税务总局关于进一步加大增值税期末留抵退税政策实施力度有关征管事项的公告》（国家税务总局公告2022年第4号）规定，执行期限延长至2023年12月31日。

企业在利用税收优惠政策进行税收筹划时应注意以下事项：

(1) 尽量挖掘信息源，多渠道获取税收优惠政策。如果信息不灵通，就可能失去本可以享受的税收优惠政策。一般来说，信息来源有税务机关、税务报刊、税务网站、税务中介机构和税务专家等几个渠道。

(2) 充分利用税收优惠政策。有条件的应尽量利用，没有条件或某些条件不符合的，要创造条件利用。企业利用税收优惠政策进行税收筹划应在税收法律法规允许的范围内，采用各种合法的或非违法的手段进行。

(3) 尽量与税务机关保持良好的沟通。在税收筹划的过程中，最核心的一环便是获得税务机关的承认。即使再好的方案，如果没有税务机关的承认，也是没有任何意义的，不会给企业带来任何经济利益。

二、税制要素筹划方法

纳税人有不同类型的选择，如个体工商户、独资企业、合伙企业和公司制企业。

纳税人筹划法是进行纳税人身份的合理界定和转化，使纳税人承担的税负尽量降到最小，或直接避免成为某类纳税人。个体工商户、独资企业和合伙企业的经营所得，以每一纳税年度的收入总额减除成本费用以及损失后的余额为应纳税所得额，计算缴纳个人所得税而不需要缴纳企业所得税。法人企业按照税法的要求，需要就其经营利润缴纳企业所得税，若法人企业对自然人股东实施利润分配，还需要缴纳20%的个人所得税。

（一）税收筹划的政策依据

1. 增值税小规模纳税人的标准

根据《财政部、税务总局关于统一增值税小规模纳税人标准的通知》（财税［2018］33号）第一条和第三条的规定，自2018年5月1日起，增值税小规模纳税人的标准为年应征增值税销售额500万元及以下。基于此规定，无论是生产企业、贸易企业还是服务性企业，增值税小规模纳税人（以下简称“小规模纳税人”）的标准都是年应征增值税销售额为500万元（含500万元）以下。

2. 个体工商户和个人独资企业不缴纳企业所得税，可核定征收个人所得税

（1）个人独资企业核定征收个人所得税的规定。

《财政部、国家税务总局关于印发〈关于个人独资企业和合伙企业投资者征收个人所得税的规定〉的通知》（财税［2000］91号）的附件1第七条规定，有下列情形之一的，主管税务机关应采取核定征收方式征收个人所得税：

（一）企业依照国家有关规定应当设置但未设置账簿的；

（二）企业虽设置账簿，但账目混乱或者成本资料、收入凭证、费用凭证残缺不全，难以查账的；

（三）纳税人发生纳税义务，未按照规定的期限办理纳税申报，经税务机关责令限期申报，逾期仍不申报的。

（2）个体工商户核定征收个人所得税的规定。

根据《个体工商户税收定期定额征收管理办法》（国家税务总局令2006年第16号）和《国家税务总局关于个体工商户定期定额征收管理有关问题的通知》（国税发［2006］183号）的规定，个体工商户可以采用核定征收个人所得税的方式。因此，注册个体工商户和个人独资企业，依照国家有关规定应当设置但未设置账簿的，或虽设置账簿，但账目混乱或者成本资料、收入凭证、费用凭证残缺不全，难以查账的，都可以申请采用核定应税所得率方式征收个人所得税。

个体工商户的生产、经营所得采用核定应税所得率征收方式的，应纳税所得额的计算公式为：

$$\text{应纳税所得额}=\text{收入总额}\times\text{应税所得率（能准确核算收入总额的）}$$

或者

$$\text{应纳税所得额}=\frac{\text{成本费用支出额}}{1-\text{应税所得率}}\times\text{应税所得率（能准确核算成本费用的）}$$

（二）筹划技巧

目前，从全国来说，有很多有税收优惠政策的园区为了促进当地经济的发展，出台了一系列税收优惠政策，这也是各大企业争相入驻的原因。那么，企业应该如何选择？

1. 注意销售对象

(1) 销售对象是一般纳税人。如果销售对象是一般纳税人，对方就需要企业提供增值税专用发票抵扣税款。如果企业片面要求降低税负而不愿当一般纳税人，很可能产生因不能开具增值税专用发票而影响企业销售额的副作用。

(2) 销售对象是小规模纳税人。如果销售对象是小规模纳税人，对方不需要企业提供增值税专用发票抵扣税款。此时，无论企业选择何种纳税人身份，对销售均无影响。

2. 注意筹划风险

(1) 一般纳税人筹划风险。

有下列情形之一者，应按销售额依照增值税税率计算应纳税额，不得抵扣进项税额，也不得使用增值税专用发票：

1) 一般纳税人会计核算不健全，或者不能提供准确税务资料的。

2) 除《增值税暂行条例实施细则》第二十九条规定（即年应税销售额超过小规模纳税人标准的其他个人按小规模纳税人纳税；非企业性单位、不经常发生应税行为的企业可选择按小规模纳税人纳税）外，纳税人的销售额超过小规模纳税人标准，未申请办理一般纳税人认定手续的。

(2) 小规模纳税人筹划风险。

除国家税务总局另有规定外，纳税人一经认定为一般纳税人后，不得转为小规模纳税人。一般纳税人提供财政部和国家税务总局规定的特定应税服务，可以选择适用简易计税方法计税，但一经选择，36个月内不得变更。

因此，在纳税人类别选择的筹划中，决策者应当尽可能地把降低税负与不影响销售及筹划方案的涉税风险结合在一起综合考虑，尽量做到扬长避短，切莫因小失大。

【例1-6】　霍尔果斯案例

全民关注的电影《战狼2》在2017年的票房高达54.6亿元，雄踞票房榜首。导演兼主演吴某在新疆霍尔果斯成立了一家文化公司，即登峰国际文化传播有限公司，该公司属于法人企业。截至目前，霍尔果斯是税收优惠最全面的地方，其中最大的优惠就是文化业公司的企业所得税在五年之内全免。

案例解析：

按照《战狼2》54.6亿元的总票房来算，根据协议，吴某分得18.4亿元。如果没有享受税收优惠，需要按照25%的企业所得税税率缴纳税款，企业所得税的税前可扣除项目金额为2.7亿元。

根据国家税法，企业所得税的应纳税额为：

$$(18.4-2.7)\times 25\%=3.925\ (\text{亿元})$$

注册在霍尔果斯的企业应纳税额为：

$$(18.4-2.7)\times 0=0$$

吴某通过霍尔果斯的安排节省了3.925亿元的企业所得税。

【风险提示】

通过以上安排，纳税人确实可以实现节税的目的，但需要注意的是，纳税人在进行税收筹划的过程中要尽量做到实质与形式相吻合，否则将会面临更大的税务风险。

3. 税基筹划方法

影响应纳税额的因素有两个，即计税依据和税率。计税依据越小，税率越低，应纳税额也越小。因此，纳税人进行税收筹划，无非是从这两个因素入手，找到合理、合法的办法来降低应纳税额。

利用税收扣除筹划是指在合理、合法的情况下，使扣除额增加而实现直接节税，或调整各个计税期的扣除额而实现相对节税的税收筹划方法。在收入相同的情况下，各项扣除额、冲抵额等越大，计税基数就会越小，应纳税额也就越小，从而节税越多。

设立独立核算的销售公司：对于所有公司来说，销售都是性命攸关的重要运营环节，因为增值税和企业所得税的缴纳都与收入的确认密切相关。在实务中，企业是将销售职能放在内部实施，还是设立独立的销售公司？我们认为，从财税和内控的角度着眼，关键的决策点至少包括以下几个：

（1）销售公司能否直接享受税收优惠政策？

如果销售公司可以直接享受更低的税率，或者置于有更多税收优惠的税收洼地，则可以实现整个企业产业链的税负降低，但需要特别注意：

1）不能将销售公司作为“空壳”公司运作。销售公司承担独立的销售和营销职能，在客户寻找、信息搜集、交易谈判、签约、物流等功能上必须有所担当，同时这些独立职能的实施也要求销售公司具有自己的独立运营团队，不能沦为强行避税的“空壳”公司；否则，即使在短期实现了税负降低，从长远来看必将引发税务机关的关注，带来巨大的涉税风险。

2）要考虑销售公司与上游公司的定价是否公允？作为关联企业，销售公司与上游公司的定价必将成为税务机关关注的焦点，关联关系从来不是问题，但利用关联关系转移利润避税就是问题，因而税务机关将根据《税收征管法》以及《国家税务总局关于印发〈特别纳税调整实施办法（试行）〉的通知》的相关规定，对于销售公司和上游公司的定价进行判断，如果相关定价不符合公平交易原则，将面临调整。

（2）销售公司能否少缴税？

在某些特殊行业，销售公司的设立可以做到少缴一种税的目的。最典型就是酒类生产企业，由于消费税只在生产企业征收，因而几乎所有的酒类生产企业都有自己的销售公司，并将大量利润留在销售公司，这部分利润自然可以少缴消费税。

（3）销售公司能否增加当期税前扣除？

在所得税税前扣除中，广告费和业务宣传费是有限额的，在当期销售收入的15％以内方可当期扣除。对于很多依靠广告拉动的企业，15％的限额可能不够，虽然税法允许向以后年度递延扣除，但今年不够，明年依然不够！在这种情况下，设立销售公司就十分有必要，不仅生产企业可以做广告，而且销售公司也可以做广告，两边各自按照15％的限额扣除，即在无形中广告费的扣除比例几乎增加了一倍。

（4）销售公司是否有利于风险剥离？

对于很多行业的销售来说，通常是存在风险的，比如销售中的腐败问题、采购中的内控与法律风险等，这一点在医药行业表现得特别明显。如果是在同一家公司，销售的风险必将影响整个企业，因而在特殊领域和特殊情况下，将销售职能剥离到销售夹层公司，也就意味着将对应风险剥离出去，实质上起到了降低和控制风险的作用。

（5）销售公司是否有利于融资？

如果仅仅将销售业务置于公司内部，无法形成独立的资金流和交易行为，而独立出来的销售公司可以提供长期稳定的资金流，等于单独设立了一个新的融资平台，对于很多融资有限制的行业，利用销售公司融资是有价值的。

企业是否设立销售公司，同样是对多方面因素综合考量的结果，但作为决策者，以上五点因素至少不应被忽视。

4. 税率筹划方法

利用税率差异筹划，是指在合理、合法的情况下，利用税率的差异来直接节税的税收筹划方法。例如，A 国的企业所得税税率是 30%，B 国为 35%，C 国为 40%，那么在其他条件基本相似或利弊基本相抵的条件下，投资者到 A 国开办公司可使税收利益最大。

税率差异在各国普遍存在。一个国家为了鼓励某种产业、某行业，以及某种类型的企业、某类地区的发展，就会规定形式各异、高低不同的税率，纳税人可以利用税率差异，通过选择企业的组织形式、投资规模、投资方向等，实现少缴税的目的。

利用税率差异进行税收筹划的适用范围较广，具有复杂性、相对确定性的特点。采用税率差异节税不但受不同税率差异的影响，有时还受不同计税基数差异的影响。计税基数计算的复杂性，使税率差异筹划变得复杂。例如，有时计算出的结果要进行比较才能得出税负大小的结论；税率差异的普遍存在性，又给了每个纳税人一定的挑选空间，因而税率差异筹划方法是一种能普遍运用、适用范围较广的税收筹划方法；税率差异的客观存在性及在一定时期的相对稳定性，又使税率差异筹划方法具有相对的确定性。

利用税率差异进行税收筹划的技术要点在于尽量寻求税率最低化，以及尽量寻求税率差异的稳定性和长期性。在合理、合法的情况下，寻求适用税率的最低化就意味着节税的最大化；寻求税率差异的稳定性和长期性，又会使纳税人获得更多的税收利益。另外，利用税率差异进行税收筹划，还应考虑外部环境的稳定性和长期性对企业的影响。例如，政局稳定国家的税率差异就比政局动荡国家的税率差异更具稳定性，政策制度稳健国家的税率差异就比政策制度多变国家的税率差异更具长期性。

5. 组织形式筹划方法

企业从组织形式上有子公司和分公司两种选择。其中，子公司是具有独立法人资格、能够承担民事法律责任与义务的实体，而分公司是不具有独立法人资格，需要由总公司承担法律责任与义务的实体。企业采取何种组织形式需要考虑的因素主要包括分支机构盈亏、分支机构是否享受优惠税率等。

不同的组织形式分别使用独立纳税和汇总纳税，这会对总机构的税收负担产生影响。企业可以利用新的规定，通过选择分支机构的组织形式进行有效的税收筹划。按照《中华人民共和国公司法》（以下简称《公司法》）的规定，如果子公司是独立法人，则其盈利或亏损均不能并入母公司的利润，应当作为独立的居民企业单独缴纳企业所得税。在子公司微利的情况下，子公司可以按20%的税率缴纳企业所得税，使集团公司的整体税负降低，而且子公司在给母公司分配现金股利或利润时可以免税，则设立子公司对于整个集团公司来说，其税负为子公司缴纳的企业所得税和母公司自身负担的企业所得税。

分公司不是独立法人，是不形成企业所得税的居民企业，其实现的利润或亏损应当并入总公司，由总公司汇总纳税。如果分公司是微利，总公司就其实现的利润在缴纳企业所得税时，不能减少公司的整体税负；如果分公司是亏损，可抵减总公司的应纳税所得额，在分公司出现巨额亏损的情况下，可以降低总公司的整体税负。

企业投资设立下属公司，在下属公司微利的情况下，企业应选择设立子公司的组织形式；在下属公司亏损的情况下，企业应选择设立分公司的组织形式。综上所述，在设立企业时，要考虑好各种组织形式的利弊，做好企业所得税的税收筹划，再决定是设立公司还是合伙企业，是设立子公司还是分公司。

阅读材料

大型集团合并缴纳企业所得税

据2017年年报数据，中国石化（600028，以下简称“中石化”）的利润总额为865.73亿元，我们先不探讨这家公司是如何做到每天盈利2亿多元的，它缴纳的企业所得税是162.79亿元，简单计算是18.8%左右的企业所得税税率。

但众所周知，企业所得税税率是25%，而且由于中石化的分（子）公司遍布全国，如果都在所在地纳税的话，亏损、盈利企业各自缴纳各自的企业所得税，在层层汇总后，中石化实际缴纳的企业所得税将会大于汇总数的25%。这么低的实际企业所得税税率是怎么回事？

导致税率低的原因主要包括两部分：一是公司合并纳税；二是部分产品免征企业所得税。

(1) 先看合并纳税。2004年，《国家税务总局关于中国石油化工股份有限公司缴纳企业所得税问题的通知》明确了中石化的数百家分（子）公司可以合并纳税。

根据属地管理原则，比如中石化旗下的A企业在北京盈利了100万元，B企业在上海亏损了100万元，若它们分别在两地缴纳企业所得税的话，亏损的企业不用缴税，而盈利的企业就需要缴税了。但如果合并纳税的话，这两家企业合并纳税后就无须缴税了。这是中石化合并报表后企业所得税税率不高于25%的原因。

(2) 再看免征企业所得税的项目。中石化的一部分分（子）公司从事有机肥行业以及其他免征企业所得税的行业，因而中石化有一部分利润无须缴纳企业所得税。这也是中石化汇总纳税后的企业所得税税率低于25%的主要原因。

除此之外，中石化还有少部分海外子公司的税率与国内不同，以及一部分子公司享受优惠税率。

6. 会计核算筹划方法

(1) 存货计价方法的选择。存货计价方法有多种，如先进先出法、加权平均法、移动平均法、个别计价法、计划成本法、毛利率法或零售价法等。

由于不同的存货计价方法可以通过改变销售成本，进而影响应纳税所得额，因而从税收筹划的角度，纳税人可以通过采用不同的存货计价方法对发出存货的成本进行筹划。

1）盈利企业。由于盈利企业的存货成本可最大限度地在本期所得额中进行税前抵扣，因而应选择能使本期成本最大化的存货计价方法。

2）亏损企业。亏损企业选择的存货计价方法，必须使不能得到或不能完全得到税前弥补的亏损年度的成本费用降低，并使成本费用延迟到以后能够完全得到弥补的时期，确保成本费用的抵税效果得到最大限度的发挥。

3）享受税收优惠的企业。如果企业正处于企业所得税的减税或免税期，就意味着企业获得的利润越多，得到的减免税额就越多。因此，企业应选择在减免税优惠期间存货成本最小的计价方法，以减少存货费用的当期摊入、扩大当期利润。相反，当企业处于非税收优惠期间时，应选择使存货成本最大的计价方法，将当期的存货费用尽量扩大，以达到减少当期利润、推迟纳税的目的。

（2）固定资产折旧的税收筹划。

《中华人民共和国企业所得税法实施条例》（以下简称《企业所得税法实施条例》）第六十条规定，除国务院财政、税务主管部门另有规定外，固定资产计算折旧的最低年限如下：

1）房屋、建筑物，为 20 年。

2）飞机、火车、轮船、机器、机械和其他生产设备，为 10 年。

3）与生产经营活动有关的器具、工具、家具等，为 5 年。

4）飞机、火车、轮船以外的运输工具，为 4 年。

5）电子设备，为 3 年。

根据《国家税务总局关于企业固定资产加速折旧所得税处理有关问题的通知》（国税发［2009］81 号）第一条和《企业所得税法》第三十二条的规定可知，企业采用加速折旧方法的固定资产必须是具备以下四个条件的固定资产：

1）是企业拥有的固定资产。

2）是企业用于生产经营的固定资产。

3）是企业主要或关键的固定资产。

4）确实需要加速折旧的固定资产。

根据国税发［2009］81 号文第一条和《企业所得税法实施条例》第九十八条的规定，企业采用加速折旧方法的固定资产必须具备以下原因之一：

1）由于技术进步，产品更新换代较快的固定资产。

2）常年处于强震动、高腐蚀状态的固定资产。

根据国税发［2009］81 号文第二条的规定，企业拥有并使用的固定资产符合上述两条原因之一的，可按以下情况分别处理：

1）企业过去没有使用过与该项固定资产功能相同或类似的固定资产，但有充分的证据证明该固定资产的预计使用年限短于《企业所得税法实施条例》规定的计算折旧最低年限的，企业可根据该固定资产的预计使用年限和国税发［2009］81 号文的规定，对该固定资产采取缩短折旧年限或者加速折旧的方法。

2）企业在原有的固定资产未达到《企业所得税法实施条例》规定的最低折旧年限前，使用功能相同或类似的新固定资产替代旧固定资产的，企业可根据旧固定资产的实际使用年限和国税发［2009］81 号文的规定，对新替代的固定资产采取缩短折旧年限或者加速折旧的方法。

3）对其购置的新固定资产，最低折旧年限不得低于《企业所得税法实施条例》第六十条规定的折旧年限的 60%；若是购置已使用过的固定资产，其最低折旧年限不得低于《企业所得税法实施条例》规定的最低折旧年限减去已使用年限后剩余年限的 60%。最低折旧年限一经确定，一般不得变更。

税收筹划分析：

1）根据税法有关固定资产最低折旧年限的规定，企业的固定资产只要折旧年限大于税法规定的最低年限，就不要进行纳税调整，反之就要进行纳税调整。因此，享受企业所得税减免期间的企业可以把固定资产的折旧年限定在高于税法规定的最低折旧年限，旨在以后少缴税。

2）由于折旧具有抵税的作用，从应纳税额的现值来看，当运用双倍余额递减法计算折旧时，税额最少，年数总和法次之，而运用直线法计算折旧时，税额最多。所以，采用加速折旧法比直线法能获得更大的时间价值。采用加速折旧必须按规定办理加速折旧备案。

3）会计制度及税法对固定资产的预计使用年限和预计净残值没有做出具体的规定，只要求企业根据固定资产的性质和消耗方式，合理确定固定资产的预计使用年限和预计净残值，只要是“合理的”即可。据此，企业便可根据自己的具体情况，选择对企业有利的固定资产折旧年限，以此来达到节税及其他理财目的。一般来说，在企业创办初期且享有减免税优惠待遇时，企业可以通过延长固定资产折旧年限，将计提的折旧递延到减免税期满后计入成本，从而获得节税的好处。对一般企业（即处于正常生产经营期且不享有税收优惠待遇的企业）来说，缩短固定资产折旧年限往往可以加速固定资产成本的回收，使企业的后期成本费用前移、前期利润后移，从而获得延期纳税的好处。

税务风险提示：

（1）固定资产加速折旧需要考虑 5 年补亏期。在特殊情况下，企业采取固定资产加速折旧也存在一定的风险。因为企业发生的亏损只能向以后结转弥补 5 个年度，因此不排除固定资产加速折旧产生的亏损在以后得不到弥补。相反，如果不使用固定资产加速折旧，企业的固定资产折旧额反而可以在税前扣除。

（2）税收减免期不宜采用固定资产加速折旧。在企业所得税实行比例税率的情况下，固定资产可以在使用前期多提折旧、后期少提折旧。在正常的生产经营条件下，这种固定资产加速折旧的方法可以递延缴纳税款。然而，若企业处于税收减免优惠期间，则固定资产加速折旧对企业所得税的影响是负的，不仅不能少缴税，反而会多缴税。

☞阅读材料

递延所得税的妙用

2018 年 8 月 31 日，格力电器（000651）发布了会计估计变更的公告，将一部分固定资产的折旧年限调短，比如房屋建筑物从 20～30 年全部调整为 20 年。不考虑其他因素的影响，仅此会计估计变更，全年增加折旧费用约 6.43 亿元，增加的折旧会抵减利润，从而降低需要缴纳的企业所得税。以 25%的税率计算，格力电器因此节约的企业所得税为 1.6 亿元（结合其他因素，实际节约的要少一些）。

与格力电器形成鲜明对比的是科大讯飞（002230），该公司房屋建筑物的折旧年限长达 40 年，为 A 股之最。如果与格力电器一样改为 20 年，以 2017 年年报数据为例，科大讯飞的利润总额会减少 1 800 万元，影响程度超过 10%。

为什么宁愿多缴税也要少计提折旧？其实就是为了做大利润。

在同一个账务处理上，这两家公司采用了截然相反的方式进行税收筹划。为了满足完全不同的目标：一个是为了加速折旧，提高资产使用效率，另一个是为了尽可能地降低折旧、提高账面利润。

除了折旧外，企业对资产减值准备、无形资产摊销年限等项目都可以进行税收筹划。

账务处理中的税收筹划一般都是时间性差异，就是拉大到整个企业的生命周期来看，其实纳税总额是不变的。比如格力电器的折旧，无论是 20 年还是 30 年提完，提取的折旧总额是不变的，但它对上市公司当年利润的影响会与股价息息相关，所以有些公司选择了尽量延后。

从严格意义上说，通过递延所得税进行操纵不属于税收筹划，但通过对所得税科目的会计调整，确实实现了净利润的变化。

对于绝大多数公司来说，递延所得税项目是税务会计计算的利润和财务会计计算的利润之间的时间性差异，不会对利润产生实质性影响。然而，有些对利润充满了渴望的公司竟然对递延所得税动起了心思。最经典的是，2016 年乐视网（300104）和黑芝麻（000716）竟然通过递延所得税将亏损调整成正利润，乍一看账面，还以为税务局欠了公司的钱。

乐视网如今活成了笑话，让我们看看黑芝麻的神操作。

2016 年，黑芝麻的税前利润为亏损 2 113 万元，企业所得税却是−4 629.82 万元。那么，企业所得税是如何变成负数的？

递延所得税项目包括递延所得税资产和递延所得税负债。其中，最常见的企业所得税不一致的项目就是折旧，如果企业计提的折旧额大于税法允许的范围，就需要通过递延所得税项目做纳税调整。

2016 年，黑芝麻财报里的递延所得税资产主要由 5 995 万元的可抵扣亏损和 1 490 万元的资产减值准备构成。税法规定，预计可以弥补的亏损允许做成递延所得税资产，最多可以抵扣五年。因此，黑芝麻就将发生的亏损预计在五年内弥补，然后提取了递延所得税资产，从而把 2016 年的净利润精准地调成了正数。

7. 临界点税收筹划方法

临界点税收筹划方法是指由税收法律法规规定的或内含的某一经济指标值，在该值两侧的税负存在显著差别，因此为减轻税负或寻求税后利益最大化，就有必要采取适当措施使相关指标（不）越过该数值，如增值税临界点、企业所得税（含小微企业税收优惠）临界点、个人所得税临界点（年终奖等）、土地增值税临界点、车船税临界点（幅度比例税率）。

在税收筹划方面，平衡点是指两种对立的税收筹划方案税后收益相等的某一经济指标值，该数值往往通过建立方程求得，并且在不同的税收筹划方案中，该经济指标的具体含义不同，税收筹划方案应根据该经济指标的实际数值与平衡点数值的比较来选择。

税法中存在大量的关于临界点的规定，当突破这些临界点时，该税种所适用的税率和优惠就会发生改变，从而为我们进行税收筹划提供了空间。临界点税收筹划方法的关键在于寻找临界点来控制税负。

一般来说，临界点的变化会引起税负的巨大差别，即临界点的边际税率出现递增或递减的变化态势，税收筹划的焦点在于临界点。诸如个人所得税的起征点、个人所得税的税率跳跃临界点、企业所得税的税前扣除限额等都是典型的税基临界点，对其进行合理的税收筹划，可以降低税负。在中国现行的税制中，税基存在临界点，税率分级有临界点，优惠政策分等级也有临界点，所以临界点税收筹划方法的应用非常广泛。

下面以消费税的临界点税收筹划为例：卷烟、啤酒、白酒、小汽车、摩托车等应税消费品的税率设置均存在纳税临界点，很容易出现在纳税临界点附近，单位价格提高在带来销售收入增加的同时也导致适用税率加大，从而税收负担加大，甚至出现增加的税收超过增加的收入，税后利润反而减少这种不合理的情况。在这种情况下，纳税人应巧用纳税临界点进行税收筹划，适当降低产品的销售价格反而能够取得更大的税后利润。

【例 1-7】　　啤酒厂利用临界点进行税收筹划 1

纳税筹划思路：

根据《财政部、国家税务总局关于调整酒类产品消费税政策的通知》（财税［2001］84 号）的规定，每吨啤酒出厂价格（含包装物及包装物押金）在 3 000 元（含 3 000 元，不含增值税）以上的，单位税额为 250 元/吨；每吨啤酒出厂价格在 3 000 元（不含 3 000 元，不含增值税）以下的，单位税额为 220 元/吨。娱乐业、饮食业自制啤酒，单位税额为 250 元/ 吨。

啤酒的消费税税率为从量定额税率，同时根据啤酒的单位价格实行全额累进。全额累进税率的一个特点是：在临界点，税收负担变化比较大，有可能出现税收负担的增加大于计税依据增加的情况。在这种情况下，巧妙运用临界点的规定适当降低产品价格反而能够增加税后利润。

法律政策依据：

(1)《中华人民共和国消费税暂行条例》(中华人民共和国国务院令 1993 年第 135 号)。

(2)《中华人民共和国消费税暂行条例实施细则》(财政部、国家税务总局令 2008 年第 51 号)。

(3)《财政部、国家税务总局关于调整酒类产品消费税政策的通知》(财税［2001］84号)。

【例1-8】　　啤酒厂利用临界点进行税收筹划2

2018年，某啤酒厂生产销售某品牌啤酒，每吨出厂价格为2 990元(不含增值税)。2019年，该厂对该品牌啤酒的生产工艺进行了改进，使该啤酒的质量得到了较大提高。该啤酒厂准备将价格提到3 010元。根据以上已知条件，请提出该啤酒厂的税收筹划方案。

筹划方案：

根据《财政部、国家税务总局关于调整酒类产品消费税政策的通知》(财税［2001］84号)的规定，如果将啤酒的价格提高到3 010元，每吨啤酒需要缴纳消费税250元，每吨啤酒扣除消费税后的利润为2 760元(=3 010−250)。

该啤酒厂经过税收筹划，认为适当降低产品的价格不仅能够获得更大的税后利润，而且可以增加产品在市场上的竞争力，于是该啤酒厂将2019年啤酒的出厂价格仍然定为2 990元。这样，每吨啤酒需要缴纳消费税220元，而每吨啤酒扣除消费税后的利润为2 770元(=2 990−220)。由此可见，这种税收筹划方法实现了"一箭双雕"，既增加了企业的利润，又增强了相关产品在价格上的竞争力，见图1-2。

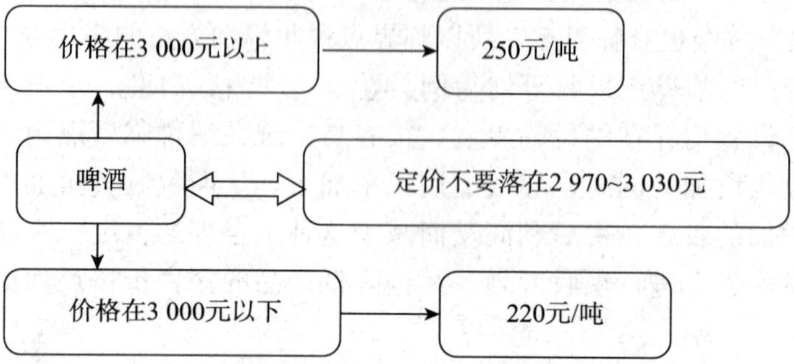

图1-2　啤酒厂出厂价格制定图

8. 业务转化筹划方法

业务转化筹划方法的手段灵活，通过注入购买、销售、运输、建房等业务，可使无形资产转让合理转化为投资或合营业务，诸如此类。

【例1-9】　　租赁转为仓储

税收筹划思路：

根据《中华人民共和国房产税暂行条例》及有关政策的规定，租赁业房产税与仓储业房产税的计税方法不同。

房产自用的，其房产税依照房产余值的1.2%计算缴纳(见图1-3)，即

应纳税额=房产原值×(1−扣除比例)×1.2%

其中，对于房产原值的扣除比例，各省、市、自治区可能略有不同，从10%到30%不等。

房产用于租赁的，其房产税依照租金收入的12%计算缴纳，即

应纳税额＝租金收入×12％

由于房产税计税公式的不同，必然导致应纳税额的差异，这就为税收筹划提供了空间。根据税法的规定，房产用于出租的，必须按租金计算缴纳房产税。因此，为了能够按照房产余值计算缴纳房产税，需要将出租转化为其他形式。租赁业与仓储业在“营改增”之后缴纳的增值税税率也不相同，由于增值税具有转嫁性，在大多数情况下，其税负可以转嫁出去，这里暂不考虑增值税负担的比较。

法律政策依据：

(1)《中华人民共和国增值税暂行条例》（1993 年 12 月 13 日中华人民共和国国务院令第 134 号公布，2008 年 11 月 5 日国务院第 34 次常务会议修订通过，根据 2016 年 2 月 6 日《国务院关于修改部分行政法规的决定》第一次修订，根据 2017 年 11 月 19 日《国务院关于废止〈中华人民共和国营业税暂行条例〉和修改〈中华人民共和国增值税暂行条例〉的决定》第二次修订）。

(2)《中华人民共和国房产税暂行条例》（国务院于 1986 年 9 月 15 日颁布，根据 2011 年 1 月 8 日《国务院关于废止和修改部分行政法规的决定》修订）。

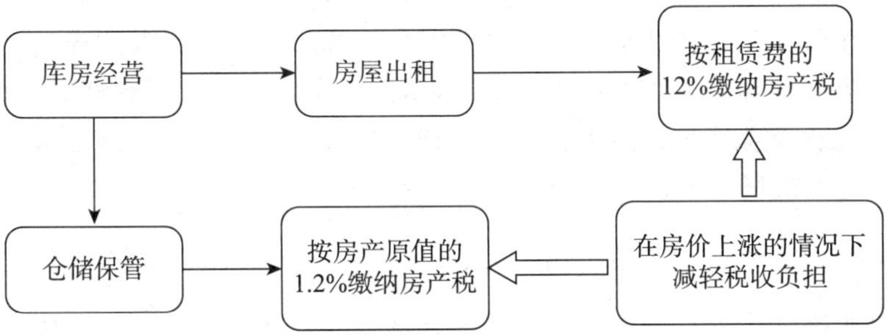

图 1－3 租赁改为仓储流程图

【例 1－10】 某商业公司是从计划经济时期发展过来的。在计划经济时期，商品较为短缺，该公司作为商业批发、零售兼营企业，为了“发展经济，保障供给”，千方百计地建设仓库，尽可能多地储存商品。现在商品极大丰富了，企业界逐步向零库存发展，该公司的库房大量闲置。近年来，该公司部分闲置的库房用于出租，但租赁过程的综合税负约为 20％，该公司的负担过重，是否可以通过税收筹划减轻税收负担？

筹划方案：

假设该公司用于出租的库房有三间，其房产原值为 2 000 万元，年租金收入为 400 万元，则应缴纳的房产税为 48 万元（＝400×12％）。由于增值税及其附加、印花税、企业所得税等不影响税收筹划的结果，这里暂不考虑房产税以外的其他税费。

下面对该公司的上述经营活动进行税收筹划。假设年底合同到期，该公司派代表与客户进行友好协商，继续利用库房为客户存放商品，但将租赁合同改为仓储保管合同，同时增加服务内容，如配备保管人员、为客户提供 24 小时服务等。这样一来，该公司需要增加费用支出，假设增加支出 15 万元。如果该公司在增加的服务上不盈利，即收取的仓储费为房屋租赁费加 15 万元，那么客户将非常欢迎这种做法。因此，该公司提供仓储服务的收入仍为 400 万元，即收入不变，而应缴纳的房产税为 16.8 万元[＝2 000×

(1－30%)×1.2%]。

不考虑其他税费，每年节约的税款为31.2万元(＝48－16.8)。

风险提示：

需要注意的是，收入性质的转化必须具有真实性、合法性，同时能够满足客户的要求，因而它是企业经营形式和经营实质的变化，而不仅仅是合同的变化；否则，该转化是行不通的。

【例1-11】 科研人员张某发明了一种新技术，并申请了国家技术专利。由于该专利的实用性强，许多企业拟出高价购买。其中，甲公司开出了100万元的最高价。在这种情况下，张某是否应该转让其技术专利？

案例解析：

根据《财政部、国家税务总局关于全面推开营业税改征增值税试点的通知》(财税[2016]36号)的规定，转让专利技术是销售无形资产，免征增值税。这里所说的“技术”包括专利技术和非专利技术。申请免征增值税的技术转让、开发合同，须经所在地省级科技主管部门认定并出具审核意见证明文件，报主管税务机关备查。

根据《中华人民共和国个人所得税法》(以下简称《个人所得税法》)的相关规定，转让专利使用权属于特许权使用费收入，应计入综合所得，参与年终汇算清缴。张某取得的该笔收入应预缴的个人所得税为：

100×(1－20%)×20%＝16(万元)

如果采用业务转化筹划方法，张某不转让技术专利的使用权，而是将技术专利进一步开发，以技术服务的形式将专利技术应用于甲公司的生产经营中。按甲公司的经营状况测算，张某每年预计可从甲公司获取10万元技术服务收入。

若张某愿意采取技术服务形式，则其负担的个人所得税可以实现递延缴纳：

(1) 纳税人提供技术开发和与之相关的技术服务，免征增值税。

(2) 按照《个人所得税法》的有关规定，个人取得的技术咨询、技术服务所得，应于取得所得的当月按照20%的比例税率预缴个人所得税，同时并入综合所得于年终汇算清缴。张某应预缴的个人所得税为2万元(＝10×20%)。这种筹划方法的主要好处在于可以递延纳税。

张某也可以采用技术投资入股。技术投资入股的实质是转让技术成果和投资同时发生。按照财税[2016]36号文的规定，转让技术成果是销售无形资产，免征增值税。根据《财政部、国家税务总局关于完善股权激励和技术入股有关所得税政策的通知》(财税[2016]101号)，个人技术投资入股，被投资企业支付的对价全部为股票(权)的，企业或个人可选择适用递延纳税优惠政策。经主管税务机关备案，投资入股当期可暂不纳税，允许递延至转让股权时，按照股权转让收入减去技术成果原值和合理税费后的差额计算缴纳个人所得税。

本章小结

本章对税收筹划、偷税、避税进行了界定，介绍了税收筹划的目标和原则，同时结合大量案例分析，介绍了税收筹划的方法。本章要求掌握税收筹划的概念及方法。

复习思考题

1. 简述税收筹划、偷税、避税的区别。
2. 如何利用临界点进行税收筹划？
3. 固定资产折旧方法对企业所得税有什么影响？
4. 如何理解税收筹划的合法性原则？
5. 举例说明税收优惠政策筹划方法在实践中的具体应用。
6. 2018 年 10 月，广州市南沙啤酒厂销售 1 000 吨珠江啤酒，每吨啤酒的出厂不含增值税价格为 3 020 元，每吨啤酒相关的成本费用为 2 280 元。该啤酒厂制定的每吨啤酒售价是否合理？请对该啤酒厂进行税收筹划。（3 020 元是该厂可以制定的每吨啤酒最高价格，继续涨价会对销量产生影响。）

案例阅读

比亚迪利用税收优惠政策，享受减税降费政策红利

案情简介：

2018 年，比亚迪集团在深圳的研发费用投入超过 20 亿元，而在研发费用加计扣除比例从 50%提高到 75%后，其享受的研发费用加计扣除预计达到 11.25 亿元，同比增长 86%。“税务部门在释放减税降费政策红利上一直不遗余力”，比亚迪股份有限公司税务经理钱扬俊说，“我们把这些税收优惠节省下来的资金，大部分投入到科技研发上”。

税法规定：

（1）小微企业的优惠税率为 20%。

《企业所得税法》第二十八条规定：符合条件的小型微利企业，减按 20%的税率征收企业所得税。

从 2019 年开始，根据《国家税务总局关于实施小型微利企业普惠性所得税减免政策有关问题的公告》（国家税务总局公告 2019 年第 2 号）的规定，以通过降低应纳税所得额的方式，变相降低了税率，实际的计算如下：

《关于实施小微企业和个体工商户所得税优惠政策的公告》（财政部、税务总局公告 2021 年第 12 号）提出，自 2021 年 1 月 1 日至 2022 年 12 月 31 日，对小微企业和个体工商户所得税年应纳税所得额不超过 100 万元的部分，在现行小微企业优惠政策的基础

上，再减半征收，见表1-1。对小微企业来说，如果年应纳税所得额在100万元以内，则由实际税负率5%降至2.5%。

表1-1

小型微利企业应纳税所得额	应纳税所得额减按比例	企业所得税税率	实际计算率	速算扣除数
应纳税所得额≤100万元	25%	20%	5%	0
100万元<应纳税所得额≤300万元	50%	20%	10%	5

(2) 高新技术企业的优惠税率为15%。

《企业所得税法》第二十八条规定，国家需要重点扶持的高新技术企业，减按15%的税率征收企业所得税。

(3) 国家鼓励的集成电路企业或项目，按照线宽和经营期的不同，分别享受不同的企业所得税优惠政策。

(4) 国家鼓励的集成电路设计、装备、材料、封装、测试企业和软件企业，自获利年度起，第一年至第二年免征企业所得税，第三年至第五年按照25%的法定税率减半征收企业所得税。

(5) 国家鼓励的重点集成电路设计企业和软件企业，自获利年度起，第一年至第五年免征企业所得税，第三年至第五年按照25%的法定税率减半征收企业所得税。

(6) 技术先进型服务企业的优惠税率为15%。

(7) 从事污染防治的第三方企业的优惠税率为15%。

(8) 节能服务公司实施合同能源管理项目。

对符合条件的节能服务公司实施合同能源管理项目，符合《企业所得税法》有关规定的，自项目取得第一笔生产经营收入所属纳税年度起，第一年至第三年免征企业所得税，第四年至第六年按照25%的法定税率减半征收企业所得税。

(9) 西部地区鼓励企业的优惠税率为15%。

(10) 横琴新区等地区现代服务业合作区的鼓励类产业的优惠税率为15%。

(11) 海南自由贸易港鼓励企业的优惠税率为15%。

案例解析：

Wind数据显示，2018年上半年，比亚迪支付各项税费合计23.51亿元（见表1-2），研发费用加计扣除比例从50%提高到75%后，享受的研发费用加计扣除预计达到11.25亿元，同比增长86%。同期，比亚迪还收到政府的税费返还12.21亿元，占比超过了应纳税额的一半，再扣除其他相关项目后，当期实际贡献的税费仅10.46亿元，连行业前五都没有排进。

再从税费返还额看，比亚迪12.21亿元的金额远高于其他同行，其中体量最大的上汽集团同期也仅收到3.63亿元的返还。从税费返还额与营业收入、利润、税款等数据的背离程度上看，比亚迪与上汽集团等类似的整车企业，差异实在过于明显。

表 1-2　　单位：亿元

公司	支付的各项税费	收到的税费返还	应交税费（2018H）	应交税费（2017）	贡献税费（2018H）
上汽集团	296.04	3.63	37.82	34.25	295.98
长城汽车	50.94	1.64	7.98	4.38	52.89
广汽集团	40.97	0.05	10.97	11.63	40.26
长安汽车	17.95	1.96	2.07	3.60	14.46
一汽轿车	14.42	0.00	1.71	1.96	14.17
比亚迪	23.51	12.21	4.89	5.73	10.46
江铃汽车	10.43	0.00	0.64	0.70	10.36
小康股份	10.55	0.47	1.63	1.41	10.30
江淮汽车	9.43	4.38	1.01	2.28	3.78
中国重汽	3.58	0.00	1.84	1.79	3.63
福田汽车	7.77	4.26	1.91	2.19	3.22
宇通客车	5.57	2.32	0.54	0.82	2.96
金杯汽车	2.40	0.01	0.19	0.31	2.27
海马汽车	2.15	1.03	0.27	0.62	0.77
曙光股份	1.00	0.06	0.16	0.56	0.53
一汽夏利	0.34	0.00	0.79	0.80	0.34
东风汽车	0.81	0.30	0.15	0.58	0.08
中通客车	0.68	0.81	0.23	0.25	-0.16
亚星客车	0.12	0.12	0.15	0.60	-0.44
安凯客车	0.39	0.67	0.14	0.83	-0.97
力帆股份	2.18	3.04	0.74	0.96	-1.07
金龙汽车	1.43	2.90	0.43	0.26	-1.29
合计	502.68	39.87	76.24	76.52	462.53

案例启示：

在两税合并后，虽然取消了经济特区、沿海经济开发区等特定地区的税收优惠，但行业优惠依然存在。基于此，企业利用税收优惠进行税收筹划的思路可以不变，但税收筹划的策略应从利用特定地区优惠为主转变为利用行业优惠为主。在进行投资的过程中，企业应充分利用税法关于鼓励农业、公共基础设施投资经营、环境保护、节能节水项目、创意投资企业和高新技术产业的发展方面的税收优惠，实现税收筹划策略的转变。

高新技术企业可以享受减按15%的税率征收企业所得税、技术转让所得企业所得税减免、延长亏损结转年限、研发费加计扣除、固定资产加速折旧、个人所得税分期缴纳等税收优惠政策。针对高新技术企业，一个十分明显的优势是高新技术企业能够享受国家减税降负的优惠，其负担的企业所得税税率可从25%降至15%。这样一来，企业在运营发展的过程中就可以合理、有效地控制成本，促进企业的研发创新。

除了上述六项优惠外，高新技术企业认定证书还是一个难得的国家级资质认证，更容易得到社会和政府的认可，有利于企业对外部市场的开拓，可以提高企业的品牌影响力。

第2章

初创环节的税收筹划

教学目的与要求：

企业在创业之初或者扩张之际，均面临企业组织结构设立性质和形式的选择，以及从税务角度所进行的考量。本章介绍了纳税人在设立与扩张阶段从税务角度对企业性质、分支机构、纳税人身份和出资方式做出的思考及判断。

思政元素的融入：

通过项目方式培养学生的团队协作能力，树立社会主义核心价值观——友善：包容、协作、团结、尊重、和气、宽厚，以便日后在工作实践中，有与他人合作的团队精神。

第一节　企业性质的选择

一、非公司制企业与公司制企业的区别

（一）非公司制企业

非公司制企业是指个人独资企业、合伙企业、个体工商户等，税务机关仅对其生产、经营所得征收个人所得税，其纳税人为投资者个人，无须缴纳企业所得税。

1. 个体工商户

个体工商户业主、个人独资企业投资者、合伙企业个人合伙人以及从事其他生产经营活动的个人，以其每一纳税年度来源于个体工商户、个人独资企业、合伙企业以及其

他生产经营活动的所得，减除费用（6 万元）、专项扣除以及依法确定的其他扣除后的余额，为应纳税所得额。

成本费用是指个体工商户、个人独资企业、合伙企业以及个人从事其他生产经营活动发生的各项直接支出和分配计入成本的间接费用以及销售费用、管理费用、财务费用。损失是指个体工商户、个人独资企业、合伙企业以及个人从事其他生产经营活动发生的固定资产和存货的盘亏、毁损、报废损失，转让财产损失，坏账损失，自然灾害等不可抗力因素造成的损失，以及其他损失。

2. 个人独资企业

个人独资企业又称个人业主制企业、个人企业，是指由个人出资兴办，完全归个人所有和控制的企业组织形式。这种企业在法律上是自然人企业，不具有法人资格。个人独资企业是最早产生也是最简单的企业组织形式，流行于小规模生产时期，但即使是在现代经济社会中，这种企业在数量上也占多数。比如在美国，个人独资企业就占企业总数的 70%以上。这类企业往往规模较小，在小型加工、零售商业、服务业等领域较为活跃。根据《中华人民共和国个人独资企业法》的规定，在中国境内设立，由一个自然人投资，财产为投资人个人所有，投资人以其个人财产对企业债务承担无限责任的经营实体为个人独资企业。

3. 合伙制企业

合伙制企业又称合伙企业，是指由两个或两个以上自然人共同出资，为了获利而共同经营，并归企业主共同所有的企业组织形式。合伙人的出资可以是资金或其他财物，也可以是特许权、信用和劳务等。

总的看来，合伙制企业的数量不如公司制企业和个人独资企业多，比如在美国的全部企业中，这种形式的企业仅占 7%左右。合伙制企业在会计师事务所、律师事务所、零售店、经纪业等行业中较为常见。根据《中华人民共和国合伙企业法》的规定，合伙企业是指在中国境内设立的由各合伙人订立合伙协议，共同出资、合伙经营、共享收益、共担风险，并对合伙企业债务承担无限连带责任的营利性组织。

（1）普通合伙企业。普通合伙企业由普通合伙人组成。普通合伙人是指在合伙企业中对合伙企业债务承担无限连带责任的合伙人。

（2）特殊普通合伙企业。特殊普通合伙企业是指以专业知识和专门技能为客户提供有偿服务的专业机构性质的合伙企业。各合伙人仍然对合伙企业债务承担无限连带责任，但这种责任仅局限于合伙人本人的业务范围及过错，即对合伙企业形成的债务属于个人的职责范围或过错所导致的才承担无限责任。大型会计师事务所和律师事务所多采取这类形式。

（3）有限合伙企业。有限合伙是指一名以上普通合伙人与一名以上有限合伙人所组成的合伙企业，普通合伙人对合伙企业的债务承担无限连带责任，有限合伙人以其认缴的出资额为限对合伙企业的债务承担责任。私募股权基金类企业多采用这类组织形式。虽然在表面上及一些具体程序与做法上，有限合伙企业是介于合伙企业与有限责任公司之间的一种企业形式，但在本质上，它是合伙企业的特殊形式之一，而不是公司。

有限合伙企业是由普通合伙人和有限合伙人组成的。普通合伙人涉及对企业的损失承担无限连带责任。这是因为，一旦普通合伙人无法承担连带责任，债权人的利益将得不到保护，所以在具体要求上是比较严格的。2006 年的《中华人民共和国合伙企业法》第三条规定："国有独资公司、国有企业、上市公司以及公益性的事业单位、社会团体不得成为普通合伙人。"

有限合伙人既可以是公民个人，又可以是法人机构。因为有限合伙人以其认缴的出资额为限对合伙企业的债务承担责任，其责任限定在"认缴的出资额"范围内。基于此，就有限合伙人的身份来看，无论是公民、法人还是其他组织都没有问题。

根据《财政部、国家税务总局关于合伙企业合伙人所得税问题的通知》（财税[2008] 159 号）的规定，合伙企业施行"先分后税"原则，即对合伙企业本身不征税，只对投资人征税。投资人是自然人的，缴纳个人所得税；投资人是法人和其他组织的，缴纳企业所得税。有限合伙企业作为合伙企业的一种特殊形态，同样适用上述规定。因此，对于自然人投资者，应比照个体工商户的生产、经营所得，适用 5%～35%的五级超额累进税率，计算征收个人所得税；对于法人和其他组织，应根据《企业所得税法》的规定，适用 25%的企业所得税税率。

▶▶▶ （二）公司制企业

公司是依照《公司法》及其他法律规定的条件、程序设立的，以营利为目的的经济组织。公司以股东的投资行为为基础设立，公司的所有权归股东共同所有，公司最终由股东共同控制。

公司制企业属于法人企业，包括有限责任公司和股份有限公司，股东以其认缴的出资额或认购的股份为限对公司承担有限责任。公司制企业是现代企业组织中的重要形式，是一种以法人财产制度为核心，以科学规范的法人治理结构为基础，从事大规模生产经营活动，具有法人资格并依法设立的经济组织。公司制企业有效地实现了出资者所有权与法人财产权的分离，具有产权清晰、权责明确、政企分开、管理科学、投资风险有限等特点。随着我国社会主义市场经济体制的不断完善，公司制企业已成为我国最主要的企业组织形式。公司制企业需要对生产、经营所得缴纳企业所得税，对个人投资者分红再缴纳个人所得税。也就是说，公司制企业的生产、经营所得到股东或实际控制人手里，需要缴纳企业所得税和个人所得税。

1. 有限责任公司的组织形式

（1）定义。有限责任公司是指股东以其认缴的出资额为限对公司承担责任，公司以其全部财产对公司债务承担责任。自 2006 年 1 月 1 日起，修订后的《公司法》规定有限责任公司由 50 人以下股东出资设立，取消了原有限责任公司股东最少为 2 人的下限，允许设立一人有限责任公司。这是立法的一大突破，体现了法律对现实经济生活需要的承认。一人有限责任公司是指只有一个自然人股东或者一个法人股东的有限责任公司。《公司法》对一人有限责任公司的设立和组织机构做了特殊规定以加强对其监督，在特殊规定以外的问题，则适用对有限责任公司的一般规定。

（2）特点。有限责任公司具有独立的法人资格，是独立的民事主体，可以取得物权，可以起诉和被诉。有限责任公司的股东具有亲自参与公司经营管理的资格。与股份有限公司相比，有限责任公司的法定约束力较小、创办手续简单、创办费用较少。有限责任公司不公开向外发行股票募集资本，其股票和债券也不能在证券交易所公开挂牌交易。

2. 股份有限公司的组织形式

（1）定义。股份有限公司是指将其全部资本分为等额股份，股东以其认购的股份为限对公司承担责任，公司以其全部财产对公司债务承担责任。

（2）特点。股份有限公司是法人实体，是一个独立的民事主体，可以以公司的名义经营、负债、取得和处置物权，可以起诉和被诉。股份有限公司公开对外发行股票募集资本，设立股份有限公司主要是为了募集更多的资本进行经营。上市的股份有限公司的股票和债券可以在证券交易所公开挂牌交易。

二、非公司制企业与公司制企业的相关税收规定

（一）非公司制企业的税收规定

1. 相关税收规定

根据《个人所得税法》第二条的规定，经营所得应当缴纳个人所得税。

根据《个人所得税法实施条例》第六条的规定，经营所得包括：

（1）个体工商户从事生产经营活动取得的所得，个人独资企业投资人、合伙企业的个人合伙人来源于境内注册的个人独资企业、合伙企业的生产、经营所得。

（2）个人依法从事办学、医疗、咨询以及其他有偿服务活动取得的所得。

（3）个人对企业、事业单位承包经营、承租经营以及转包、转租取得的所得。

（4）个人从事其他生产经营活动取得的所得。

根据《个人所得税法实施条例》第十五条的规定，成本费用是指生产经营活动中发生的各项直接支出和分配计入成本的间接费用以及销售费用、管理费用、财务费用；损失是指生产经营活动中发生的固定资产和存货的盘亏、毁损、报废损失，转让财产损失，坏账损失，自然灾害等不可抗力因素造成的损失及其他损失。取得经营所得的个人，没有综合所得的，在计算其每一纳税年度的应纳税所得额时，应当减除费用6万元、专项扣除、专项附加扣除以及依法确定的其他扣除。专项附加扣除在办理汇算清缴时减除。

根据《个人所得税法》第三条的规定，经营所得适用5%至35%的超额累进税率，见表2-1。该表所称全年应纳税所得额，是指依照《个人所得税法》第六条的规定，以每一纳税年度的收入总额减除成本费用以及损失后的余额。

表2-1 个人经营所得税率表

	全年应纳税所得额	税率（%）
1	不超过30 000元的	5
2	超过30 000元至90 000元的部分	10

续表

	全年应纳税所得额	税率（%）
3	超过 90 000 元至 300 000 元的部分	20
4	超过 300 000 元至 500 000 元的部分	30
5	超过 500 000 元的部分	35

个体工商户的经营所得按照收入总额减去税法允许扣除的各项费用后的余额计算。因此，个体工商户在计算经营所得的应纳税所得额时，应尽量充分利用税法规定的各项扣除，尽量减少应纳税所得额，从而降低税收负担。

2021 年的中央经济工作会议提出，积极的财政政策要提升效能，更加注重精准、可持续；要保证财政支出强度，加快支出进度；实施新的减税降费政策，强化对中小微企业、个体工商户、制造业、风险化解等的支持力度。随着我国对小微企业的所得实行更低的税率，小微企业的税负已经低于个体工商户。因此，个体工商户将其性质转变为一人有限责任公司可以降低税收负担。

合伙企业是指依照中国法律、行政法规成立的合伙制企业。合伙企业以每个合伙人为纳税义务人。合伙企业的合伙人是自然人的，缴纳个人所得税；合伙人是法人和其他组织的，缴纳企业所得税。合伙企业的生产、经营所得和其他所得采取“先分后税”的原则，具体应纳税所得额的计算按照《财政部、国家税务总局关于印发〈关于个人独资企业和合伙企业投资者征收个人所得税的规定〉的通知》（财税［2000］91 号）及《财政部、国家税务总局关于调整个体工商户个人独资企业和合伙企业个人所得税税前扣除标准有关问题的通知》（财税［2008］65 号）的有关规定执行。生产、经营所得和其他所得包括合伙企业分配给所有合伙人的所得和企业当年留存的所得（利润）。合伙企业的合伙人是法人和其他组织的，合伙人在计算缴纳企业所得税时，不得用合伙企业的亏损抵减其盈利。

合伙企业经营所得应纳税所得额的计算方法与个体工商户相同，两者略有区别的是，合伙企业的应纳税所得额会按照比例分配给每个合伙人，由各合伙人计算缴纳个人所得税。由于增加一个合伙人就可以增加基本扣除 6 万元，也就是合伙企业的合伙人越多，每个合伙人缴纳的个人所得税就越少。

合伙企业的合伙人按照下列原则确定应纳税所得额：①合伙企业的合伙人以合伙企业的生产、经营所得和其他所得，按照合伙协议约定的分配比例确定应纳税所得额。②合伙协议未约定或者约定不明确的，以全部生产、经营所得和其他所得，按照合伙人协商决定的分配比例确定应纳税所得额。③协商不成的，以全部生产、经营所得和其他所得，按照合伙人实缴出资比例确定应纳税所得额。④无法确定出资比例的，以全部生产、经营所得和其他所得，按照合伙人数量平均计算每个合伙人的应纳税所得额。由于合伙人的应纳税所得额适用的是超额累进税率，在全体合伙人平均分配合伙企业利润的情形下可以实现整体税负的最轻。

法律政策依据：

（1）《中华人民共和国个人所得税法》。

(2)《中华人民共和国个人所得税法实施条例》。

(3)《财政部、国家税务总局关于合伙企业合伙人所得税问题的通知》(财税[2008]159号)。

(4)《国家税务总局个体工商户个人所得税计税办法》(2014年12月27日国家税务总局令第35号公布,根据2018年6月15日《国家税务总局关于修改部分税务部门规章的决定》修正)。

2. 税收筹划案例

【例2-1】 李女士响应政府号召返乡创业,在某小学附近开办了“小饭桌”,其经营性质为个体工商户,每年取得经营所得的应纳税所得额为100万元。2019年,李女士有三个方案可供选择:方案一,该“小饭桌”继续保持个体工商户的性质;方案二,将“小饭桌”注册为一人有限责任公司,税后利润全部分配;方案三,将“小饭桌”注册为一人有限责任公司,税后利润保留在公司,即不做分配。请提出税收筹划方案。

筹划方案:

在方案一下,李女士需要缴纳的个人所得税为:

100×35%－6.55＝28.45(万元)

在方案二下,“小饭桌”公司需要缴纳的企业所得税为:

100×25%×20%＝5(万元)

李女士取得税后利润需要缴纳的个人所得税为:

(100－5)×20%＝19(万元)

合计纳税＝5＋19＝24(万元)

方案二比方案一节税:

28.45－24＝4.45(万元)

在方案三下,“小饭桌”公司需要缴纳的企业所得税为:

100×25%×20%＝5(万元)

方案三比方案二节税:

24－5＝19(万元)

方案三比方案一节税:

28.45－5＝23.45(万元)

【例2-2】 2018年度甲合伙企业的应纳税所得额为100万元,平均分配给两个合伙人。2019年度甲合伙企业有两个方案可供选择:

方案一,仍然保持两个合伙人。

方案二,两个合伙人均将自己的配偶或者其他直系亲属1人增加为合伙人,合伙企业的应纳税所得额平均分配给 4 个合伙人。

假设这 4 个合伙人均未取得除合伙企业利润以外的其他所得，每个合伙人的基本扣除标准均为 6 万元。请提出税收筹划方案。

案例解析：

在方案一下，每个合伙人需要缴纳的个人所得税为：

(50－6)×30%－4.05＝9.15（万元）

合计缴纳的个人所得税为：

9.15×2＝18.3（万元）

在方案二下，每个合伙人需要缴纳的个人所得税为：

(25－6)×20%－1.05＝2.75（万元）

合计缴纳的个人所得税为：

2.75×4＝11（万元）

方案二比方案一节税：

18.3－11＝7.3（万元）

【例 2－3】 2019 年度甲合伙企业的应纳税所得额为 100 万元（假设已经扣除合伙人的个人扣除额）。甲合伙企业共有 4 个合伙人，有三种分配方案：

方案一，4 个合伙人的分配数额分别为 3 万元、3 万元、3 万元和 91 万元。

方案二，4 个合伙人的分配数额分别为 3 万元、9 万元、30 万元和 58 万元。

方案三，4 个合伙人平均分配，每人均为 25 万元。

请提出税收筹划方案。

案例解析：

在方案一下，全体合伙人应缴纳的个人所得税为：

3×5%×3＋91×35%－6.55＝25.75（万元）

在方案二下，全体合伙人应缴纳的个人所得税为：

3×5%＋9×10%－0.15＋30×20%－1.05＋58×35%－6.55＝19.6（万元）

方案二比方案一节税：

25.75－19.6＝6.15（万元）

在方案三下，全体合伙人应缴纳的个人所得税为：

(25×20%－1.05)×4＝15.8（万元）

方案三比方案二节税：

19.6－15.8＝3.8（万元）

方案三比方案一节税：

25.75－15.8＝9.95（万元）

（二）公司制企业的税收规定

作为一个具有法律上独立人格的企业，各国一般对公司和其股东都要征税。公司制企业在缴纳企业所得税后，向股东个人分红，应按“利息、股息、红利所得”适用20%的个人所得税。也就是说，一方面对公司征收企业所得税，另一方面要对股东从公司分得的利润征收个人所得税。由于股息是税后利润，一些国家还对公司的未分配利润按个人所得税税率征收所得税。此外，公司还可能要缴纳财产税、增值税、消费税、关税、印花税以及代扣代缴个人所得税等其他税收。公司制企业适用的税率见表2-2。

表2-2 公司制企业适用的税率

种类	税率	适用范围
基本税率	25%	（1）居民企业 （2）在中国境内设有机构、场所且取得的所得与所设机构、场所有实际联系的非居民企业
优惠税率	20%	符合条件的小型微利企业
	15%	国家重点扶持的高新技术企业；西部鼓励类产业企业
扣缴义务人代扣代缴	10%	（1）在中国境内未设立机构、场所的非居民企业 （2）虽设立机构、场所但取得的所得与其所设机构、场所无实际联系的非居民企业

我国对企业所得税的征收主要有两种方式：查账征收和核定征收。

对企业财务管理比较规范，能够建账建制，准确、及时填报资产负债表、利润表、现金流量表，并能向税务机关提供准确、完整纳税资料的企业，实行企业自行申报、税务机关查账征收的方式。其基本点就是能计算出应纳税所得额，并能按税法规定的税率缴纳企业所得税。

为了加强对企业所得税的征收管理，对达不到以上要求的部分中小企业采取核定征收的办法，计算其应纳税额。核定征收办法包括定额征收、核定应税所得率征收以及其他合理的办法。定额征收是指税务机关按照一定的标准、程序和方法，直接核定纳税人年度应纳企业所得税税额，由纳税人按规定进行申报缴纳。核定应税所得率征收是指税务机关按照一定的标准、程序和方法，预先核定纳税人的应税所得率，由纳税人根据纳税年度内的收入总额或成本费用等项目的实际发生额，按预先核定的应税所得率计算缴纳。

三、非公司制企业与公司制企业的选择

（一）有限责任公司与股份有限公司的选择

从税收负担的角度来说，公司形式以股份有限公司更为有利。

（1）我国鼓励投资的有关税收减免政策，主要是以股份有限公司组织形式的生产企业为适用对象，企业以这种形式出现，可获得更多的税收优惠。

（2）就股东来说，采用这种企业形式进行生产经营也可以享受一定的税收优惠待遇。例如，股份制企业的股东个人在将获得的资本公积金转增股本时，不征收个人所得税。①

（3）从筹资角度来说，股份有限公司的筹资方式比较灵活，但股份有限公司的设立条件比有限责任公司严格，注册资金比有限责任公司多，经营风险比有限责任公司大，故纳税人应从各方面进行综合考虑。

政策依据：

（1）《国家税务总局关于股份制企业转增股本和派发红股征免个人所得税的通知》（国税发［1997］198号）规定：股份制企业用资本公积金转增股本不属于股息、红利性质的分配，对个人取得的转增股本数额，不作为个人所得，不征收个人所得税。

（2）《国家税务总局关于股权奖励和转增股本个人所得税征管问题的公告》（国家税务总局公告2015年第80号）规定：非上市及未在全国中小企业股份转让系统挂牌的中小高新技术企业以未分配利润、盈余公积金、资本公积金向个人股东转增资本的，纳税人可分期缴纳个人所得税；非上市及未在全国中小企业股份转让系统挂牌的其他企业转增股本的，应及时代扣代缴个人所得税。

上市公司或在全国中小企业股份转让系统挂牌的企业转增股本（不含以股票发行溢价形成的资本公积金转增股本），按现行有关股息、红利差别化政策执行。

【例2-4】　留存收益转增股本未代扣代缴个人所得税

某软件公司主要生产开发各种办公软件，是由10名自然人股东发起设立的有限责任公司，在设立时每名股东等额出资50万元，该软件公司的注册资本为500万元。自2009年12月成立以来，该软件公司发展迅速，至2015年底累计实现利润1 500万元；其中，计入盈余公积金600万元，其余900万元为未分配利润。该软件公司从2015年底开始策划在新三板上市，首先进行股权改革。2016年6月，其所在地的税务稽查局对该软件公司依法进行了税务稽查。

税务人员认真查阅了该软件公司的董事会决议、总经理办公会记录、股利分配相关问题纪要、公司高层管理人员内部报告等材料后发现，该软件公司的董事会于2015年12月30日做出决定，首先进行企业改制，其经营性质由有限责任公司变更为股份有限责任公司。然后，该软件公司进行增资扩股，除将实收资本转换为股本外，将600万元盈余公积金和900万元未分配利润全部转为股本，该软件公司已于2016年1月办理了

① 此处的资本公积金是指股份制企业股票溢价发行收入所形成的资本公积金。

相关手续。经查，该软件公司并没有对增资扩股业务代扣代缴自然人股东的个人所得税。

税务人员指出，该软件公司以留存收益转增股本的增资扩股行为应代扣代缴自然人股东的个人所得税。财务人员提出，因为没有向自然人股东支付任何现金，所以不需要代扣代缴个人所得税。

案例解析：

1. 以留存收益转增股本有关个人所得税政策

《国家税务总局关于进一步加强高收入者个人所得税征收管理的通知》（国税发[2010] 54号）第二条第二项第一款“加强股息、红利所得征收管理”规定：重点加强股份有限公司分配股息、红利时的扣缴税款管理，对在境外上市公司分配股息、红利，要严格执行现行有关征免个人所得税的规定。加强企业转增注册资本和股本管理，对以未分配利润、盈余公积金和除股票溢价发行外的其他资本公积金转增注册资本和股本的，要按照“利息、股息、红利所得”项目，依据现行政策规定计征个人所得税。

2. 该公司以留存收益转增股本的正确税务处理

根据上述规定，该公司以留存收益转增股本，要按照“利息、股息、红利所得”项目，依据现行政策规定计算代扣代缴个人所得税。个人获得的股息、红利所得，以每次收入额为应纳税所得额，适用20%的比例税率。

该公司应代扣代缴的个人所得税＝(600＋900)×20%＝300（万元）

税务稽查处理结果：

（1）根据《中华人民共和国个人所得税法》和《中华人民共和国个人所得税法实施条例》的相关规定，要求该软件公司补缴代扣代缴的个人所得税300万元。

（2）根据《中华人民共和国税收征收管理法》第三十二条的规定，从税款滞纳之日起至税款实际缴纳之日止，按日加收万分之五的滞纳金。

（二）个人独资企业与一人有限责任公司的选择

在法律上，个人独资企业和一人有限责任公司的最主要区别是一人有限责任公司具有法人资格，个人独资企业不具有法人资格。一人有限责任公司的股东以认缴的出资额为限承担“有限责任”，个人独资企业的投资人以其个人资产对公司承担无限责任。一人有限责任公司的投资主体可以是自然人，也可以是法人，而个人独资企业的投资主体只有一个人，就是自然人。

就税收立法来说，一人有限责任公司需要缴纳企业所得税，而个人独资企业需要缴纳个人所得税。具体分析如下：

（1）税收征缴规定不同。一人有限责任公司在税收政策的适用上，与其他法人企业一样，适用《企业所得税法》及其实施条例；在企业层面，需要就经营所得缴纳25%

的企业所得税；如果为自然人股东，在利润分配时还需要就分红所得缴纳20%的个人所得税。

个人独资企业以投资者为纳税义务人，以每一纳税年度的收入总额减除成本费用以及损失后的余额作为投资者的生产、经营所得，比照《个人所得税法》的“个体工商户的生产、经营所得”应税项目，适用5%～35%的五级超额累进税率计算征收个人所得税。其中，需要注意的是，生产、经营所得包括企业分配给投资者个人的所得和企业当年留存的所得（利润）。

因此，一人有限责任公司按照《企业所得税法》的规定缴纳企业所得税，而个人独资企业不需要缴纳企业所得税，只需要按《个人所得税法》的规定缴纳个人所得税。

(2) 个人在企业列支工资、费用的方法不同。一人有限责任公司的股东可以在一人有限责任公司的成本费用中列支股东本人的工资，而个人独资企业不得在企业的成本费用中列支投资者的个人工资。

(3) 税收征管不同。无论是一人有限责任公司还是个人独资企业，都应按照《税收征管法》的基本要求，履行纳税申报的法定义务。

具体来看，一人有限责任公司的企业所得税纳税年度自公历1月1日起至12月31日止，分月或者分季预缴，企业应当自月份或者季度终了之日起十五日内，向税务机关报送预缴企业所得税纳税申报表，并预缴税款；企业应当自年度终了之日起五个月内，向税务机关报送年度企业所得税纳税申报表，并汇算清缴，结清应缴（应退）税款。企业在报送企业所得税纳税申报表时，应当按照规定附送财务会计报告和其他有关资料。

对于个人独资企业来说，应在经营年度第二年的3月31日前，向主管税务机关报送按规定填列的《个人所得税生产、经营所得纳税申报表》并附年度会计报表。

税收筹划建议：

(1) 从递延纳税的角度，一人有限责任公司优于个人独资企业。如前所述，对于个人独资企业来说，作为应纳税所得额计算基础的生产、经营所得，包括企业分配给投资者个人的所得和企业当年留存的所得（利润）。因此，个人独资企业不具有对留存收益递延纳税的功能。对于一人有限责任公司来说，仅在公司分红时才会产生个人所得税的纳税义务，具有递延纳税的功能，可以抵扣后续年度的经营亏损。

(2) 在所得税方面，可以积极争取核定征收和小微企业税收优惠。一般来说，高利润的行业采取核定征收可以降低实际税负。从税法的角度看，适用核定征收需要符合法定条件。

(3) 在流转税方面，争取成为小规模纳税人和适用税收优惠。在“营改增”以后，对于包括个人独资企业等在内的企业来说，主要面对的是所得税和增值税。根据纳税人的规模，增值税纳税人分为一般纳税人和小规模纳税人。小规模纳税人按照3%的征收率征收增值税，对于难以取得进项抵扣发票的企业而言，可以利用企业分拆等方式，争取成为小规模纳税人，以便合理降低税负。

(三)公司制企业与合伙企业、个人独资企业的选择

合伙企业是一个契约性的组合，是人合型的组织。大多数国家（包括中国）不授予合伙企业以法人地位和资格。合伙企业在税负上具有穿透性质，它并不对所得纳税，而是由各合伙人按照各自从合伙企业分得的所得缴纳个人所得税或企业所得税（当合伙人是机构投资者时）。

公司作为法人实体，其营业利润在企业环节课征企业所得税，当税后利润作为股息分配给投资者后，其中的个人投资者还要缴纳一次个人所得税。

一般来说，在公司、合伙企业及个人独资企业之间进行企业设立形式的筹划和选择时，应考虑以下问题：

（1）在比较两种征税方法的税收利益时，注重实际差别要高于名义差别。以对公司征税是否要实行各种形式的整体化措施这一问题为例，此时就要测算“整体化”后的实际税负，因为完全的整体化意味着重复征税的消除，而公司制企业的税负与个人独资企业或合伙企业的税负有可能相互接近。

（2）要比较合伙制企业与公司制企业的税基、税率结构和税收优惠待遇等多种因素，因为综合税负是多种因素作用的结果，我们不能只考虑一种因素，或以偏概全。公司制企业在某些地区或行业会享有合伙企业不能享有的税收优惠政策，在进行具体税收筹划操作时，必须把这些因素考虑进去，然后从总体上考虑实际的税负差异。

（3）在合伙人的构成中，如果既有本国居民，又有外国居民，那就出现了合伙制跨国现象。在这种情况下，合伙人由于居民身份、国别的不同，税负将出现差异，特别是在预提所得税方面，要分析居民纳税人和非居民纳税人的税负差异，并仔细计算。

（4）税务管理的难易。从税务管理的角度考虑，公司制企业的设立比较麻烦，但容易成为一般纳税人，并取得增值税专用发票，从而有利于进行大规模的生产经营活动；合伙企业的设立相对简单，但很难成为一般纳税人，只能取得普通发票，难以从事大规模的生产经营活动。

（5）税收征管方式的影响。无论是企业所得税的征管还是个人独资企业、合伙企业个人所得税的征管，在实行不同的征收方式时对税负都是有影响的。核定征收方式往往会受人为因素的影响而具有不确定性。这是因为，虽然税法规定了各行业应税所得率的范围，但幅度很大，在具体操作中需要由税务机关核定。比如娱乐业，在企业所得税方面，应税所得率为10%～25%；在个人所得税方面，应税所得率为20%～40%。此时，企业所得税的税负就不一定比个人所得税的税负重。

总之，应该综合考虑企业的经营风险、经营规模、管理模式及筹资金额等因素加以权衡，进而决定所投资企业的组织形式。

【例2-5】 张三与李四投资设立了智慧培训公司，张三持股51%，李四持股49%。在注册时，他们将企业类型选定为有限责任公司。2018年，该公司实现的利润总额为200万元。2019年，张三与李四计划将实现的盈利部分进行分配，他们应如何纳税？

案例解析：

1. 法律依据

根据《企业所得税法》第一条的规定，在中华人民共和国境内，企业和其他取得收入的组织为企业所得税的纳税人，依照规定缴纳企业所得税。个人独资企业、合伙企业不适用《企业所得税法》。

根据《个人所得税法》第三条第（三）款的规定，利息、股息、红利所得，财产租赁所得，财产转让所得和偶然所得，适用比例税率，税率为百分之二十。

根据《财政部、国家税务总局关于印发〈关于个人独资企业和合伙企业投资者征收个人所得税的规定〉的通知》（财税［2000］91号）第四条的规定，个人独资企业和合伙企业每一纳税年度的收入总额减除成本费用以及损失后的余额，作为投资者个人的生产、经营所得，比照《个人所得税法》的“个体工商户的生产、经营所得”应税项目，适用5%～35%的五级超额累进税率，计算征收个人所得税。

根据《财政部、国家税务总局关于合伙企业合伙人所得税问题的通知》（财税［2008］159号）第二条和第三条的规定，合伙企业以每一个合伙人为纳税义务人。合伙企业的合伙人是自然人的，缴纳个人所得税；合伙人是法人和其他组织的，缴纳企业所得税。合伙企业的生产、经营所得和其他所得采取“先分后税”的原则。

2. 税负比较

通过对以上案例及政策的分析，有限责任公司在实现利润后要缴纳企业所得税，股东在对缴纳企业所得税后的净利息进行股息、红利分配时，还要缴纳股息、红利所得的个人所得税。

智慧培训公司应缴纳的企业所得税为：

$$200\times25\%=50\text{（万元）}$$

智慧培训公司的税后净利为：

$$200-50=150\text{（万元）}$$

税后净利进行分配应缴纳的个人所得税为：

$$150\times20\%=30\text{（万元）}$$

张三和李四合计纳税80万元，税后收益为120万元。

假设张三与李四注册的公司类型不是有限责任公司，而是合伙企业，那么纳税有何区别？

通过对以上政策的分析可知，不具有法人资格的个人独资企业和合伙企业不纳税，仅对经营所得（即投资者分得的利润）征收个人所得税。

张三应缴纳的个人所得税为：

$$200\times51\%\times35\%-6.55=29.15\text{（万元）}$$

李四应缴纳的个人所得税为：

200×49%×35%−6.55=27.75（万元）

张三和李四合计纳税 56.9 万元，税后收益为 143.1 万元

通过对以上两种不同企业类型的税率差异、纳税形式的分析，我们不难发现：有限责任公司是按企业纳税，而合伙企业是按自然人缴纳个人所得税，也就是合伙企业适用5%～35%的五级超额累进税率来计算征收个人所得税。

显然，当合伙企业的“合伙人”增加时，每个投资者分得的所得越少，适用的税率也就越低，因而增加合伙人（如增加妻子、子女为合伙人）就等于降低了税负。

风险提示：

根据《财政部、国家税务总局关于非营利组织免税资格认定管理有关问题的通知》（财税［2018］13 号）和《国家税务总局关于小型微利企业所得税优惠政策征管问题的公告》（国家税务总局公告 2022 年第 5 号）的相关规定，在所得税减税降费后，要考虑这两种模式的法律责任并承担后果。因此，企业在选择经营模式时需要谨慎。

☞阅读材料

个体工商户、个人独资企业、一人有限责任公司的比较

个体工商户、个人独资企业、一人有限责任公司是个人投资可以选择的三种不同法律形式，以下从几个方面对这三种法律形式进行比较。

第一，法律地位不同。

根据我国法律，民事法律关系的主体可分为自然人和法人。

个体工商户：个体工商户不具有法人资格。依照相关法律的规定，公民在法律允许的范围内，依法经核准登记从事工商业经营的为个体工商户。个体工商户是一种我国特有的公民参与生产经营活动的形式，也是个体经济的一种法律形式。个体工商户可比照自然人和法人享有民事主体资格，但个体工商户不是一个经营实体。

个人独资企业：个人独资企业是依法在中国境内设立，由一个自然人投资，财产为投资人所有，投资人以其个人财产对企业债务承担无限责任的经营实体。个人独资企业不具有法人资格，虽然可以起字号，并可以对外以企业名义从事民事活动，但也只是自然人进行商业活动的一种特殊形态，属于自然人企业范畴。

一人有限责任公司：一人有限责任公司是指只有一个自然人股东或者一个法人股东的有限责任公司。自 2006 年 1 月 1 日起开始实施的《中华人民共和国公司法》规定，一名自然人股东或一名法人股东可以设立“一人有限责任公司”。从企业名称可以看出，一人有限责任公司符合公司设立条件，是具有完全法人资格的经济实体。

第二，出资人不同。

个体工商户：既可以由一个自然人出资设立，也可以由家庭共同出资设立。

个人独资企业：出资人只能是一个自然人。

一人有限责任公司：是由一名自然人股东或一名法人股东投资设立。

第三，承担责任的财产范围不同。

个体工商户：根据《中华人民共和国民法典》（以下简称《民法典》）和现行司法解释的规定，就承担的责任来说，个体工商户对所负债务承担无限清偿责任，即不以投入经营的财产为限，而应以其全部财产承担责任。个人经营的个体工商户，以个人财产承担责任；家庭经营的个体工商户，以家庭财产承担责任。当然，无论是以个人财产还是家庭财产承担责任，都应当保留其生活必需品和必要的生产工具。

个人独资企业：个人独资企业的出资人在一般情况下仅以其个人财产对企业债务承担无限责任，只有在企业设立登记时明确以家庭共有财产作为个人出资的才依法以家庭共有财产对企业债务承担无限责任。

一人有限责任公司：根据《公司法》的规定，一人有限责任公司的股东仅以其投资为限对公司债务承担有限责任。这也是一人有限责任公司作为独立法人实体的一个突出表现。

第四，适用法律不同。

个人独资企业依照《中华人民共和国个人独资企业法》设立，个体工商户依照《民法典》、《个体工商户条例》（中华人民共和国国务院令第 596 号）的规定设立，而一人有限责任公司则依据《公司法》设立，并受其调整。

第五，税收管理不同。

首先，从税收管理上看，税务机关对个体工商户和个人独资企业的税收管理相对宽松，对建账要求较低，在税款征收方式上主要采用定额或定率征收，而对于一人有限责任公司，税务机关的要求则严格得多，在税款征收方式上主要采用定率或查账征收。

其次，涉及的所得税不同。《国务院关于个人独资企业和合伙企业征收所得税问题的通知》（国发［2000］16 号）规定，个人独资企业和合伙企业从 2000 年 1 月 1 日起，停止征收企业所得税，比照个体工商户的生产、经营所得征收个人所得税。因此，个体工商户或个人独资企业只需缴纳个人所得税，不用缴纳企业所得税，而一人有限责任公司必须缴纳企业所得税，并且在对股东进行利润分配时还要缴纳个人所得税。从这个角度讲，个体工商户和个人独资企业比“一人有限责任公司”更有利。

资料来源：个人独资、个体工商户、一人有限公司的区别. 中国税务报，2017-07-14.

第二节　分支机构的选择

一、分支机构的类别

（一）分公司

分公司是与总公司相对应的一个概念。许多大型企业的业务分布于全国各地甚至许多国家，直接从事这些业务的是该企业设置的分支机构或附属机构，这些分支机构或附属机构就是所谓的分公司，而该企业则称为总公司或本公司。

分公司与总公司的关系虽然有些类似子公司与母公司的关系，但分公司的法律地位与子公司完全不同，它没有独立的法律地位，按照《中华人民共和国公司法》第十四条规定："公司可以设立分公司。设立分公司，应当向公司登记机关申请登记，领取营业执照。分公司不具有法人资格，其民事责任由公司承担。"

分公司是总公司下属的直接从事业务经营活动的分支机构或附属机构。虽然分公司有公司字样，但它不是真正意义上的公司。因为分公司不具有企业法人资格，不具有独立的法律地位，不独立承担民事责任。

分公司的特征具体表现为：

（1）分公司没有自己的独立财产，其实际占有、使用的财产是总公司财产的一部分，列入总公司的资产负债表中。

（2）分公司不独立承担民事责任。

（3）分公司不是公司，它的设立无须依照公司设立程序，只要履行简单的登记和营业手续后即可成立。

（4）分公司没有自己的章程、董事会等形式的公司经营决策机关和业务执行机关。

（5）分公司的名称只要在总公司名称后加上分公司字样即可。

（二）子公司

《国际税收辞汇》的注释："子公司一词是指那些被另一家公司（母公司）有效控制的下属公司或是母公司直接和间接控制的一系列公司中的一家公司。"

在征税时，对如何确定子公司可能有各种不同的标准。例如，有的国家规定，在征税时，如果一家公司被视为另一家公司的子公司，那么另一家公司必须拥有这家公司50%以上的股份。也有一些国家可能只要求拥有相当比例的股份，不一定达到50%的股份。在有些国家的税制里，当确定子公司的地位时，持有股票的数额并不是一个决定性的因素，而持有的各种类别股票所构成的总选举权才是决定性的因素。

子公司是与母公司相对应的法律概念。母公司是指拥有另一家公司一定比例以上的股份或通过协议方式能够对另一家公司实行实际控制的公司。子公司是指一定比例以上的股份被另一家公司拥有或通过协议方式受到另一家公司实际控制的公司。子公司具有法人资格，可以独立承担民事责任，这是子公司与分公司的重要区别。

（1）子公司受母公司的实际控制。实际控制是指母公司对子公司的一切重大事项拥有实际上的决定权，其中最重要的是能够决定子公司董事会的组成。在不经他人同意的情况下，母公司就可以通过行使权力而任命董事会的多名董事。某些信托机构虽然拥有公司的大量股份，但并不参与对公司事务的实际控制，因而不属于母公司。

（2）母公司与子公司之间的控制关系是基于股权的占有或控制协议。根据股东会多数表决原则，拥有的股份越多，越能取得对公司事务的决定权。因此，一家公司如果拥有了另一家公司50%以上的股份，就必然能对该公司实行控制。但实际上，由于股份的分散，只要拥有一定比例以上的股份，就能获得股东会表决权的多数，即可取得控制的地位。除股份控制方式外，通过订立某些特殊契约或协议而使某公司处于另一家公司的支配之下，也可以形成母公司与子公司的关系。

（3）母公司、子公司各为独立的法人。虽然子公司处于受母公司实际控制的地位，在许多方面都要受到母公司的管理，有的子公司甚至类似母公司的分支机构，但在法律上，子公司仍是具有法人地位的独立公司制企业，它有自己的公司名称和公司章程，并以自己的名义进行经营活动，其财产与母公司的财产彼此独立，拥有自己的资产负债表。在债务责任上，子公司和母公司均以自己所有的财产为限承担各自的债务责任，互不连带。

通过持有其他公司一定比例以上的股份而对其实行控制的公司，又称控股公司。母公司与控股公司是可以通用的两个概念，子公司也可以通过控制其他公司一定比例以上的股份而成为控股公司，被控股的公司称为孙公司。母公司通过控制众多的子公司、孙公司而成为庞大的公司集团。母公司只要通过较少的资本就可以利用子公司的资本购买其他公司，组建起金字塔形的公司集团模式。

（三）分公司与子公司的差异

《公司法》规定，公司可以设立分公司，但分公司不具有企业法人资格，其民事责任由公司承担。公司可以设立子公司，子公司具有企业法人资格，可以依法独立承担民事责任。

子公司与分公司的具体区别为：

（1）子公司是独立的法人，拥有自己独立的名称、章程和组织机构，对外以自己的名义进行活动，在经营过程中发生的债权与债务由自己独立承担。分公司不具备企业法人资格，没有独立的名称，其名称应冠以隶属公司的名称，由隶属公司依法设立，只是该公司的一个分支机构。

（2）母公司对子公司的控制必须符合一定的法律条件。一般来说，母公司对子公司的控制不是采取直接控制，而是采用间接控制方式，即通过任免子公司董事会成员和进行投资决策来影响子公司的经营活动。分公司则与此不同，其人事、业务、财产受隶属公司的直接控制，在隶属公司的经营范围内从事经营活动。

（3）承担债务的责任方式不同。母公司作为子公司的最大股东，仅以其对子公司的出资额为限对子公司在经营活动中的债务承担责任；子公司作为独立的法人，以子公司自身的全部财产为限对其经营负债承担责任。由于分公司没有自己独立的财产，与隶属公司在经济上统一核算，因而其经营活动中的负债由隶属公司负责清偿，即由隶属公司以其全部资产为限对分公司在经营中的债务承担责任。

二、子公司与分公司的税收待遇分析

从法律上讲，子公司是一个独立的法人，而分公司不是独立法人，这就决定了子公司与分公司在税收待遇上的不同，具体表现为：

（1）由于子公司是独立的法人实体，承担全面纳税义务，因而子公司的所在国视其为居民纳税人，通常要承担与该国其他居民公司一样的全面纳税义务。母公司所在国的税收法规对子公司没有约束力，除非母、子公司所在国之间缔结的双边税收协定有特殊规定。

（2）分公司不是独立的法人实体，承担有限纳税义务，因而分公司的所在国视其为非居民纳税人，其发生的利润和亏损与总公司合并记入“合并报表”中。分公司与总公司经营成果的合并计算，只影响居住国的税收负担，至于分公司所在的东道国，照样要对归属于分公司本身的收入课税，也就是实行收入来源税收管辖权。从税收的角度讲，无论是子公司还是分公司，都应在其所在国缴纳所得税。但是，大多数国家对在该国注册登记的子公司与外国公司设在该国的常设机构（分公司）在税收上有不同的规定。

世界各国（包括我国）对子公司和分公司在税收待遇等方面有许多不同的规定，这就为企业或跨国公司在设立附属企业的组织形式时提供了选择空间。

一般来说，设立子公司有如下好处：

（1）在东道国只负有限的债务责任（有时需要母公司担保）。

（2）子公司向母公司报告的企业成果只限于生产经营活动方面，而分公司要向总公司报告所有情况。

（3）子公司是独立法人，其所得税的计征独立进行。子公司可享受东道国给居民公司提供的包括免税期在内的税收优惠待遇，而分公司是作为企业的组成部分之一派往国外，东道国大多不愿为其提供更多的优惠。

（4）当东道国适用的税率低于居住国时，子公司的累积利润可得到递延纳税的好处。

（5）子公司将利润汇回母公司要比分公司灵活得多，这等于母公司的投资所得、资本利得可以保留在子公司，或者可选择母公司税负较轻的时候汇回，以得到额外的税收利益。

（6）许多国家对子公司向母公司支付的股息都规定了减征或免征预提所得税。

设立分公司有如下好处：

（1）分公司一般便于经营，对财务会计制度的要求也比较简单。

（2）分公司承担的成本费用可能要比子公司节省。

（3）分公司不是独立法人，只就流转税在所在地缴纳，其利润所得由总公司合并纳税。在经营初期，分公司往往出现亏损，但其亏损可以冲抵总公司的利润，从而减轻总公司的税收负担。

（4）分公司交付给总公司的利润通常不必缴纳预提所得税。

（5）分公司与总公司之间的资本转移，因不涉及所有权变动，不必负担税收。

由此可见，子公司和分公司的税收利益存在着较大差异，公司在选择企业组织形式时应细心比较、统筹考虑、正确筹划。

三、子公司和分公司的税收筹划

子公司与分公司这两种组织形式最重要的区别在于：子公司是独立的法人实体，在设立国被视为居民纳税人，通常要承担与该国其他公司一样的全面纳税义务。分公司不是独立的法人实体，在设立分公司的所在国被视为非居民纳税人，只承担有限的纳税义务。分公司发生的利润与亏损要与总公司合并计算，即合并报表。

我国税法规定，公司的下属分支机构缴纳企业所得税有两种形式：一是独立申报纳税；二是合并到总公司汇总纳税。然而，采用哪种形式缴税则取决于公司下属分支机构的性质——是否为企业所得税独立的纳税义务人。

需要注意的是，境外分公司与总公司的利润合并计算，只影响居住国的税收负担，至于分公司所在的东道国，通常要对归属于分公司本身的收入课税，也就是实行收入来源的税收管辖权。但是，设立在境内的分公司则不存在这个问题，对这一点在进行税收筹划时应加以关注。

公司（企业）在设立下属分支机构时，应采取哪种最有利的经营组织形式，才能获得较多的税收利益？

在开办初期，下属企业可能发生亏损，设立分公司可以与总公司通过合并报表来冲减总公司的利润、减少应税所得、少缴所得税，而设立子公司就得不到这种好处。但是，如果下属企业在开设后不长时间内就可能盈利，或能很快扭亏为盈，那么设立子公司就比较适宜，因为子公司既可以享受作为独立法人经营的便利，又可以享受未分配利润递延纳税的好处。

除了在开办初期要对下属企业的组织形式精心选择外，在企业的经营、运作过程中，随着整个集团或下属企业的业务发展及盈亏情况的变化，总公司仍有必要通过资产的转移、兼并等方式，对下属分支机构进行调整，以获得更多的税收利益。

比如某公司判断，某家处在经营初期的下属分支机构将出现亏损，由于分公司的亏损可与总公司合并计算，于是总公司在开始时选择了建立分公司的组织形式。在经营几年后，分公司转亏为盈，为了享受税收递延的好处，总公司决定把分公司的生产经营业务逐步转移到另一家子公司，或者干脆把分公司兼并到子公司，如果是将整个分公司转移给子公司，那就必须考虑：

（1）是否要缴纳财产转移税，有没有税收优惠的规定？

（2）全面衡量子公司有哪些好处和坏处，特别是税收总负担的比较。

（3）假定产权转移没有多大好处，而子公司的生产规模需要扩大，是否可以不转移分公司的资产所有权，只是将资产租赁给子公司使用？

（4）存货也可以采取委托代销的方式，这样在受托方未销售之前可以不缴税。

（5）居住国与收入来源国对分公司与子公司亏损结转抵补的税收待遇。假定分公司的亏损可冲抵总公司的利润，在分公司未转亏为盈时，不宜转移给子公司。

因此，税收筹划的策略是分支机构在设立初期需要大量投资，一般处于亏损状态，而经过一定时间的发展则一般处于盈利状态，因此，通常在设立分支机构的初期采取分公司形式，而在分支机构盈利后转为采取子公司的形式。当然，这只是一般情况，并不是绝对的。在某些情况下，当企业适用的税率与准备设立的分支机构适用的税率不同时，企业对其分支机构是选择分公司还是子公司的形式差别很大。如果企业适用的税率高于分支机构适用的税率，则选择子公司形式比较有利；反之，则选择分公司的形式比较有利。

【例 2-6】 某公司准备设立一个分支机构，原计划设立全资子公司。预计该子公司从 2017 年度至 2020 年度的应纳税所得额分别为－1 000 万元、－500 万元、1 000 万元、2 000 万元。该子公司在这四年缴纳的企业所得税分别为 0 万元、0 万元、0 万元、375 万元。请对此提出税收筹划方案。

筹划方案：

由于该子公司前期亏损、后期盈利，因而该公司可以考虑先设立分公司，在第三年时再将分公司转变为子公司。由于分公司和全资子公司的盈利能力大体相当，可以认为该公司形式的变化不会影响该公司的盈利能力。因此，该分公司在2017年度和2018年度将分别亏损1 000万元和500万元，上述亏损可以抵减总公司的应纳税所得额。由此，总公司在2017年度和2018年度将分别少纳企业所得税250万元和125万元。从第三年开始，该分公司变为子公司，需要独立纳税。2019年度和2020年度该子公司的应纳税额分别为250万元、500万元。从2017年度到2020年度，该分支机构无论是作为子公司还是分公司，纳税总额是相同的，都是375万元，但设立分公司可以在2017年度和2018年度弥补亏损，而设立子公司只能等到2019年度和2020年度才能弥补亏损。设立分公司，使得该公司提前两年弥补了亏损，相当于获得了250万元和125万元的两年期无息贷款，其节省的利息就是该税收筹划方案的收益。

四、分公司和子公司的选择策略

《公司法》第十四条规定：子公司具有法人资格，依法独立承担民事责任。分公司不具有法人资格，其民事责任由公司承担。企业设立分支机构，使其不具有法人资格，且不实行独立核算，则可由总公司汇总缴纳企业所得税。这样可以实现总公司调节盈亏，合理减轻企业所得税的负担。

当然，在设置分支机构时有三个因素应当综合考虑：

首先，分支机构的盈亏情况。当总公司盈利，新设置的分支机构可能出现亏损时，应当选择总分公司模式。根据税法的规定，分公司是非独立纳税人，其亏损可以由总公司的利润弥补；如果设立子公司，由于子公司是独立纳税人，其亏损只能由以后年度实现的利润弥补，而且总公司不能弥补子公司的亏损，也不得冲减对子公司投资的投资成本。

当总机构亏损，新设置的分支机构可能盈利时，应当选择母子公司模式。由于子公司无须承担母公司的亏损，可以自我积累资金求得发展，故母公司可以把效益好的资产转移给子公司，把不良资产处理掉。

其次，享受税收优惠的情况。按照税法的规定，当总机构享受税收优惠而分支机构不享受税收优惠时，可以选择总分公司模式，使分支机构也享受税收优惠。如果分公司所在地有税收优惠政策，则当分公司开始盈利后，可以变更注册分公司为子公司，以享受当地的税收优惠政策，这样会收到较好的纳税效果。

最后，分支机构的利润分配形式及风险责任问题。由于分支机构不具有独立法人资格，所以不利于进行独立的利润分配。与此同时，如果分支机构有风险及相关的法律责任，可能会牵连总公司，而子公司则没有这种担忧。

根据《国家税务总局关于印发〈跨地区经营汇总纳税企业所得税征收管理办法〉的公告》（国家税务总局公告2012年第57号）的规定：企业实行“统一计算、分级管理、就地预缴、汇总清算、财政调库”的企业所得税征收管理办法。也就是说，企业总机构统一计算包括企业所属各个不具有法人资格的营业机构、场所在内的全部应纳税所得额、应纳税额。但总机构、分支机构所在地的主管税务机关都有对当地机构进行企业所得税管理的责任，总机构和分支机构应分别接受机构所在地主管税务机关的管理。在每个纳税期间，总机构、分支机构应分月或分季分别向所在地主管税务机关申报预缴企业所得税。等年度终了后，总机构负责进行企业所得税的年度汇算清缴，统一计算企业的年度应纳税额，在抵减总机构、分支机构当年已就地分期预缴的企业所得税税款后，多退少补。这样就为分支机构的合理节税提供了政策依据和保障。

当企业设立分支机构时，由于设立初期分支机构面临高昂的成本支出，所以亏损的概率较高，通常采用分公司的形式较为合适，这样可以享受与总部收益盈亏互抵的好处。经过两三年的经营，当分公司开始转亏为盈时，再把分公司变更注册为子公司，这样可以降低分支机构对总机构的法律影响，见图 2-1。

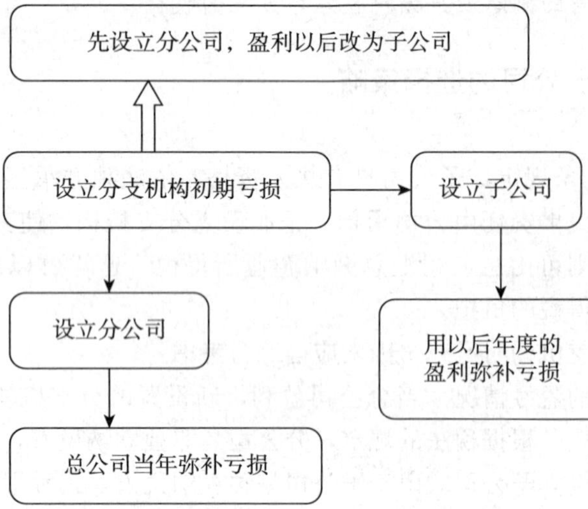

图 2-1　子公司与分公司税收筹划图

第三节　初创股权架构设计的税收筹划

在自然人股东设立目标公司时，不同持股主体的所得应缴纳的税额存在差异。下面探讨自然人股东在初始设立目标公司时应如何设计公司的持股架构，以达到税收利益最大化。

一、目标公司为非上市公司

股东来自持股公司的所得主要包括分红及股权转让所得，在公司上市前，自然人直接持股架构和控股公司间接持股架构的税收差异如下：

(一) 分红所得

(1) 自然人持股，需要就分红所得缴纳20%的个人所得税。

(2) 持股主体是公司制法人企业，按照《企业所得税法》的规定，该分红来自居民企业，无须缴纳企业所得税，但最终个人股东获取所得时，仍需缴纳20%的个人所得税。

(二) 转让股权所得

(1) 自然人持股，转让股权所得需要缴纳20%的个人所得税。

(2) 如果持股主体是公司制企业，在转让股权时应缴纳一次企业所得税，但会面临双重纳税，最终自然人股东在获取该所得时，还要缴纳20%的个人所得税。

如前所述，单从税务成本来看，由于公司持股将面临双重纳税的风险，因而自然人持股的成本可能是最低的，但在实践中，大部分自然人股东（实际控制人）通过控股公司间接持股，这是因为：

(1) 在大多数情况下，非上市公司股权的流动性较差，股权转让并非股东所得的主要来源，其所得主要来自红利（即使没有直接分红，而是通过其他应收款挂账超过1年的，税务上也视同分红），此时由公司当作持股主体，将股息、红利留存于控股公司，可以递延缴纳个人所得说。

(2) 假设目标公司由自然人直接持股，而且目标公司积累了大量的未分配利润，为了改制上市（创业板、科创板要求的股本至少为3 000万元，主板要求的股本至少为5 000万元），其中留存收益折股的部分需要缴纳20%的所得税。如果在公司设立初期提前进行了税收筹划，主要由公司制法人企业持股，则可以大幅节约上市成本。

二、目标公司为上市公司

与非上市公司不同的是，对于上市公司，无论是分红还是股票转让，相对其他持股主体，自然人持股的税负成本优势更加明显，持股超过1年的自然人获得的来自上市公司的股息、红利是免税的，股票转让（限售股除外）所得亦能免税，而公司法人持股主体的股票转让所得需要缴纳企业所得税。

另外，由于上市公司的股票属于金融产品，故股票转让环节还涉及增值税，无论是公司、有限合伙企业还是其他资管产品等持股主体均是金融产品增值税（含城市维护建设税及教育费附加）的纳税主体，而自然人可以暂免缴纳股票转让的增值税。

因此，上市公司尽量筹划为自然人持股应是理性选择。但问题是，此前的建议是在非上市公司时期的主要股权由公司持有，那么应在什么时候通过何种方式转变为自然人持股？最好选择在公司整体变更后、申报IPO材料之前，将部分股权（将来要退出的部分）转让给企业家个人持股，这样税务成本会相对较低；如果选择在上市后转让，则企业家将承担IPO溢价所带来的税务成本。在公司上市后，上市公司成为资本运作的平台，公司融资和筹划的空间更大，此时设计持股主体的考量涉及的因素更加复杂。比如在上市前安排一些股权由有限公司持股，将来大股东可以发行可转换债券，则会极大地减少交易成本、信息披露成本及融资成本。另外，如果为了便于股权的控制和管理，有限合伙企业持股也是合适的选择。

税收筹划建议：

在上市前，建议用公司制法人企业来间接持股，股息、红利在不分配给自然人股东的前提下，可以享受递延缴纳个人所得税的税收利益；一旦公司准备 IPO，则上市后的股权溢价是主要的考虑因素，此时，自然人持股的税务成本最低。

【例 2-7】　陈发树避税引出财税［2009］167 号文

陈发树是上市公司紫金矿业的董事长，紫金矿业于 2008 年上市，其招股说明书上显示有三家公司持有紫金矿业的股份，而陈发树本人并未直接持有。也就是说，陈发树对紫金矿业是间接持股。这样的安排实际上就是为了递延缴纳个人所得税。因为间接持股就意味着紫金矿业有利润不用直接分给陈发树，而是先分到中间控股公司，控股公司再将这些钱对外投资，自然就不涉及个人所得税的问题了。

随着紫金矿业谋划上市，陈发树进行了税收筹划，将间接持股变为直接持股，也就是将紫金矿业持有的三家公司股票以每股 0.1 元的价格转让给陈发树，合计转让 35 888.16 万股，陈发树总计支付转让款 3 588.82 万元。经过股份转让，陈发树对紫金矿业的持股方式就由间接持股转为直接持股。

那么，陈发树为什么要进行这样的税收筹划？因为在间接持股模式下，当紫金矿业分配利润时，中间控股公司首先要缴纳企业所得税，而后分给陈发树时又需要缴纳个人所得税，其实际税负达到 40%。如果是个人持有股票，目前税法规定不用缴纳个人所得税，而且当时的《财政部、国家税务总局关于个人转让股票所得继续暂免征收个人所得税的通知》（财税字［1998］61 号）并没有明确，转让上市公司股票继续免征个人所得税中的"股票"是限售股还是二级市场上流通的股票。从理论上说，只要转让上市公司的股票均可免税。陈发树正是利用了这个文件的漏洞，做了上述安排。

紫金矿业于 2008 年 4 月 25 日在 A 股上市，发行价为 7.13 元/股，陈发树等自然人股东持有的原始股票的限售期为 1 年。至 2009 年 4 月 27 日，紫金矿业限售股解禁流通，仅仅在 2009 年 4—7 月的三个月中，陈发树前后两次减持紫金矿业股份总计约 2.94 亿股，套现 27.3 亿元，而成本仅为 2 940 万元，利润达 27 亿元。如果陈发树当时没做税收筹划，则中间控股公司转让 27.3 亿元时要缴纳 25% 的企业所得税，应纳税额近 7 亿元。剩下的 20 亿元分给陈发树再缴 20% 的个人所得税，即 4 亿元，加在一起就是 11 亿元的税款。改为个人持股后，陈发树一分钱的税款都不用缴！

限售股、原始股转让一夜暴富的情况很快引起了社会的广泛关注，"陈发树事件"也成了人们热议的话题。随着 IPO 上市重启，对于新的上市公司，除了限售股转让外，自然人股东转让原始股也能获取巨额所得。如果不对他们征税，有失公平：一是自然人转让上市公司股票的本质是财产转让，不征税将导致税负不公平；二是法人转让上市公司和非上市公司的原始股要缴税，但自然人转让却不缴税，也造成了税负不公。

在这种情况下，国务院法制办、财政部和国家税务总局经过多次磋商，最终在 2009 年的最后一天出台了《财政部、国家税务总局、中国证券监督管理委员会关于个人转让上市公司限售股所得征收个人所得税有关问题的通知》（财税［2009］167 号），明确了从2010年1月1日开始对个人转让限售股取得的所得，按“财产转让所得”，适用20%的比例税率征收个人所得税。

法律依据：

财政部、国家税务总局、中国证券监督管理委员会关于
个人转让上市公司限售股所得征收个人所得税有关问题的通知

各省、自治区、直辖市、计划单列市财政厅（局）、国家税务局、地方税务局，新疆生产建设兵团财务局，上海、深圳证券交易所，中国证券登记结算公司：

为进一步完善股权分置改革后的相关制度，发挥税收对高收入者的调节作用，促进资本市场长期稳定健康发展，经国务院批准，现就个人转让上市公司限售流通股（以下简称“限售股”）取得的所得征收个人所得税有关问题通知如下：

一、自2010年1月1日起，对个人转让限售股取得的所得，按照“财产转让所得”，适用20%的比例税率征收个人所得税。

二、本通知所称限售股，包括：

(1) 上市公司股权分置改革完成后股票复牌日之前股东所持原非流通股股份，以及股票复牌日至解禁日期间由上述股份滋生的送、转股（以下统称“股改限售股”）。

(2) 2006年股权分置改革新老划断后，首次公开发行股票并上市的公司形成的限售股，以及上市首日至解禁日期间由上述股份滋生的送、转股（以下统称“新股限售股”）。

(3) 财政部、税务总局、法制办和证监会共同确定的其他限售股。

三、个人转让限售股，以每次限售股转让收入，减除股票原值和合理税费后的余额为应纳税所得额，即

应纳税所得额=限售股转让收入-(限售股原值+合理税费)

应纳税额=应纳税所得额×20%

本通知所称的限售股转让收入，是指转让限售股股票实际取得的收入。限售股原值，是指限售股买入时的买入价及按照规定缴纳的有关费用。合理税费，是指转让限售股过程中发生的印花税、佣金、过户费等与交易相关的税费。

如果纳税人未能提供完整、真实的限售股原值凭证的，不能准确计算限售股原值的，主管税务机关一律按限售股转让收入的15%核定限售股原值及合理税费。

四、限售股转让所得个人所得税，以限售股持有者为纳税义务人，以个人股东开户的证券机构为扣缴义务人。限售股个人所得税由证券机构所在地主管税务机关负责征收管理。

五、限售股转让所得个人所得税，采取证券机构预扣预缴、纳税人自行申报清算和证券机构直接扣缴相结合的方式征收。证券机构预扣预缴的税款，于次月7日内以纳税保证金形式向主管税务机关缴纳。主管税务机关在收取纳税保证金时，应向证券机构开具《中华人民共和国纳税保证金收据》，并纳入专户存储。

根据证券机构技术和制度准备完成情况，对不同阶段形成的限售股，采取不同的征收管理办法。

（一）证券机构技术和制度准备完成前形成的限售股，证券机构按照股改限售股股改复牌日收盘价，或新股限售股上市首日收盘价计算转让收入，按照计算出的转让收入的15%确定限售股原值和合理税费，以转让收入减去原值和合理税费后的余额，适用20%税率，计算预扣预缴个人所得税额。

纳税人按照实际转让收入与实际成本计算出的应纳税额，与证券机构预扣预缴税额有差异的，纳税人应自证券机构代扣并解缴税款的次月1日起3个月内，持加盖证券机构印章的交易记录和相关完整、真实凭证，向主管税务机关提出清算申报并办理清算事宜。主管税务机关审核确认后，按照重新计算的应纳税额，办理退（补）税手续。纳税人在规定期限内未到主管税务机关办理清算事宜的，税务机关不再办理清算事宜，已预扣预缴的税款从纳税保证金账户全额缴入国库。

（二）证券机构技术和制度准备完成后新上市公司的限售股，按照证券机构事先植入结算系统的限售股成本原值和发生的合理税费，以实际转让收入减去原值和合理税费后的余额，适用20%税率，计算直接扣缴个人所得税额。

六、纳税人同时持有限售股及该股流通股的，其股票转让所得，按照限售股优先原则，即转让股票视同为先转让限售股，按规定计算缴纳个人所得税。

七、证券机构等应积极配合税务机关做好各项征收管理工作，并于每月15日前，将上月限售股减持的有关信息传递至主管税务机关。限售股减持信息包括：股东姓名、居民身份证号码、开户证券公司名称及地址、限售股股票代码、本期减持股数及减持取得的收入总额。证券机构有义务向纳税人提供加盖印章的限售股交易记录。

八、对个人在上海证券交易所、深圳证券交易所转让从上市公司公开发行和转让市场取得的上市公司股票所得，继续免征个人所得税。

九、财政、税务、证监等部门要加强协调、通力合作，切实做好政策实施的各项工作。

第四节　出资方式选择的税收筹划

一、出资方式的分类

（一）按出资物的性质划分

出资方式按出资物的性质可分为货币资金出资、实物资产出资和无形资产出资。货币资金出资是指以货币直接进行投资的出资方式。实物资产出资是指以建筑物、厂房、设备、其他物料等作价出资的方式。无形资产出资是指以工业产权、非专利技术、著作权、场地使用权、商誉等作价出资的方式。

一般来说，采用实物资产出资和无形资产出资的方式优于采用货币资金出资的方式。

(二)按出资期限划分

出资方式按出资期限可分为一次性出资方式和分期出资方式。一次性出资是指一次性将注册资本拨入企业。分期出资是指分期分批拨入注册资本。

为了保证企业正常的生产经营，注册资本必须在企业建立后的一定期限内全部到位；如果从弱化资本或变相增加权益的角度考虑，可以尽可能地采取分期拨入注册资本的出资方式。

二、货币资金出资方式、非货币性资产出资方式的比较

(一)货币资金出资方式

合理运用货币资金出资方式可以达到节税效果（需要注意的是，全体股东的货币出资金额不得低于有限责任公司注册资本的百分之三十）。

(二)非货币性资产出资方式

《公司法》第二十七条规定，股东可以用货币出资，也可以用实物、知识产权、土地使用权等可以用货币估价并可以依法转让的非货币财产作价出资。非货币性资产是指货币性资产以外的资产，包括存货、固定资产、无形资产、股权投资以及不准备持有至到期的债券投资等。

非货币性资产有别于货币性资产的最基本特征是，它在将来为企业带来的经济利益（即货币金额）是不固定的或不可确定的。非货币性资产投资就是以非货币性资产出资设立新的企业，或者以非货币性资产出资参与企业增资扩股、定向增发股票、重组改制以及其他类似的投资（包括股权换股权）。

以非货币性资产投资一般会涉及增值税及附加、土地增值税、企业所得税、个人所得税、契税和印花税等税种。

1. 投资方的涉税处理

（1）增值税。《财政部、国家税务总局关于股权转让有关营业税问题的通知》（财税[2002] 191号）对股权转让的营业税问题做出了规定：

1）以无形资产、不动产投资入股，参与接受投资方的利润分配，共同承担投资风险的行为，不征收营业税。

2）对股权转让，不征收营业税。

因此，企业以无形资产、不动产投资入股，参与接受投资方的利润分配，共同承担投资风险的行为，以及股权转让行为，均不缴纳营业税。

自2016年5月1日起，营业税改征增值税全面推开，那么企业发生无形资产、不动产投资入股、股权转让行为，在“营改增”前不征营业税，“营改增”后是否改为不征增值税？对于这个问题，《财政部、国家税务总局关于全面推开营业税改征增值税试点的通知》（财税[2016] 36号）中没有单列明确。

财税[2016] 36号文的附件一《营业税改征增值税试点实施办法》规定：

第十条　销售服务、无形资产或者不动产，是指有偿提供服务、有偿转让无形资产或者不动产。

第十一条　有偿，是指取得货币、货物或者其他经济利益。

企业将不动产对外投资取得被投资方的股权，属于有偿取得了其他经济利益，因而企业的不动产投资属于增值税的应税范围。

财税［2016］36号文的附件二《营业税改征增值税试点有关事项的规定》规定：

第一条第（四）款　适用一般计税方法的试点纳税人，2016年5月1日后取得并在会计制度上按固定资产核算的不动产或者2016年5月1日后取得的不动产在建工程，其进项税额应自取得之日起分2年从销项税额中抵扣，第一年抵扣比例为60％，第二年抵扣比例为40％。取得不动产，包括以直接购买、接受捐赠、接受投资入股、自建以及抵债等各种形式取得不动产，不包括房地产开发企业自行开发的房地产项目。

根据上述规定可知，企业将无形资产、不动产投资入股换取被投资企业股权的行为属于有偿取得“其他经济利益”，且被投资企业取得的不动产包括以“接受投资入股”形式取得的不动产，其进项税额准予从销项税额中抵扣。这就意味着企业以不动产投资应作为销售缴纳增值税，并可计算销项税额、开具增值税专用发票给被投资企业作为抵扣进项税额的凭据，打通了增值税“环环征收、层层抵扣”的链条，从而将不动产投资入股行为列入了增值税“销售不动产”税目的征税范围。

另外，根据《增值税暂行条例》及其实施细则、《财政部、国家税务总局关于全国实施增值税转型改革若干问题的通知》（财税［2008］170号）和《国家税务总局关于增值税简易征收政策有关管理问题的通知》（国税函［2009］90号）等文件的规定，以设备、货物等对外投资需要缴纳增值税，以维护增值税抵扣链条的完整性。

至于股权转让是否征收增值税问题，从财税［2016］36号文的附件一《营业税改征增值税试点实施办法》中的“附：销售服务、无形资产、不动产注释”来看，股权转让行为不属于“营改增”试点征收范围，因此股权转让行为原来不征营业税，在“营改增”后也不征增值税。

计税依据：

财税［2016］36号文附件一的第四十四条规定，其计税价格是按照纳税人/其他纳税人同类不动产均价或组成计税价格确定。企业对外投资无销售额，一般是以经评估后的公允价值作为计税依据。

（2）土地增值税。根据《财政部、税务总局关于继续实施企业改制重组有关土地增值税政策的公告》（财政部、税务总局公告2021年第21号）第四条的规定，企业以房地产作价入股进行投资，对其将房地产转移、变更到被投资的企业，暂不征土地增值税。但该文第五条规定，该政策不适用于房地产转移任意一方为房地产开发企业的情形。因此，将不动产对外投资，只要任意一方是房地产企业，则投资方就需缴纳土地增值税，如果都为非房地产企业，则不征土地增值税。

计税依据：

《国家税务总局关于房地产开发企业土地增值税清算管理有关问题的通知》（国税发

[2006] 187号）规定，房地产开发企业用开发产品对外投资，以同类房地产价格、市场价值/评估价值确定收入，但对于非开发产品投资如何确认收入未明确规定，在实务中一般也是以公允价值（如评估价）作为应税收入。

(3) 企业所得税。根据《企业所得税法实施条例》第二十五条的规定，企业发生非货币性资产交换，应当视同销售。与此同时，根据《国家税务总局关于企业处置资产所得税处理问题的通知》（国税函[2008] 828号）第二条的规定，企业资产所有权属的改变，应按规定视同销售确定收入。企业将房地产对外投资，因为房地产权属发生了改变，同时取得了股权作为对价，根据规定，应当视同销售缴纳企业所得税。

《财政部、国家税务总局关于非货币性资产投资企业所得税政策问题的通知》（财税[2014] 116号）和《国家税务总局关于非货币性资产投资企业所得税有关征管问题的公告》（国家税务总局公告2015年第33号）对非货币性资产投资企业所得税如何缴纳进行了明确：

1) 实行查账征收的居民企业（以下简称“企业”）以非货币性资产对外投资确认的非货币性资产转让所得，可自确认非货币性资产转让收入年度起在不超过连续5个纳税年度的期间内，分期均匀计入相应年度的应纳税所得额，按规定计算缴纳企业所得税。

2) 企业以非货币性资产对外投资，应对非货币性资产进行评估并按评估后的公允价值扣除计税基础后的余额，计算确认非货币性资产转让所得。

计税依据：

《国家税务总局关于企业所得税有关问题的公告》（国家税务总局公告2016年第80号）第一条规定：“企业发生《国家税务总局关于企业处置资产所得税处理问题的通知》（国税函[2008] 828号）第二条规定情形的，除另有规定外，应按照被移送资产的公允价值确定销售收入。”与此同时，财税[2014] 116号文第二条明确了企业以非货币性资产对外投资，应对非货币性资产进行评估并按评估后的公允价值扣除计税基础后的余额，计算确认非货币性资产转让所得。根据该文件的规定，不动产投资入股应以评估后的公允价值为基础计算所得。

此外，财税[2014] 116号文第一条规定，企业的非货币性资产转让所得，可在不超过5年期限内，分期均匀递延缴纳。因此，企业发生非货币性资产交换，需要缴纳的企业所得税是可以递延5年平均缴纳的，这对于接受投资入股且不产生现金流入的企业来说，也是一个税收优惠。

【例2-8】 A公司是一家依据中国法律注册的有限公司。2015年1月1日，A公司计划将持有的B公司80%的股权作价对居民企业C公司出资。A公司对B公司80%股权的计税基础为800万元，评估价值为1 400万元。双方于2015年2月1日办理完毕工商变更登记手续。

试问在该交易中，A公司、C公司如何进行税务处理？

案例解析

根据财税［2014］116 号文的规定，该交易属于“注入现存的居民企业”的情形。

(1) 会计处理。

A 公司在 2015 年 2 月 1 日的会计处理如下：

借：长期股权投资——C　　1 400

　贷：长期股权投资——B　　800

　　投资收益　　600

(2) 税务处理。

A 公司转让持有的 B 公司 80%股权的所得为 600 万元（=1 400−800），该所得可以分 5 年平均确认，即每年确认的 120 万元计入应纳税所得额。

A 公司有关应税所得及股权的计税基础见表 2-3。

表 2-3　A 公司有关应税所得及股权的计税基础　　单位：万元

	2015 年	2016 年	2017 年	2018 年	2019 年	2020 年
应税所得	110	120	120	120	120	10
计税基础	910	1 030	1 150	1 270	1 390	1 400

与此同时，C 公司于 2015 年 2 月 1 日取得的 B 公司股权的计税基础为 1 400 万元，可以据此计提折旧。

假定 A 公司在 2017 年 6 月 30 日将持有的 C 公司股权转让给他人，则 A 公司应在 2018 年对 2017 年汇算清缴时，将 2016 年后的未确认非货币性资产转让所得 370 万元（=600−110−120）一次性确认，同时将 A 公司持有的 C 公司股权的计税基础一次性调整到 1 400 万元（=1 030+370）。

假定 A 公司的股权转让价格为 1 600 万元，则 A 公司的股权转让所得为 200 万元（=1 600−1 400），所以 A 公司在 2017 年度汇算清缴时的所得为 570 万元（=370+200），加上 2015 年、2016 年确认的所得，共计确认所得 800 万元（=110+120+570），正好等于股权的公允价值 1 600 万元与其最初的计税基础 800 万元之间的差额。

假定 A 公司在 2017 年 6 月 30 日注销，则 A 公司应停止执行递延纳税政策，并将递延期内尚未计入的非货币性资产转让所得 370 万元，在歇业当年（即 2017 年）汇算清缴时，一次性计算缴纳企业所得税，加上 2015 年、2016 年已确认的所得共计 600 万元。

(4) 个人所得税。

《财政部、国家税务总局关于个人非货币性资产投资有关个人所得税政策的通知》（财税［2015］41 号）和《国家税务总局关于个人非货币性资产投资有关个人所得税征管问题的公告》（国家税务总局公告 2015 年第 20 号）就非货币性资产投资个人所得税政策进行了明确：

1）个人以非货币性资产投资，属于个人转让非货币性资产和投资同时发生。对个人转让非货币性资产的所得，应按照“财产转让所得”项目，依法计算缴纳个人所得税。

2）个人以非货币性资产投资，应按评估后的公允价值确认非货币性资产转让收入。非货币性资产转让收入减除该资产原值及合理税费后的余额为应纳税所得额。

3）个人应在发生上述应税行为的次月15日内向主管税务机关申报纳税。纳税人一次性缴税有困难的，可合理确定分期缴纳计划并报主管税务机关备案后，自发生上述应税行为之日起不超过5个公历年度内（含）分期缴纳个人所得税。

【例2-9】 A公司是一家国有控股公司，B公司的全部股东均为自然人。如果A公司对B公司开展并购，而且并购后B公司注销。在并购前，A公司的净资产为1.5亿元，B公司的股本为500万元，净资产的账面价值与公允价值均为1亿元，其中未分配利润为9 500万元。在并购后，A公司的净资产为2.5亿元，B公司的原股东成为A公司股东，合计持股40%。并购全部以股权支付，不涉及现金。假设并购后A公司的股本为2.5亿元，并购过程中的股权转让合理税费为500万元。

B公司的自然人股东变为A公司股东，应如何计算缴纳个人所得税?

案例解析

A公司并购B公司，有两种方案可选择：一种是B公司先增资清算，再开展并购；另一种是B公司直接划转为A公司的全资子公司。

在两种方案下，B公司股东的个人所得税处理有所不同。

第一种方案：先增资再并购。

B企业可选择先增资，再与A公司开展并购。也就是说，在转让前，先将全部净资产转为B企业股本，然后以B公司100%的股权并入A公司。

《国家税务总局关于盈余公积金转增注册资本征收个人所得税问题的批复》（国税函[1998] 333号）规定，对属于个人股东分得再投入公司（转增注册资本）的部分，应按照“利息、股息、红利所得”项目征收个人所得税，税款由股份有限公司在有关部门批准增资、公司股东会议通过后代扣代缴。

对B公司的自然人股东来说，就是将企业的各项资产按照净资产的公允价值1亿元，与原股本500万元的差额部分，作为盈余公积金并转增股本，然后按照“利息、股息、红利所得”计算缴纳个人所得税。在这种情况下，B公司股东应缴纳的个人所得税为1 900万元[=(10 000－500)×20%]。

第二种方案：直接并购。

B公司还可选择直接与A公司进行并购，成为A公司的全资子公司。

《财政部、国家税务总局关于个人非货币性资产投资有关个人所得税政策的通知》（财税[2015] 41号，以下简称“41号文”）规定，非货币性资产投资包括以非货币性资产出资设立新的企业，以及以非货币性资产出资参与企业增资扩股、定向增发股票、股权置换、重组改制等投资行为。非货币性资产是指现金、银行存款等货币性资产以外的资产，包括股权、不动产、技术发明成果以及其他形式的非货币性资产。

个人以非货币性资产投资，属于个人转让非货币性资产和投资同时发生。对个人转让非货币性资产的所得，应按照“财产转让所得”项目，依法计算缴纳个人所得税。在本案例中，B公司与A公司直接开展并购，并成为A公司的全资子公司，实质就是B公司全体自然人股东以自己所持的B公司股权为对价，向A公司开展投资，取得A公司对等价值的股权。在投资完成后，B公司就是A公司的全资子公司，然后进行后续并购重组。

按照《国家税务总局关于个人非货币性资产投资有关个人所得税征管问题的公告》（国家税务总局公告2015年第20号，以下简称“20号公告”）等政策的规定，个人以非货币性资产投资，应按评估后的公允价值确认非货币性资产转让收入。非货币性资产转让收入减除该资产原值及合理税费后的余额，为应纳税所得额。非货币性资产原值为纳税人取得该项资产时实际发生的支出。纳税人以股权投资的，该股权原值确认等相关问题依照《税务总局关于发布〈股权转让所得个人所得税管理办法（试行）〉的公告》（国家税务总局公告2014年第67号）的五种方式判定。

在该方案下，B公司股东应确认的股权转让所得应缴纳的个人所得税为1 800万元[=(10 000−500−500)×20%]。

风险提示：

企业在并购方案设计环节，不仅要做好税负测算以及依法选择合适的方案，而且要关注实务中的办税问题。以B公司的自然人股东为例，在设计并购方案阶段，要注意考量纳税义务发生时间、是否分期纳税等问题，还要注意与交易对方保持沟通，及时履行相关义务。

以第二种方案为例，41号文规定，个人以非货币性资产投资，应于非货币性资产转让、取得被投资企业股权时，确认非货币性资产转让收入的实现。具体到该案例，就是A公司股权的重新登记日。但在税款缴纳环节，B公司股东可选择分期纳税。41号文规定，个人应在发生上述应税行为的次月15日内向主管税务机关申报纳税。纳税人一次性缴税有困难的，可合理确定分期缴纳计划并报主管税务机关备案后，自发生上述应税行为之日起不超过5个公历年度内（含）分期缴纳个人所得税。

如果选择分期纳税，纳税人要注意收集并报送相关资料。20号公告规定，纳税人非货币性资产投资需要分期缴纳个人所得税的，应于取得被投资企业股权之日的次月15日内，自行制订缴税计划并向主管税务机关报送《非货币性资产投资分期缴纳个人所得税备案表》、纳税人身份证明、投资协议、非货币性资产评估价格证明材料、能够证明非货币性资产原值及合理税费的相关资料。

按照规定，被投资企业应将纳税人以非货币性资产投入本企业取得股权的情况，以及分期缴税期间纳税人股权的变动情况，分别于相关事项发生后15日内，向主管税务机关报告，并协助税务机关执行公务。纳税人和被投资企业未按规定备案、缴税和报送资料的，税务机关有权按照《税收征管法》及有关规定进行处理。

（5）印花税。根据《中华人民共和国印花税法》和《国家税务总局关于印花税若干具体问题的解释和规定的通知》（国税发［1991］155 号）第十条的规定，不动产所有权转移，按照财产转移书据缴纳万分之五的印花税。

2. 被投资方的涉税处理

（1）契税。根据《国家税务总局关于契税纳税服务与征收管理若干事项的公告》（国家税务总局公告 2021 年第 25 号）的规定，企业以土地、房产权属作价投资入股的，视同土地使用权、房屋买卖征收契税。但如果是母公司以土地、房屋权属向其全资子公司增资，根据《财政部、税务总局关于继续执行企业、事业单位改制重组有关契税政策的公告》（财政部、税务总局公告 2021 年 17 号）的规定，视同划转，免征契税。

计税依据：一般土地使用权转让、房屋买卖的契税计税依据为成交价，但对于价格不合理的，由征收机关参照市场价格核定。

（2）印花税。根据《国家税务总局关于资金账簿印花税问题的通知》（国税发［1994］25 号）的规定，接受不动产投资入股后，被投资方需要按照资金账簿新增资本金贴花。

与此同时，根据《财政部、税务总局关于对营业账簿减免印花税的通知》（财税［2018］50 号）的规定，对按万分之五税率贴花的资金账簿减半征收。

（3）房产税/城镇土地使用税。如果被投资方接受投资入股的不动产是土地，则涉及城镇土地使用税；如果是房产，则涉及房产税和城镇土地使用税。

对于土地、房产等大宗物业的交易、处置，税负的高低往往直接影响业务交易能否达成，如何合理、合法、合规地降低交易税费就成了主要考量因素。建议企业充分考虑资金成本、税务风险、税收征管及税负水平等因素，选择专业、规范、实务经验丰富的中介机构，实时掌握地方税务机关的执行口径，避免税收风险。

三、分期投资与一次性投资的选择

（一）基本规定

（1）修订后的《公司法》取消了按照公司经营内容区分注册资本最低限额的规定，统一规定为有限责任公司的最低注册资本降到 3 万元，股份有限公司的最低注册资本降到 500 万元，大大降低了公司注册资本的门槛，有利于更多公司的诞生。

（2）原《公司法》规定内资企业的注册资本要求一次缴清，修订后的《公司法》要求公司（除一人有限责任公司外）全体股东的首次出资额不得低于注册资本的百分之二十，也不得低于法定的注册资本最低限额，其余部分由股东自公司成立之日起两年内缴足；其中，投资公司可以在五年内缴足。

（二）筹划原理

从以下方面来讲，分期出资要好于一次性出资：分期出资可以减少投入资本，获得资金的时间价值。

（三）案例分析

【例 2-10】 某投资企业有两个投资者甲、乙，他们的投资额各为 100 万元，税后利润对半分配。若甲投资者一次性投入 100 万元，而乙投资者在一年内分四次投入，每季度初投入 25 万元。设年利率为 8%，则

$$
\begin{aligned}
\text{乙投资者投资额的现值} &= 25+25\times(P/A,\ 2\%,\ 3)\\
&= 25+25\times 2.884 = 97.1\ (\text{万元})
\end{aligned}
$$

（四）认缴制下认缴不缴的税收风险防范

1. 税收上的风险

《国家税务总局关于企业投资者投资未到位而发生的利息支出企业所得税前扣除问题的批复》（国税函［2009］312 号）规定：凡投资者在规定期限内未缴足其应缴资本额的，该企业对外借款所发生的利息支出，相当于投资者实缴资本额与在规定期限内应缴资本额的差额应计付的利息，其不属于企业合理的支出，应由投资者负担，不得在计算应纳税所得额时扣除。

【例 2-11】 A 因经营需要于 2014 年 1 月增加企业注册资本 4 000 万元，其中的 1 000 万元因股东个人原因不能出资到位，该企业便向银行借款 2 000 万元用于生产经营，发生利息支出 145 万元。

$$
\text{不得扣除的利息支出} = 1\,000\times\frac{145}{2\,000} = 72.5\ (\text{万元})
$$

2. 债务上的风险

有限责任公司的股东以其认缴的出资额为限对公司承担责任，当公司资本不足以清偿公司债务时，股东有义务按照承诺的注册资本清偿剩余的债务。

【例 2-12】 注册资本为 2 000 万元的某投资公司，实缴出资 400 万元。新《公司法》注册资本认缴制出台后，增资到 10 亿元。在签订了 8 000 万元的合同后，面对到期债务突然减资到 400 万元，并更换了股东。债权人在首笔 2 000 万元无法收取后，将该投资公司与新老股东一同告上法庭，要求投资公司与新老股东均承担债务的连带责任。

法院判决：

法官在审理该案后认为，被告投资公司与股东在明知公司对外债务的情况下，没有按照法定的条件和程序进行减资，其减资行为无效，投资公司的注册资本应恢复到减资前的状态，即公司的注册资本仍为 10 亿元，公司股东为徐某和林某。在该投资公司负有到期债务、公司财产不能清偿债务的情况下，股东徐某和林某应该缴纳该投资公司承担责任后尚欠的债务。如果该投资公司完全不能清偿债务，则徐某和林某应该在未缴出资的本息范围内履行出资义务，承担清偿责任。

案例解析

认缴制下公司股东的出资义务只是暂缓缴纳，而不是永久免除。在公司经营发生了重大变化时，公司包括债权人可以要求未履行或未全面履行出资义务的股东在未缴出资范围内对公司债务不能清偿的部分承担补充清偿责任。

本章小结

本章结合大量案例分析、探讨了企业在初始设立及扩张时对组织形式选择的税收筹划以及在股权设置和出资环节的税收筹划，要求学生掌握对不同企业组织形式的税收筹划，同时掌握税收筹划的思路、方法、法律依据和风险防范。

复习思考题

1. 从税收负担角度分析成立股份有限公司有哪些优势。
2. 简述子公司、分公司在税收上的规定以及如何进行税收筹划。
3. 简述以非货币性资产出资的增值税规定。
4. 公司制企业与非公司制企业在税收上的差异有哪些?
5. 对于有限合伙企业的税收规定是什么?

案例阅读 1

比尔避税案：利用合伙企业，输入不良资产损失

案例背景：

美国有一个富豪叫丹尼尔·安德鲁·比尔（Daniel Andrew Beal），1952 年生人，是银行家、商人、投资人、业余数学家，个人财富 70 亿美元。比尔的脑子聪明，嗜好玩扑克，曾创造了世界上赌注最大的一把扑克牌局。比尔是比尔财务公司（Beal Financial Corporation）及其全资子公司比尔银行（Beal Bank）的创建者和唯一所有者。比尔和上一任总统特朗普是好朋友。

比尔是专门倒卖不良资产的，这门生意给他带来了巨额财富。比尔起初做境内不良资产业务，但随着境内不良资产的风险估价日益透明，境内不良资产业务的利润越来越薄，于是比尔将商业目光投向海外市场。

有个注册会计师叫蒙哥马利，一直帮助比尔寻找境外存在获利空间的不良资产。在 2011 年左右，蒙哥马利注意到中国四大国有银行把不良贷款转入了新设立的四家资产管理公司，经过一番调研，他向比尔推荐了信达资产管理公司（以下简称“信达公司”）的不良贷款。比尔很重视蒙哥马利的交易建议，因为这个会计师已经帮他在南美不良资产交易中赚到了暴利。

在蒙哥马利的撮合下，比尔和信达公司达成了合作安排。按照这个合作安排，信达公司在美国设立了东门有限责任公司（以下简称“东门公司”），其出资是信达公司持有的不良贷款，面值和计税基础大约是 11 亿美元，公允价值是 0.19 亿美元。

在东门公司设立后不久，蒙哥马利和东门公司共同设立了南门有限责任公司（以下简称“南门公司”），东门公司的出资还是信达公司注入东门公司的不良贷款，蒙哥马利只是象征性地出资，仅持有南门公司 1%的权益。

在南门公司设立后，比尔设立了战槌有限责任公司（以下简称“战槌公司”），比尔是战槌公司的唯一股东。战槌公司从东门公司手中买下其持有的绝大部分南门公司权益，比尔支付的对价是 0.19 亿美元。

为了利用南门公司的不良贷款处置损失，比尔又往战槌公司注入计税基础为 1.8 亿美元的政府国民抵押贷款协会（GNMS）证券，然后将持有的战槌公司权益注入南门公司。经过这番操作，比尔持有南门公司权益的计税基础增加到 2 亿美元，其中 0.19 亿美元是比尔购买南门公司权益支付的对价，0.1 亿美元是比尔对南门公司的增资，主要用于支付南门公司的运营费用，1.8 亿美元是比尔以战槌公司权益向南门公司进行的增资。

2002 年，比尔自南门公司划分的损失份额是 2.6 亿美元，比尔在 2002 年个人所得税申报表中主张的损失扣除金额是 2 亿美元。

美国联邦税务局质疑上述交易是恶性避税，认为南门公司是虚假的存在，不同意比尔的损失扣除主张，双方诉讼到地区法院，比尔初审败诉，又诉至联邦第五巡回上诉法院，比尔还是败诉。

初审法院认为南门公司是虚假的，联邦税务局在处理时否定南门公司的存在，将战槌公司购买南门公司权益的交易看作战槌公司直接自信达公司名下购买不良贷款，对比尔 2002 年 2 亿美元的损失扣除主张不予支持。但对于这一避税行为，初审法院没有对比尔进行处罚。对于初审法院的上述裁决，上诉法院在审理后，予以支持。

要理解本案判决，有必要了解以下税法知识：

（1）有限责任公司的预设办税身份是合伙企业，本案例中的东门公司、南门公司都是合伙企业报税身份。一人有限责任公司在报税时应假设有限责任公司不存在，因而战槌公司的经营成果需要并入比尔的个人纳税申报表。

（2）以潜在收益或潜在损失财产向合伙企业出资，适用递延确认处理。本案例中的信达公司以潜在损失近 9 亿美元的不良贷款向东门公司出资，适用递延确认处理，东门公司以上述财产向南门公司出资，同样适用递延确认处理。

（3）合伙企业向合伙人划分损失，合伙人可以利用划分的损失份额扣减所得，但要受到四重限制。其中，第一个限制就是超过合伙人外部计税基础的损失份额，不允许合伙人做扣除处理。比尔通过向南门公司注入战槌公司权益，实际上是向南门公司转入了计税基础为 1.8 亿美元的 GNMS 证券，这一交易就是为了提高比尔持有南门公司权益的计税基础，以便增加南门公司的损失在比尔个人所得税计算中的扣除金额。

资料来源：比尔避税案：利用合伙企业，输入不良资产损失．税捷，2021－04－21.

案例阅读 2

商业模式创新案例分析——好立方的蜕变

好立方，一个用废旧集装箱改造而成的“农村超市”，它变废为宝，让农村市场对接了现代商业，不仅让农民获得了就业机会和享受了便利，而且形态独特，吸引了人们的眼球。无奈，好立方碍于盈利模式，得不到投资者“临门一脚”的肯定……那么，好立方能否实现蜕变，获得资本的最终青睐？

好立方，一个基于“水立方”和“集装箱”而得名的百货超市品牌，其老板此前专做食品包装，在全国几个城市都有包装厂，年销售收入近30亿元，每年净利润2亿元，业绩比较稳定。但好立方的老板意识到这个产业到“天花板”了，因为国内几家大的食品企业都是他的客户，而公司的增长要随着食品企业的增长而增长，所以市场的成长空间很有限。

无疑，这样的发展相当于一条腿走路，一定要有相关的产业相辅相成或形成支持。为此，该老板想到了向下游B2C（business-to-customer）流通行业延伸。因此，在两年前，该老板把包装企业交给CEO管理，自己开始了第二次创业，“好立方”商标就是在这样的情形下注册的。

废弃集装箱“再就业”。好立方要经营的是百货超市，而开超市首先需要场所，要么租房子，要么买房子，抑或自己建房子，但好立方不租、不买，也不建，而是把超市开进了用废旧集装箱改造的场所内，形成了典型的小超市。其次，大家知道超市要开在人流量大的地方，一般开在城镇，但好立方把超市开进了村子里。实践证明，好立方的生命力很强。集装箱开进了哪个村，那个村的小商店就统统关门，因为好立方的品类齐全，具有极强的市场吸引力，从而极大地聚集了人气。

什么叫农村城市化？这就叫农村城市化，把超市开到农村去，极大地方便了农民购物。过去，农民到城里买双鞋，来回的路费可以再买一双袜子，况且好立方的价格并不比城里超市高。

好立方的经营模式得到了政府部门的大力支持。2010年9月，政府颁布文件，承认了利用农村空闲地放置集装箱的用地合法性，一直困扰好立方的“房产证”问题在区域内得到了解决。政府还要求工商、税务、烟草等有关部门在政策允许的范围内给好立方开绿灯、提高办事效率。与此同时，省电视台的农村节目每天免费为好立方做广告。

政府部门的支持，无疑是该老板的“强心针”，随即给好立方又追加了5 000万元的投资。

那么，这样的超市经营规模和盈利能力到底如何？

一个这样的超市在一个村一年的毛收入为60万～200万元，好立方采取扁平化管理，尽可能减少中间环节，平均毛利率达到30%。当然，其运输、人员工资等管理成本也很高，但即便如此，好立方的盈利能力仍非常强。该老板算了一笔账，全省的毛收入可达300亿～500亿元。因此，该老板信心满满，准备加大投入、规范化运作，将来把好立方打包“上市”，然后用募集的资金把这个模式复制到其他省份。

好立方的商业模式吸引了法国一家著名商业公司的注意，该公司拟与好立方进行战略合作。该公司看中的是好立方的商业模式和中国广阔的农村市场，好立方看中的是该公司对超市的管理经验。经过长达一年半的接触，双方的合作协议始终没有签下来，原因是好立方尽管模式好、创意新，但它是亏本的，几乎每一家超市都亏损。为什么？原来存在一个天大的麻烦——税收问题。因为要想规范化操作，所有村里直营超市的进货必须取得增值税专用发票，否则计算增值税将无进项税额抵扣，也就是在计算企业所得税时成本不能在税前扣除。

众所周知，增值税小规模纳税人的年销售额达到500万元以上就必须办理增值税一般纳税人登记了，而采购商品时必须取得增值税专用发票方可抵扣进项税额。现实中，小商品提供者（像生产毛巾、打火机、圆珠笔之类的厂商）都不肯提供增值税专用发票，如果一定要提供增值税专用发票，这些中小企业就会提高售价。原来30%的毛利是指在供应商不提供增值税专用发票的情况下实现的。也就是说，如果没有变通的方法，这个买卖就做不下去了。

有人给好立方提供了这样的建议：所有农村的超市全部以老板个人名义领取个体工商户营业执照。个体工商户采取定期定额征税方式，可以解决采购无法取得增值税专用发票问题，而且税负极低。

但好立方没有接受这个方案，因为个体户模式的管理成本高，不利于公司扩张，也无法与法国公司合作，更不能上市。

怎么办？好立方一直在亏损，虽然老板深信可以找到一个商业模式，但一直没找到，最后只能依靠包装厂频繁向好立方输血，此时的好立方就像一个无底洞。由于亏钱和投资者观望，好立方一度到了是关停还是继续维持的十字路口。

好立方如何才能破茧重生？笔者为好立方设计了一套颠覆性的商业模式。

第一，把公司做成“直营店-加盟店”的形式，注册一个好立方连锁经营公司，将直营店开在城里作为形象展示和管理中心，其核心功能是物流管理。与此同时，把所有农村里的超市搞成个体加盟，一个村找一位村民来做加盟，加盟者固定投入3万～5万元，每年可以净赚3万～5万元。按照年收入150万元、毛利率30%计算，年利润达45万元，留给加盟者5万元的价差，好立方还可以盈利40万元。对村民来说，这样的投资回报是具有很大诱惑力的。

改变后的好立方怎么赚钱？

直营店在城里主要赚买卖差价，而所有农村里的超市，好立方有几个赚钱的渠道：①加盟费，即特许经营费或管理费。②物流费，所有的进货渠道都由好立方掌握，好立方安排统一进货，加盟商要支付物流费和委托代购的手续费。对好立方来说，集中配送商品的成本低、运输效率高。加盟商也乐见其成，避免了直接与数百家生产商打交道。③向供应商收费，比如有个毛巾厂要跟好立方合作，那么这个毛巾厂的毛巾就可以卖到全国近3万家加盟店。好立方有渠道优势，就像苏宁电器那样，可以收取进场费、商品堆存费、仓储费、保管费、商品陈列费、上架费、条码制作费、灯箱广告宣传费、服装费、过节费……④广告费，好立方的物流配送有很多卡车，可以卖车身广告。⑤将来发展壮大了，好立方可以把产业链纵向延伸，采取OEM模式，轻资产运作，卖自己的产品。

此外，虽然供应商向个体加盟店供货不需要提供增值税专用发票，但好立方的直营店索要增值税专用发票就很容易被接受了。好立方可以利用平台优势，只要供货商把给全省加盟店的供货价格增加一分钱，相应地，给好立方直营店的供货价格降低三分钱，那么直营店的利润就出来了。

如此安排后，在账目上，好立方的收入就不会有300亿～500亿元，其中直营店的收入有几亿元，其他的加盟费、手续费、运费、佣金等可达80亿～100亿元，而好立方超高的毛利率必然会受到资本市场的青睐。

这是典型的轻资产管理模式：过去，好立方在一个村至少要发两个人的工资，一万个村就要签两万份劳动合同，发两万个人的工资，交两万份养老保险，属于劳动密集型企业，其管理成本畸高。好立方现在搞个体加盟，加盟者自己给自己发工资，实际上也等于赚了两份高工资。初步测算，全省直营店及物流运营人员约需400人即可。过去，好立方在扩张过程中，经常受到当地同行的抵制，矛盾比较激烈。现在，这个问题也迎刃而解了。

第二，现在，好立方不用投资集装箱了。好立方拥有统一的采购渠道及成本优势，在将集装箱改装后出售给个体加盟商，每户可赚3 000元。

第三，因为这个搭建起来的渠道平台和品牌效应，好立方兼具“买方市场”和“卖方市场”的强势地位，可以占用供货商的现金，比如压款3个月就有3个月的现金流，从而不用再像此前一样需要贷款提现金了。对于稳定的现金流来说，即使购买理财产品，其收益也是相当可观的。

我们有理由相信，只要发展加盟商的广告一出，好立方一定门庭若市，前来要求加盟的村民将不是农民，而是村支部书记和村主任。

对于商业模式创新后的好立方，国内外的投资商将要求“联姻”，而数倍的市盈率形成的资本溢价可以一次性弥补前期所有的亏损。由此可见，一个好的商业模式可以让一家濒临倒闭的企业起死回生。

总的来说，好立方的商业模式是根据企业战略来定位的，加盟商的目的是发财，所以好立方给他们制定了一个有利于发财的商业模式；好立方的目标是发展，所以制定了一个有利于发展的商业模式。

有了企业战略之后，还需要一个好的创意，“好立方”这三个字就是创意，然后才有商业模式。

与此相伴的是要成立哪些公司，这取决于集团的组织架构以及各公司的股权结构。接下来，好立方需要研究业务流程和交易结构，以及相关法律主体的会计税务模拟，最后才是拟定合同、交付执行。

然而，很多老板都习惯于“先办起来再说”，这如同把自己的公司当作实验品。过去靠机会，今天靠智慧；过去靠胆识，今天靠模式。也就是说，能踩着石头过河，绝不摸着石头过河。

创新后的商业模式充分考虑了融资方式和税收政策的运用，并利用平台优势赢得了市场、取得了巨大的盈利空间。在这个商业模式里，规范运作、规模化发展是战略，连锁加盟盈利模式是战术，操作运营是技术。这个商业模式告诉人们：决定成败的关键是决策，而不是执行；是战略，而不是细节。

资料来源：高金平．商业模式创新案例分析——好立方的蜕变，2014-04-18.

第3章 经营环节的税收筹划

教学目的与要求：

生产经营环节的税收筹划主要是指在企业的生产经营环节对收入、成本费用进行合理的调整，然后在此基础上通过对资产、涉税合同、生产方式的选择和企业购销活动的安排等实现对企业生产经营全过程的税收筹划，使企业达到避免税收风险、减轻税负的目的。

思政元素的融入：

在党的十九大报告中，把“防范化解重大风险”放在了十分重要的位置，有关风险防范的思想教育可以在税收筹划的知识点中进行延伸，在税收筹划中应融入风险意识。与此同时，通过对成本费用的税收筹划讲解，培养学生勤俭、节约的习惯。

第一节　供货环节的税收筹划

一、供应商的选择

企业要想在激烈的市场竞争中脱颖而出，除了产品要有良好的市场前景，还必须不断降低产品成本，包括税务成本，以避免多缴税。一般来说，企业在日常采购活动中要选择供应商、采购的时间以及采购结算的时点，不同的选择会为企业带来不同的影响。从不同的纳税人手中购得货物所承担的税负是不一样的，这就为利用购货对象进行税收筹划提供了可能。

对于一般纳税人来说，购货对象有以下三种选择：

第一，从一般纳税人处购进。

第二，从可以开具增值税专用发票的小规模纳税人处购进货物。

第三，从只能开具增值税普通发票的小规模纳税人处购进货物。

如果一般纳税人和小规模纳税人的销售价格相同，应该选择从一般纳税人处购进货物，原因在于抵扣的税额大。但是，如果小规模纳税人的销售价格比一般纳税人低，此时企业就需要进行计算选择。

假设从一般纳税人处购进的含税金额为 X，从小规模纳税人处购进的含税金额为 Y，销售额为不含税销售额。企业适用的增值税税率为 A。供应商（一般纳税人）适用的增值税税率为 B，供应商（小规模纳税人）适用的增值税税率为 C。

1. 从一般纳税人处购进货物的净利润

净利润额 $R1$

=销售额－购进货物成本－城市维护建设税及教育费附加－企业所得税

=(销售额－购进货物成本－城市维护建设税及教育费附加)

×(1－企业所得税税率)

={销售额－X÷(1+B)－[销售额×A－X÷(1+B)×B]

×(城市维护建设税税率＋教育费附加费率)}×(1－企业所得税税率)

2. 从小规模纳税人处购进货物的净利润

(1) 若小规模纳税人只能开具增值税普通发票。

净利润额 $R2$

=销售额－购进货物成本－城市维护建设税及教育费附加－企业所得税

=(销售额－购进货物成本－城市维护建设税及教育费附加)

×(1－企业所得税税率)

=[销售额－X－销售额×A×(城市维护建设税税率＋教育费附加费率)]

×(1－企业所得税税率)

(2) 若小规模纳税人能开具增值税专用发票。

净利润额 $R3$

=销售额－购进货物成本－城市维护建设税及教育费附加－企业所得税

=(销售额－购进货物成本－城市维护建设税及教育费附加)

×(1－企业所得税税率)

={销售额－X÷(1+B)－[销售额×A－X÷(1+C)×C]

×(城市维护建设税税率＋教育费附加费率)}×(1－企业所得税税率)

当 $R1$=$R2$ 时，有

L=Y/X=[1－B×(城市维护建设税税率＋教育费附加费率)]÷(1+B)

当 $R1$=$R3$ 时，有

$$L=Y/X=\{(1+C)\times[1-B\times(\text{城市维护建设税税率}+\text{教育费附加费率})]\}$$
$$\div\{(1+B)\times[1-C\times(\text{城市维护建设税税率}+\text{教育费附加费率})]\}$$

一般纳税人应如何选择从小规模纳税人处还是从一般纳税人处购进货物呢？若实际含税价格比小于L，应当选择购进小规模纳税人的货物；若实际含税价格比大于L，应该选择购进一般纳税人的货物；若实际含税价格比等于L，从税收上说，选择两者均可，但应该考虑时间价值。若从一般纳税人处购入货物，支付的进项税额占用的资金较多，在下个月缴税时实际缴纳的税款较少，而从小规模纳税人处购入货物，支付的进项税额较少，在下个月缴税时，实际缴纳的税款较多。虽然总的现金流出量不变，但后者显然可以获得比前者更多的货币时间价值。

将增值税税率、征收率、城市维护建设税税率及教育费附加费率代入上式，可以得到不同纳税人的含税价格比率，见表3-1。

表3-1　不同纳税人的含税价格比率

一般纳税人适用的增值税税率（%）	小规模纳税人适用的增值税征收率（%）	小规模纳税人开具增值税专用发票后的含税价格比率（%）	小规模纳税人开具普通发票后的含税价格比率（%）
13	3	90.24	87.35
9	3	93.93	90.92
6	3	96.88	93.77

【例3-1】 甲企业为一般纳税人，3月欲购进某种产品，销售价格为20 000元（含税）。在采购时，甲企业可以选择三种不同性质的纳税人作为购货对象：增值税一般纳税人A，能开具增值税专用发票的小规模纳税人B，能开具增值税普通发票的小规模纳税人C。假定从A、B、C进货的价格分别为18 000元、17 000元、16 500元（均为含税价）。试分析甲企业应选择从哪个企业购入产品。

假设甲企业所在地的城市维护建设税税率为7%，教育费附加费率为3%，企业所得税税率为25%，试比较三种方案的税后收益并做出选择。

由不同纳税人的含税价格比得知：

当增值税税率为13%、小规模纳税人的征收率为3%时，小规模纳税人开具增值税专用发票后的含税价格比为90.24%，而实际含税价格比为94.44%（=17 000÷18 000）。由于后者大于前者，适宜选择A作为购进方。当增值税税率为13%、小规模纳税人的征收率为3%时，小规模纳税人开具增值税普通发票后的含税价格比为87.35%，而实际含税比为91.67%（=16 500÷18 000）。由于后者大于前者，也应选择A作为进货方。

由此可见，甲企业适宜选择A作为进货方。

方案一：以一般纳税人A作为购货方。

本月应纳的增值税=(20 000－18 000)÷(1+13%)×13%=230.09（元）

本月应纳的城市维护建设税和教育费附加=230.09×(7%+3%)=23.01（元）

本月应纳的企业所得税＝(20 000－18 000－230.09－23.01)×25％
＝436.73（元）

本月的税后净利润＝20 000－18 000－230.09－23.01－436.73＝1 310.17（元）

当期的净现金流量＝20 000－18 000－230.09－23.01－436.73＝1 310.17（元）

方案二：以能开具增值税专用发票的小规模纳税人B为购货方。

本月应纳的增值税＝20 000÷(1＋13％)×13％－17 000÷(1＋3％)×3％
＝1 805.74（元）

本月应纳的城市维护建设税和教育费附加＝1 805.74×(7％＋3％)
＝180.57（元）

本月应纳的企业所得税＝(20 000－17 000－1 805.74－180.57)×25％
＝253.42（元）

本月的税后净利润＝20 000－17 000－1 805.74－180.57－253.42
＝760.27（元）

当期的净现金流量＝20 000－1 7000－1 805.74－180.57－253.42＝760.27（元）

方案三：以能开具增值税普通发票的小规模纳税人C作为购货方。

本月应纳的增值税＝20 000÷(1＋13％)×13％＝2 300.88（元）

本月应纳的城市维护建设税和教育费附加＝2 300.88×(7％＋3％)
＝230.09（元）

本月应纳的企业所得税＝(20 000－16 500－2 300.88－230.09)×25％
＝242.26（元）

本月的税后净利润＝20 000－16 500－2 300.88－230.09－242.26
＝726.77（元）

当期的净现金流量＝20 000－16 500－2 300.88－230.09－242.26
＝726.77（元）

由此可知，选择一般纳税人作为进货方的税负最轻，能开具增值税专用发票的小规模纳税人次之，只能开具增值税普通发票的小规模纳税人的税负最重。若考虑净利润和当期现金净流量，则一般纳税人选择一般纳税人作为进货方的现金流量最大，能开具增值税专用发票的小规模纳税人次之，只能开具增值税普通发票的小规模纳税人最小。因此，从综合税收负担及现金流量因素来看，甲企业应选择A作为进货方。

另外，如果一般纳税人采购的货物用于在建工程、集体福利、个人消费等非应税项目的，其选择方法同上，但由于不能进行抵扣，只需比较各自的含税价格即可。

二、采购合同控税

税收筹划是在纳税人的纳税义务发生之前进行的，它使得未来的经营结果具有不确定性。如果企业未来的经营环境发生变化或者纳税人对税收政策的理解不透彻，原有的税收筹划方案将面临失效或违法的风险。防控经济合同的风险，关键在于事前防范，在签订合同之前，纳税人能充分考虑不同的合同签署方式对纳税义务的不同影响，然后确定最佳的合同签署方式，最大限度地规避潜在的税务风险。

对于采购方来说，采购合同如何签订，既决定了采购成本如何核算，又决定了经营利润的多少。因此，企业在签订合同时应注意以下几点：

(1) 需要在合同价款中注明是否包含增值税。由于经济和社会实际情况的变化，增值税税率的调整比较频繁，纳税人在签订购货合同时对未来形势的预估存在不确定性。为保障纳税人的权利，建议在合同涉税条款的设计中，可以采用“不含税价＋增值税”的方式确定合同价格，以降低税率调整对合同总价的影响。采购合同应明确指出，本合同的约定价格为不含税价格，不含税价格不因国家税率变化而变化，若在合同履行期间，遇到国家的相关税率调整，则价税合计相应调整，以开具发票的时间为准。

(2) 纳税人在签订合同时，要考虑供货方是一般纳税人还是小规模纳税人，提供的结算票据是增值税专用发票还是增值税普通发票，增值税税率是多少，以及能否抵扣增值税。在“营改增”后，如果只是在合同中约定“合规发票”，则有可能无法取得增值税专用发票，相关的进项税额不能有效抵扣。因此，有必要在合同中明确供应商（承包商）提供发票的类型和适用税率。比如在建筑承包合同中，可以约定对方需要提供“税率为11％的建筑服务增值税专用发票”。

(3) 供应商开具发票的具体时间。对购货方来说，发票越早开越好。

(4) 确保发票内容的合规性。发票的合规性至少包括两个方面：一是发票记载的标的物金额、数量、单价、品种必须与合同中约定的金额、数量、单价、品种相同；二是发票上的开票人和收票人必须与合同上的收款人和付款人（或销售方和采购方，或者劳务提供方和劳务接受方）相一致。如果不符合以上两层含义的发票，一定是虚开发票或有问题的发票，必将产生不能抵税的风险，甚至触犯刑法中虚开普通发票或虚开增值税发票的罪名。因此，合同决定了发票的开具；否则，要么是虚开发票，要么是假票。开具的发票与合同不匹配，将涉嫌虚开发票，无法抵扣进项税额和在企业所得税前扣除成本，必将增加企业的税负。

现在开具的发票要注意审核是否符合“四流合一”的条件。四流合一是指发票流、资金流、货物流和合同流应当统一。具体是指一张发票上的收款方、发货方、销售方应该是同一主体，而付款方、收货方、购买方也应是同一主体。其理论根据是，既然发票抬头上的销售方和购买方之间是真实交易，那么销售方应当直接把货物发送给购买方，货款应当由购买方直接支付给销售方。如果四流不一致，则很可能面临虚开发票的判定，从而遭受不利的法律后果。

(5) 明确发票违法的责任问题。例如，乙方应按照甲方的要求，及时向甲方开具可以抵扣税款的增值税专用发票。因乙方开具发票不及时而给甲方造成无法及时认证、抵扣发票等情形的，乙方需要向甲方承担赔偿责任，包括但不限于税款、滞纳金、罚款及相关损失等。

另外，纳税人在合同条款中应特别加入虚开条款，也就是在合同中明确指出：如果供应商提供的增值税专用发票是假的或虚开的，一切责任将由供应商承担。

【例 3-2】 为了规避货物流与合同流、资金流、发票流不一致，从而不能抵扣增值税进项税额的税务风险，纳税人应该通过以下合同签订技巧来解决和规避税收风险。

第一，在采购合同中必须有发货人条款。该条款要特别注明发往采购方（销售方的客户）的货物，其发货人是与销售方（卖方）长期合作的货源供应商。

第二，在采购合同中必须特别强调发货方不是采购合同中货物销售方的主要依据，比如采购合同中的货物销售方与真正的发货方之间的长期采购合作框架协议书。

阅读材料

保证“四流合一”的合同签订技巧

(1) 案情介绍。甲企业是建筑材料的生产厂家，乙企业是专门经销建筑材料的贸易公司，丙企业是建筑总承包企业。丙企业与乙企业签订采购合同，采购建筑材料 1 000 万元（不含增值税），并公对公转账支付 1 130 万元（含增值税）给乙企业，乙企业给丙企业开具 1 000 万元（不含增值税）、增值税税额为 130 万元的增值税专用发票。甲企业与乙企业签订了长期采购框架协议，该协议约定：乙企业采购甲企业的货物存放在甲企业的仓库里，今后乙企业销售给客户（潜在的采购方）的货物将由甲企业根据乙企业的发货指令，直接发往乙企业的客户。与此同时，该协议还约定：甲企业开具 13% 的增值税专用发票给乙企业，乙企业直接开具 13% 的增值税专用发票给丙企业。请分析丙企业收到乙企业开具的 1 000 万元（不含增值税）、增值税税额为 130 万元的增值税专用发票后，要申报抵扣增值税进项税额 130 万元，应如何签订采购合同才没有税收风险？

(2) 涉税风险分析及规避税收风险的合同签订技巧。根据前面的货物流与合同流、资金流、发票流不一致的法理和税收风险分析，丙企业与乙企业之间的交易行为有合同流、资金流和发票流，但没有货物流，真正的发货方是甲企业而不是乙企业，从而出现了货物流与合同流、资金流、发票流不一致的现象，见图 3-1。

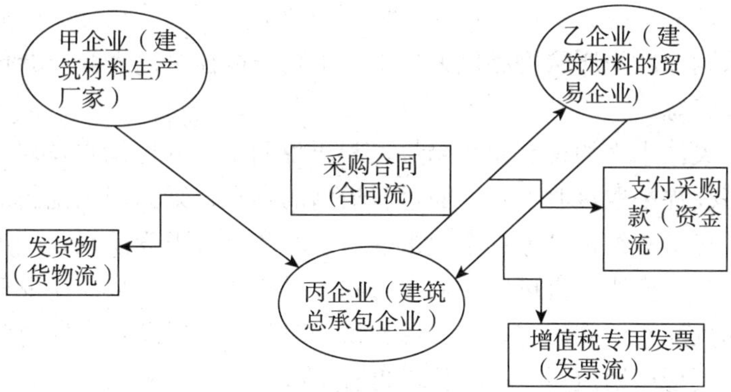

图 3-1

资料来源：广州国税. “四流不一致”如何抵扣？如何签约？有何风险？2016-08-31.

如图 4－1 所示，丙企业面临的税收风险是，丙企业取得乙企业开具的增值税专用发票，涉嫌虚开发票，无法抵扣增值税进项税额。为了避免虚开增值税专用发票，并抵扣增值税进项税额，丙企业与乙企业必须正确签订采购合同：

第一，在采购合同中必须有发货方条款。该条款要特别注明发往采购方（丙企业）的货物，其发货方是销售方（卖方）乙企业的长期合作供应商甲企业。

第二，在采购合同中必须特别强调甲企业（发货方）发货给丙企业的主要依据，即乙企业（货物销售方）与甲企业（发货方）之间的长期采购合作框架协议书。

三、进项税额控管的税收筹划

（1）进项税额抵扣时间的筹划。根据《国家税务总局关于取消增值税扣税凭证认证确认期限等增值税征管问题的公告》（国家税务总局公告 2019 年第 45 号）的规定，增值税一般纳税人取得 2017 年 1 月 1 日及以后开具的增值税专用发票、海关进口增值税专用缴款书、机动车销售统一发票、收费公路通行费增值税电子普通发票，取消认证确认、稽核比对、申报抵扣的期限。纳税人在进行增值税纳税申报时，应当通过本省（自治区、直辖市和计划单列市）增值税发票综合服务平台对上述扣税凭证信息进行用途确认。

虽然进项税额的申报抵扣无期限了，但企业的人员（包括但不限于财务人员）要注意人员交接等问题，如果对于进项税额的管理没有制度上的保证或管理清单的落实，则进项台账的管理方式等可能因为各种原因导致会计处理及税务管理的错漏。虽然我国取消了认证期限，但在管理上还是不能放松，如进项台账、日常发票的传递、人员交接及会计交接事项等都需要进行加强及细化。

（2）企业在满足材料及时供应的前提下，根据生产经营的需要，可以合理选择适当的购货时间，以尽可能降低购货过程的税收负担。企业在安排购货时间时，应具体考虑以下几个方面：

首先，利用商品供应关系进行税收筹划，企业应在不影响正常生产的情况下选择供大于求时进行采购，因为所购物品供大于求，采购方往往可以大幅压低价格，容易使企业自身实现税负转嫁。

其次，密切关注未来的税制变化趋势，利用税制变化进行税收筹划。税制的稳定性决定了税制改革往往采取过渡方式，而过渡措施的存在，则为利用税制变化进行税收筹划提供了空间。对负有纳税义务的企业来说，及时掌握各类商品税收政策的变化，包括征税范围、税率等的变化，就可以在购货时间上做相应安排，从而使税负减轻。

最后，密切关注税制的规定，寻求税款抵扣时间差，以减轻当期税收负担。一般纳税人购进材料主要用于增值税应税项目，也有一些用于非应税项目、集体福利和个人消费。根据《中华人民共和国增值税暂行条例》的规定，进项税额不能从销项税额中抵扣，仅指“用于”非应税项目，也就是领用的时候要转出进项税额，不“用于”时就无须转出。一般来说，材料在购进和领用之间都存在一个时间差，企业容易忽视这段时间差的重要性。如果能充分利用材料购进和领用的时间差，也可以减轻企业的税收负担，获得可观的经济效益。

【例3-3】 甲公司（一般纳税人）从事货物加工，其加工的货物及采购的原材料适用的增值税税率为17%，城市维护建设税税率为7%，教育费附加的征收率为3%，地方教育附加的征收率为2%。甲公司未享受企业所得税优惠，适用的企业所得税税率为25%。根据2018年度的财务预算，甲公司5—12月的销售收入为100 000万元，销售成本为80 000万元。为了简化分析，假定甲公司当月购进的原材料已全部加工成产品并销售。在销售成本中，人工成本占总成本的比重为20%，暂不考虑其他费用的影响。本案例分析企业经营中的购销合同标的含与不含增值税的区别，按税改前后（增值税税率从17%降至16%）的两种情形进行比较。

案例解析：

情形一　以不含增值税价格签订合同

这是指企业在签订购销合同时均是以不含增值税价格作为合同标的价格，且合同期限覆盖2018年全年，预计税改后仍按原合同继续执行。

（1）按税改前的政策。2018年5—12月实现的销售收入为100 000万元，销项税额为17 000万元（=100 000×17%），发生销售成本80 000万元。其中，人工成本为16 000万元（=80 000×20%），扣除人工成本后的原材料成本为64 000万元（=80 000－16 000）；因企业未采取劳务派遣等外包用工方式，人工成本不涉及进项税额抵扣，故进项税额为10 880万元（=64 000×17%）。在此期间，应缴纳的增值税为6 120万元（=17 000－10 880）。

（2）按税改后的政策。2018年5—12月实现的销售收入为100 000万元，销项税额为16 000万元（=100 000×16%），发生销售成本80 000万元，扣除人工成本后的原材料成本为64 000万元，进项税额为10 240万元（=64 000×16%）。在此期间，应缴纳的增值税为5 760万元（=16 000－10 240）。

（3）增值税的变化。将税改后的政策与税改前的政策相比较，甲公司应缴纳的增值税减少了360万元（=6 120－5 760）。

（4）利润的变化。因企业签订的购销合同均是以不含增值税价格作为合同标的价格，故销售收入、销售成本在税改前后不会发生变化。但是，由于应缴纳的增值税减少，其相应的城市维护建设税及附加税费减少了43.2万元[=360×(7%+3%+2%)]，故该期间的利润增加了43.2万元。

情形二　以含增值税价格签订合同

这是指企业签订的购销合同均是以含增值税价格作为合同标的价格，且合同期限覆盖2018年全年，预计税改后仍按原合同继续执行。

（1）按税改前的政策。与情形一的计算相同，即应缴纳的增值税为6 120万元。

（2）按税改后的政策。由于是以含增值税价格作为合同标的价格签订合同，则在货物适用的增值税税率发生变化时，其对应的收入和成本会发生变化。

2018年5—12月按照税改前所签订的合同以含税价作为合同标的价格，则含税销售额在税改前后均不变，为 117 000 万元[＝100 000×(1＋17%)]，税改后实现的销售收入将变为 100 862.07 万元[＝117 000÷(1＋16%)]，销项税额为 16 137.93 万元(＝100 862.07×16%)。在发生的销售成本中，人工成本在税改前后均为 16 000 万元，扣除人工成本后原材料成本的含税金额在税改前后均为 74 880 万元[＝64 000×(1＋17%)]，税改后将变为 64 551.72 万元[＝74 880÷(1＋16%)]，则发生的销售成本将变为 80 551.72 万元(＝16 000＋64 551.72)，进项税额为 10 328.28 万元(＝64 551.72×16%)，应缴纳的增值税为 5 809.65 万元(＝16 137.93－10 328.28)。

(3) 增值税的变化。税改后的政策与税改前的政策相比较，甲公司应缴纳的增值税减少了 310.35 万元(＝6 120－5 809.65)。

(4) 利润的变化。相比于税改前，税改后的销售收入增加了 862.07 万元(＝100 862.07－100 000)，销售成本增加了 551.72 万元(＝80 551.72－80 000)。因应缴增值税减少，相应的城市维护建设税及附加税费也减少了 37.24 万元[＝310.35×(7%＋3%＋2%)]，故该期间的利润增加了 347.59 万元(＝862.07－551.72＋37.24)。

对处于增值税抵扣链条中间环节的甲公司而言，与情形一相比，情形二的获利更多。

案例总结：

企业间的合作是共赢，面对国家出台的减税大礼包，合作双方应主动协商、共同分享税改政策红利。

四、采购结算方式的税收筹划

采购商品有两种结算方式：一种是赊购，另一种是现金采购。不论采取哪种结算方式，采购方都要尽量延迟付款，为企业赢得一笔无息贷款。

具体来说，应从以下几个方面着手：

(1) 未付出货款，先取得对方开具的发票。

(2) 使销售方接受托收承付与委托收款的结算方式，尽量让对方先垫付税款。

(3) 采取赊销和分期付款方式，使销售方垫付税款，而自身获得足够的资金调度时间。

(4) 尽可能少用现金支付。

以上有关结算方式的税收筹划不能涵盖采购结算方式税收筹划的全部，但延期付款是采购结算方式税收筹划的核心，同时企业不能损害自身的商誉，丧失销售方对自己的信任。企业产品销售的具体形式是多种多样的，但总体上有两种类型，即现销方式和赊销方式。销售结算方式由销售方自行决定，这为企业利用不同结算方式进行税收筹划提供了可能。不同的销售结算方式决定了产品销售收入的实现时间，而产品销售收入的实现时间又在很大程度上决定了企业的纳税义务发生时间，纳税义务发生时间的早晚又为利用税收屏蔽、减轻税负提供了税收筹划机会。

第二节 生产经营环节的税收筹划

一、存货计价方法的筹划

存货是指企业在日常活动中持有以备出售的产成品或商品、处在生产过程中的在产品、在生产过程或提供劳务过程中耗用的材料和物资等。存货是资产负债表中的重要项目，也是利润表中用来确定主营业务成本的一项重要内容。

按照国际惯例，结合我国的实际情况，常用的存货计价方法有个别计价法、先进先出法、加权平均法、移动平均法、计划成本法、毛利率法、售价法等。对于存货发出的计量方法，会计和税务相同的有三种计量方法，即先进先出法、加权平均法、个别计价法。

对企业来说，存货计价方法一经选用，不得随意变动，确需改变计价方法的，应当在下一个纳税年度开始前报主管税务机关备案。

不同的存货计价方法对企业的财务状况、盈亏情况会产生不同的影响，主要表现在以下三个方面：

1. 存货计价方法对企业损益的计算有直接影响

（1）如果期末存货计价（估价）过低，当期的收益可能因此减少。

（2）如果期末存货计价（估价）过高，当期的收益可能因此增加。

（3）如果期初存货计价过低，当期的收益可能因此增加。

（4）如果期初存货计价过高，当期的收益可能因此减少。

2. 存货计价方法对资产负债表有关项目的数额计算有直接影响

流动资产总额、所有者权益等项目都会因存货计价方法的不同而有不同的数额。

3. 存货计价方法的选择对计算缴纳企业所得税的数额有一定的影响

不同的存货计价方法对当期销售成本的结转数额有所不同，从而影响企业当期应纳税所得额的确定。

从税务的角度看，企业可以在先进先出法、加权平均法、个别计价法中选用一种，但存货计价方法一经选用，不得随意变更。

各种存货计价方法对于产品成本、企业利润及企业所得税都有较大的影响。现行税制和财务制度对存货计价方法的这些规定，为企业进行存货计价方法的选择提供了空间，也为企业开展税收筹划、减轻企业所得税税负、实现税后利润最大化提供了法律依据。在一般情况下，选择加权平均法对企业发出和领用的存货进行计价，则企业计入各期产品成本的材料等存货价格比较均衡，不会忽高忽低，特别是在材料等存货价格差别较大时，可以起到缓冲的作用，使企业的产品成本不致发生较大变化、各期利润比较均衡。

【例3-4】 某生产企业为保证生产经营，必须有可供一年生产的库存材料，因而该企业每年进货6次。2×××年，该企业6次进货的数量和价格见表3-2。同年底，该企业共有50 000件产品售出，其中5月售出20 000件、8月售出20 000件、10月售出10 000件，市场价格为每件37元。除材料费用外，其他开支为每件10元，该企业适用的企业所得税税率为25%。分别用先进先出法、移动平均法、个别计价法计算出最优的存货计价方法。

表3-2　6次进货的数量和价格

时间	进货数量（件）	单价（元）	总价（元）
2月	12 000	13	156 000
4月	12 000	17	204 000
6月	5 000	20	100 000
7月	18 000	19	342 000
9月	10 000	18	180 000
11月	12 000	20	240 000

案例解析：

1. 先进先出法

成本＝12 000×13＋12 000×17＋5 000×20＋18 000×19＋3 000×18＋50 000×10
　＝1 356 000（元）

收入＝37×50 000＝1 850 000（元）

利润＝1 850 000－1 356 000＝494 000（元）

应纳所得税＝494 000×25%＝123 500（元）

税后利润＝494 000－123 500＝370 500（元）

2. 移动平均法

5月的移动平均售价＝(12 000×13＋12 000×17)÷(12 000＋12 000)＝15（元）

8月的移动平均售价＝(4 000×15＋5 000×20＋18 000×19)
　÷(4 000＋5 000＋18 000)
　＝18.59（元）

10月的移动平均售价＝(18.59×7 000＋10 000×18)÷(7 000＋10 000)
　＝18.24（元）

销售成本＝15×20 000＋18.59×20 000＋18.24×10 000＋10×50 000
　＝1 354 200（元）

收入＝37×50 000＝1 850 000（元）

利润＝1 850 000－1 354 200＝495 800（元）

应纳所得税＝495 800×25%＝123 950（元）

税后利润＝495 800－123 950＝371 850（元）

3. 个别计价法

5 月的成本＝12 000×17＋8 000×13＋20 000×10＝508 000（元）
8 月的成本＝5 000×20＋15 000×19＋20 000×10＝585 000（元）
10 月的成本＝3 000×19＋7 000×18＋20 000×10＝383 000（元）
销售成本＝508 000＋585 000＋383 000＝1 476 000（元）
收入＝37×50 000＝1 850 000（元）
利润＝1 850 000－1 476 000＝374 000（元）
应纳所得税＝374 000×25％＝93 500（元）
税后利润＝374 000－93 500＝280 500（元）

由此可见，在存货的市场价格呈上升趋势的时候，采取先进先出法进行存货计价，会高估企业的当期利润水平和存货的价值，从而导致当期多缴企业所得税。采取移动平均法进行存货计价，将使当期成本降低、利润升高，应支付的企业所得税也就相应增加，同时能使企业以较多的资金占用较小数量的存货。

企业采用存货计价方法进行税收筹划，应与它们对经济趋势的预测相结合。因为企业的存货计价方法一经确定，便不能随意更改，若确需改变，应在纳税年度开始前报主管税务机关备案。只有事先预测经济的趋势，特别是存货价格的变化趋势，才能选用合理的存货计价方法。

二、固定资产折旧的筹划

折旧作为成本的重要组成部分，有着税收挡板的作用。企业会计准则规定，企业常用的折旧方法有年限平均法、工作量法、年数总和法和双倍余额递减法。运用不同的折旧方法计算出来的折旧额是不相等的，因而分摊到各期生产成本中的固定资产折旧额也不同，这会影响到企业的利润和应缴纳的企业所得税。

企业在计提固定资产折旧时，一般只能选用年限平均法。对于采用加速折旧的，税法有非常严格的规定。

《企业所得税法实施条例》第九十八条规定，企业可以采取缩短折旧年限或者采取加速折旧方法的固定资产，包括：①由于技术进步，产品更新换代较快的固定资产；②常年处于强震动、高腐蚀状态的固定资产。

《财政部、国家税务总局关于完善固定资产加速折旧企业所得税政策的通知》（财税[2014] 75 号）规定：

（1）对生物药品制造业，专用设备制造业，铁路、船舶、航空航天和其他运输设备制造业，计算机、通信和其他电子设备制造业，仪器仪表制造业，信息传输、软件和信息技术服务业 6 个行业的企业 2014 年 1 月 1 日后新购进的固定资产，可缩短折旧年限或采取加速折旧的方法。

对上述6个行业的小型微利企业2014年1月1日后新购进的研发和生产经营共用的仪器、设备，单位价值不超过100万元的，允许一次性计入当期成本费用在计算应纳税所得额时扣除，不再分年度计算折旧；单位价值超过100万元的，可缩短折旧年限或采取加速折旧的方法。

(2) 对所有行业企业2014年1月1日后新购进的专门用于研发的仪器、设备，单位价值不超过100万元的，允许一次性计入当期成本费用在计算应纳税所得额时扣除，不再分年度计算折旧；单位价值超过100万元的，可缩短折旧年限或采取加速折旧的方法。

(3) 对所有行业企业持有的单位价值不超过5 000元的固定资产，允许一次性计入当期成本费用在计算应纳税所得额时扣除，不再分年度计算折旧。

《财政部、国家税务总局关于进一步完善固定资产加速折旧企业所得税政策的通知》(财税 [2015] 106号) 规定：

(1) 对轻工、纺织、机械、汽车四个领域重点行业（具体范围见附件）的企业2015年1月1日后新购进的固定资产，可由企业选择缩短折旧年限或采取加速折旧的方法。

(2) 对上述行业的小型微利企业2015年1月1日后新购进的研发和生产经营共用的仪器、设备，单位价值不超过100万元的，允许一次性计入当期成本费用在计算应纳税所得额时扣除，不再分年度计算折旧；单位价值超过100万元的，可由企业选择缩短折旧年限或采取加速折旧的方法。

根据《财政部、税务总局关于设备、器具扣除有关企业所得税政策的通知》(财税 [2018] 54号) 的规定：企业在2018年1月1日至2020年12月31日①期间新购进的设备、器具，单位价值不超过500万元的，允许一次性计入当期成本费用在计算应纳税所得额时扣除，不再分年度计算折旧；单位价值超过500万元的，仍按《企业所得税法实施条例》、《财政部、国家税务总局关于完善固定资产加速折旧企业所得税政策的通知》(财税 [2014] 75号)、《财政部、国家税务总局关于进一步完善固定资产加速折旧企业所得税政策的通知》(财税 [2015] 106号) 等相关规定执行。

需要注意的是，从2018年1月1日至2020年12月31日②，企业新购进单位价值不超过500万元的设备、器具可一次性在税前扣除。该政策适用于所有行业，已经覆盖了制造业小型微利企业的一次性税前扣除政策。

由此可见，税收政策鼓励企业购置新生产设备和进行设备的更新换代。但是，采取缩短折旧年限方法的最低折旧年限不得低于税法规定折旧年限的60%；采取加速折旧方法的，可以采取双倍余额递减法和年数总和法。具体的操作包括：

1. 企业的正常生产时期

(1) 企业应合理低估净残值。

(2) 企业应按税法规定的最低限额确定固定资产的使用年限，并按税法规定的可缩

①② 《财政部、税务总局关于延长部分税收优惠政策执行期限的公告》(财政部、税务总局公告2021年第6号) 规定，该政策的执行期限延长至2023年12月31日。

短折旧年限的最大限额缩短折旧年限。

(3) 在确定折旧方法时，若该项固定资产属于税法规定可采用加速折旧法计提折旧的特殊设备，应采用加速折旧法计提折旧。

固定资产净残值和折旧年限的减少以及加速折旧法的应用，使固定资产折旧额在使用前期计提较多，成本在使用期限内加快得到补偿，后期成本费用前移，前期应纳税所得额后移，从而减少前期应纳税额，提前发挥税收挡板作用，达到递延纳税的效果。

2. 企业享受减免税期间

(1) 企业应合理高估固定资产净残值。

(2) 在确定固定资产使用年限时，即使该项固定资产符合税法规定的可缩短折旧年限的条件，企业也可以在最低限额的基础上高估其使用年限。

(3) 固定资产应采用直线法计提折旧，即使该项固定资产属于税法规定的可以采用加速折旧法的特殊资产，也应避免采用加速折旧法。

固定资产净残值和预计使用年限的增加以及直线折旧法的采用，减少了固定资产在低税率期间计提的折旧额，低税率期间实现的应纳税所得额越大，其获得的减免税收益越大；同时也使更多的可抵扣金额递延到减免税优惠期结束以后的纳税期间，在税率较高的纳税期间发挥较大的避税效用。

3. 在物价持续上涨时期

采用加速折旧法，企业既可以缩短回收期，又可以加快折旧速度，有利于使前期的折旧成本取得更多的抵税额，从而获得递延纳税的好处。

企业采用加速折旧法计提折旧，只是相对改变了折旧计提的时间，在实施方法的前几年，企业所得税的数额相对减少，可以达到节税的目的，但后期的企业所得税会逐渐增加。总体而言，企业的总税负是不变的，但加速折旧法可以使企业加速设备更新、促进技术改造，从而增强企业发展的后劲。

【例 3-5】 某企业拥有一条生产线，账面价值为 500 万元，残值率为 8%，预计可使用年限为 5 年，企业所得税税率为 25%。试分析在年限平均法、双倍余额递减法以及年数总和法这三种折旧计提方法下，该企业的企业所得税抵免额的不同。

解析：

该企业在不同折旧方法下企业所得税抵免额的对比，见表 3-3。

表 3-3 不同折旧方法下企业所得税抵免额对比表 单位：万元

折旧时间	年限平均法	双倍余额递减法	年数总和法
第一年	23	50	38.3
第二年	23	30	30.7
第三年	23	18	23
第四年	23	8.5	15.3
第五年	23	8.5	7.7
合计	115	115	115

从表 3－3 可以看出，尽管在三种不同的折旧方法下，企业所得税抵免额的合计数没有差别，均为 115 万元，但考虑到货币时间价值后，企业在不同年份所缴纳的企业所得税的现值是不一样的。

假设固定资产没有发生减值，资金成本率为 10%。第 1～5 年的复利现值系数分别为 0.909、0.826、0.751、0.683、0.621，则在年限平均法、双倍余额递减法以及年数总和法这三种折旧计提方法下，该企业的企业所得税抵免额现值见表 3－4。

表 3－4　不同折旧方法下企业所得税抵免额现值对比表　　单位：万元

折旧时间	年限平均法	双倍余额递减法	年数总和法
第一年	20.9	45.5	34.8
第二年	19.0	24.8	25.4
第三年	17.3	13.5	17.3
第四年	15.7	5.8	10.4
第五年	14.3	5.3	4.8
合计	87.2	94.9	92.7

从表 3－4 可以看出，在不同折旧方法下应纳企业所得税抵免额的现值是不一样的。毫无疑问，选择双倍余额递减法更有利于企业的税收筹划。

三、费用的分摊筹划

费用是企业为销售商品、提供劳务等日常经营活动而发生的经济利益流出。这里的费用是相对于一定会计期间而言的，也是与收入相对应的。企业的费用种类很多，按大类可分为管理费用、财务费用、销售费用三类，其中的各类费用又包括很多内容。

在生产经营过程中，通过选用费用分摊法来调整当期的利润，应注意以下几点：一是把应由本期负担的费用尽可能全面地计入本期的成本，从而达到最大限度地抵消当期利润、降低当期税负的目的。二是对于那些数额较小的、在本期发生而在以后各期受益的费用，直接计入当期成本，尽量不通过待摊费用核算。这样可以达到延迟纳税的目的。三是在税法和会计制度允许的范围内，设立各种准备金制度，并按照一定标准预提各种准备金计入费用，从而达到抵销当期利润、减轻税负的目的，最终实现延期纳税。四是尽量缩短各种待摊费用分摊计入成本的期限和各种无形资产、递延资产分摊计入费用的期限，从而达到延迟企业纳税的目的。

1. 管理费用的筹划

管理费用是企业为组织和管理生产经营而发生的费用，包括企业的董事会和行政管理部门在企业经营管理中发生的或者应由企业统一负担的公司经费，比如行政管理部门的职工薪酬、修理费、物料消耗、低值易耗品摊销、办公费、差旅费、工会经费、董事会费、聘请中介机构费、咨询费、诉讼费、业务招待费、研发费用、排污费等。

（1）利用企业的研发费用进行税收筹划。根据《财政部、税务总局关于进一步完善研发费用税前加计扣除政策的公告》（财政部、税务总局公告2021年第13号）的规定：制造业企业开展研发活动中实际发生的研发费用，未形成无形资产计入当期损益的，在按规定据实扣除的基础上，自2021年1月1日起，再按照实际发生额的100%在税前加计扣除；形成无形资产的，自2021年1月1日起，按照无形资产成本的200%在税前摊销。制造业企业是指以制造业业务为主营业务，享受优惠当年主营业务收入占收入总额的比例达到50%以上的企业。

企业应该加大对新产品、新技术、新工艺的研发，进行独立的研发费用核算，并向税务机关报送相关的资料，享受研发费用加计扣除的税收优惠。

（2）业务招待费的税收筹划。《企业所得税法实施条例》第四十三条规定，企业发生的与生产经营活动有关的业务招待费支出，按照发生额的60%扣除，但最高不得超过当年销售（营业）收入的5‰。因此，企业可以利用业务招待费的"临界点"进行税收筹划，即企业发生的业务招待费要在税前扣除，既要满足发生额的60%的标准，又不得超过当年销售收入5‰的规定。企业如何做才能既充分利用业务招待费的限额，又可以减少纳税调整？

假设某年企业的销售（营业）收入为X，当年的业务招待费为Y，则当年允许税前扣除的业务招待费$=Y\times60\%\leqslant X\times5‰$，只有在$Y\times60\%\leqslant X\times5‰$的情况下，即$Y=X\times8.3‰$，企业才能充分利用上述政策。由此可见，在销售收入既定的前提下，当业务招待费低于销售收入的8.3‰时，实际发生的业务招待费支出增加，企业缴纳的企业所得税减少；在销售收入既定的情况下，当业务招待费大于销售收入的8.3‰时，实际发生的业务招待费支出增加，企业缴纳的企业所得税也会增加。企业要充分利用业务招待费的临界点进行税收筹划。

首先，业务招待费的税收筹划应该是让业务招待费足额扣除。企业在核算业务招待费时，尽量让计算业务招待费限额的基数增大，如增大当年的销售收入；让业务招待费的发生额减少，比如特定业务发生的餐饮费可以依法计入福利费、宣传费等，同时需要正确核算业务招待费，并非所有的餐饮费都应计入业务招待费中；根据税法规定的扣除比例，提前对业务招待费列支的额度进行规划。

其次，合理分流业务招待费。企业应将会务费（会议费）、差旅费等项目与业务招待费等严格区分，不能将会务费、差旅费等计入业务招待费，避免对企业产生不利的影响。因为纳税人发生的与其经营活动有关的合理的差旅费、会务费、董事费，只要能够提供证明其真实性的合法凭证，均可获得税前全额扣除，不受比例的限制。例如，在发生会务费时，按照规定应该有详细的会议签到簿、召开会议的文件，否则不能证实会议费的真实性，仍不得税前扣除。与此同时，不能故意将业务招待费混入会务费、差旅费中核算，否则属于逃税。

最后，设立独立核算的分支机构。企业可通过下设独立核算的分支机构来提高费用限额的扣除基数。例如，企业可以设立独立核算的销售公司，通过将产品销售给销售公司，再由销售公司实现对外销售，可以直接增加销售收入，从而提高费用限额扣除的基数。但设立分支结构也会给企业带来额外的管理成本，是否要设立这样的分支机构，需要综合决策。

【例3-6】 某年，某企业实现销售净收入20 000万元，企业当年发生的业务招待费为 160 万元。发生的广告费和业务宣传费为 3 500 万元。根据税收政策规定的扣除限额计算如下：

超标业务招待费＝160－160×60％＝64（万元）

超标广告费和业务宣传费＝3 500－20 000×15％＝500（万元）

超标部分应缴纳的企业所得税税额＝(64＋500)×25％＝141（万元）

案例解析：

在这个条件下的节税技巧是拆分企业的组织结构，也就是通过分设企业来增加扣除限额，从而增加税前的扣除费用、减轻企业所得税。

该企业可将销售部门分离出去，成立一个独立核算的销售公司。该企业生产的产品可以 18 000 万元卖给销售公司，而销售公司再以 20 000 万元对外销售。各项费用在两个公司分配：生产企业与销售公司的业务招待费各分 80 万元，广告费和业务宣传费分为 1 500 万元和 2 000 万元。由于增加了独立核算的销售公司这样一个新的组织形式，也就增加了扣除限额；因为对外销售仍是 20 000 万元，没有增值，所以不会增加增值税的税负。

在整个利益集团的利润总额不变的情况下，业务招待费、广告费和业务宣传费分别以两家企业的销售收入为依据计算扣除限额，相关的计算结果如下：

生产企业业务招待费的发生额为 80 万元，扣除限额 48 万元（＝80×60％），超标 32 万元（＝80－48）；广告费和业务宣传费的发生额为 1 500 万元，而扣除限额为 2 700 万元（＝18 000×15％）。因此，生产企业需要就业务招待费大于扣除限额的金额 32 万元做纳税调整。

销售公司业务招待费的发生额为 80 万元，扣除限额为 48 万元（＝80×60％），超标 32 万元（＝80－48）；广告费和业务宣传费的发生额为 2 000 万元，而扣除限额为 3 000 万元（＝20 000×15％）。因此，业务招待费超标的 32 万元需要做纳税调整。

这两家企业需要调增应纳税所得额 64 万元，应纳税额为 16 万元（＝64×25％）。因此，两家企业比一家企业节约企业所得税 125 万元。

【风险提示】

该案例中的交易价格会影响两家公司的企业所得税，即生产企业以什么价格把产品卖给销售公司，才能保证两家企业都不亏损？如果一方亏损一方盈利，那么亏损一方的亏损额就产生不了抵税作用，而盈利的一方必须多缴企业所得税。所以，交易价格一定要仔细核算，以免发生不必要的损失。

2009 年，《财政部、国家税务总局关于部分行业广告费和业务宣传费税前扣除政策的通知》（财税［2009］72 号，以下简称《通知》）① 将化妆品制造、医药制造和饮料制造（不含酒类制造，下同）企业发生的广告费和业务宣传费（以下简称“广告宣传费”）的税前扣除比例由 15％提高到 30％。

① 此通知的执行期限已到，现行规定参见《财政部、税务总局关于广告费和业务宣传费支出税前扣除有关事项的公告》（财政部、税务总局公告 2020 年第 43 号）。

（3）捐赠费用的税收筹划。根据《企业所得税法实施条例》第五十一条的规定："企业所得税法第九条所称公益性捐赠，是指企业通过公益性社会组织或者县级以上人民政府及其部门，用于符合法律规定的慈善活动、公益事业的捐赠。"企业通过公益性社会组织或者县级（含县级）以上人民政府及其组成部门和直属机构，用于慈善活动、公益事业的捐赠支出，在年度利润总额12%以内的部分，准予在计算应纳税所得额时扣除；超过年度利润总额12%的部分，准予结转以后三年内在计算应纳税所得额时扣除。

综合现行的法律法规和政策，纳税人能够享受到上述扣除的捐赠必须是通过中国境内非营利的社会组织或者国家机关实施的。如果纳税人直接实施捐赠，则不能享受税收优惠。对照这些要求，纳税人应当尽可能地通过这些部门或社会组织进行捐赠，并且要求这些部门或社会组织开具适当的票证作为捐赠的证明。

2. 财务费用的筹划

根据《企业所得税法实施条例》第三十七条的规定，企业在生产经营活动中发生的合理的不需要资本化的借款费用，准予扣除。根据《企业会计准则》的有关规定，借款费用是指企业因借款而发生的利息及其他相关成本，包括借款利息、折价或者溢价的摊销、辅助费用以及因外币借款而发生的汇兑差额。其中，借款利息是指企业向其他组织、个人借用资金而支付的利息，包括企业向银行或者其他金融机构等借入资金发生的利息、发行公司债券发生的利息等。以上列举的借款费用如果是不需要资本化的，就允许在当期扣除。因此，为了实现避税，企业应尽可能加大借款费用，并计入费用的份额，减少借款费用资本化的金额。

《企业所得税法实施条例》第三十八条规定，非金融企业向非金融企业借款的利息支出，不超过按照金融企业同期同类贷款利率计算的数额的部分，准予扣除。那么，何为"同期同类贷款利率"？

《国家税务总局关于企业所得税若干问题的公告》（国家税务总局公告2011年第34号）对上述条款中的"同期同类贷款利率"进行了明确，鉴于目前我国对金融企业利率要求的具体情况，企业在按照合同要求首次支付利息并进行税前扣除时，应提供"金融企业的同期同类贷款利率情况说明"，以证明其利息支出的合理性。在金融企业的同期同类贷款利率情况说明中，应包括在签订该借款合同时，本省任何一家金融企业提供同期同类贷款利率的情况。该金融企业应为经政府有关部门批准成立的可以从事贷款业务的企业，包括银行、财务公司、信托公司等金融机构。金融企业提供贷款的利率，既可以是在贷款期限、贷款金额、贷款担保以及企业信誉等条件基本相同下金融企业公布的同期同类平均利率，又可以是金融企业对某些企业提供的实际贷款利率。

由于金融企业公布的同期同类平均利率往往不是最高利率，企业在计算借款利息支出并进行税前扣除时，可以选择本省内某一家金融企业提供的最高利率证明来表明其利息支出的合理性，避免因参照较低的同期同类贷款利率而产生纳税风险。

【例3-7】 近日，山东省无棣县税务部门在对某小型企业进行纳税辅导时，财务人员反映：该企业因快速发展需要，于7月1日向非金融企业借款80万元，期限为1年，合同约定的借款年利率为10%。金融企业公布的同期同类贷款利率仅为6.56%，但某合作银行的同期同类贷款利率却达到10.5%。财务人员想知道，企业的借款利息按金融企业公布的同期同类贷款利率计算扣除是否合理。

企业在按税法要求对其适用的金融企业同期同类贷款利率提供情况说明后，其适用的税前扣除利率可以与金融企业公布的同期同类平均利率不同，企业可据此选择有利于自身利益的税前扣除利率。该企业在向主管税务机关提供省内某合作银行的同期同类贷款利率情况说明后，在计算当年企业所得税应纳税所得额时，允许扣除的利息支出为4万元（=80×10%×6÷12），即该企业的利息支出可全额在税前扣除。

此外，企业还可以从改变借款渠道、增加债务资本、减少权益资本、使企业所得税前扣除金额加大等方面开展税收筹划。《财政部、国家税务总局关于企业关联方利息支出税前扣除标准有关税收政策问题的通知》（财税［2008］121号）规定，在计算应纳税所得额时，企业实际支付给关联方的利息支出，不超过以下规定比例和税法及其实施条例有关规定计算的部分，准予扣除，超过的部分不得在发生当期和以后年度扣除。企业实际支付给关联方的利息支出，符合本通知第二条规定外，其接受关联方债权性投资与其权益性投资比例为：①金融企业，为5∶1；②其他企业，为2∶1。企业如果能够按照税法及其实施条例的有关规定提供相关资料，并证明相关交易活动符合独立交易原则的；或者该企业的实际税负（指企业所得税税负）不高于境内关联方的，其实际支付给境内关联方的利息支出，在计算应纳税所得额时准予扣除。（该条可以单独适用，不受第一条规定比例的限制，因为符合“正常交易原则”。）

《企业所得税法实施条例》第三十八条规定：企业在生产经营活动中发生的下列利息支出，准予扣除（该条既适合非关联企业又适合关联企业）：

（1）非金融企业向金融企业借款的利息支出、金融企业的各项存款利息支出和同业拆借利息支出、企业经批准发行债券的利息支出。

（2）非金融企业向非金融企业借款的利息支出，不超过按照金融企业同期同类贷款利率（不仅包括中国人民银行规定的基准利率，而且包括浮动利率）计算的数额的部分。

对于企业集团的借款利息分摊，目前在国家层面仅对房地产开发企业有明确规定。《国家税务总局关于印发〈房地产开发经营业务企业所得税处理办法〉的通知》（国税发［2009］31号）第二十一条第二款规定：“企业集团或其成员企业统一向金融机构借款分摊集团内部其他成员企业使用的，借入方凡能出具从金融机构取得借款的证明文件，可以在使用借款的企业间合理地分摊利息费用，使用借款的企业分摊的合理利息准予在税前扣除。”对于非房地产开发企业，有的地方已做出明确规定，如《河北省国家税务局关于企业所得税若干政策问题的公告》（河北省国家税务局公告2014年第5号）第七条规定：“企业集团或其成员企业统一向金融机构借款，分摊给集团内部其他成员企业使用的，借入方凡能出具从金融机构取得借款的证明文件，可以在使用借款的企业间合理地分摊利息费用的，使用借款的企业分摊的合理利息准予按规定在税前扣除。按照《财政部、国家税务总局关于非金融机构统借统还业务征收营业税问题的通知》（财税字［2000］7号）的规定，不需要缴纳营业税的利息支出，企业集团及其内部成员企业在税前扣除时，不需要以发票作为税前扣除凭据。

企业集团是指按照《国家工商行政管理局关于印发〈企业集团登记管理暂行规定〉

的通知》(工商企字［1998］第59号)规定在工商部门办理登记的企业法人联合体。”基于此规定，凡集团公司能够出具从金融机构取得贷款的证明文件，其所属企业使用集团公司转贷的金融机构借款支付的利息，不高于金融企业同期同类贷款利率的部分，允许在税前全额扣除，不受财税［2008］121号文中债权性投资与其权益性投资的比例限制。

根据以上规定，企业可以考虑的税收筹划方案包括：

(1) 如果集团公司没有充足资金借给下属企业的话，应实行“统借统贷”的借款方式。

从前面提到的政策依据可以看出，集团公司统一向银行借款，再借给下属公司使用，不受关联企业中的其他企业债权性投资与其权益性投资的比例限制。它发生的借款利息只要不超过金融企业同期同类贷款利率的部分，则凭银行开具的金融利息票据可以全额在税前扣除。

(2) 如果集团公司有充足的资金借给下属企业，一定要选择银行进行委托贷款，即委托银行把钱借给下属企业使用，不能直接把钱借给下属企业使用；否则，下属企业支付给集团公司的利息将因缺乏金融企业的利息票据而不能在税前扣除，而且直接借给下属企业的资金如果发生损失，也不能按照资产损失的政策规定在税前扣除。

3. 销售费用的筹划

销售费用是企业在销售商品、材料、提供劳务的过程中发生的各种费用，包括广告费、运输费、装卸费、包装费、展览费、保险费、销售佣金、代销手续费、经营租赁性费用及销售部门发生的差旅费、工资、福利费等。其中，广告费用支出具有一定的税收筹划空间。

根据《企业所得税法实施条例》第四十四条的规定，企业发生的符合条件的广告费和业务宣传费支出，除国务院财政、税务主管部门另有规定外，不超过当年销售(营业)收入15%的部分，准予扣除；超过部分，准予在以后纳税年度结转扣除。

《财政部、税务总局关于广告费和业务宣传费支出税前扣除有关事项的公告》(财政部、税务总局公告2020年第43号)规定，对化妆品制造或销售、医药制造和饮料制造(不含酒类制造，下同)企业发生的广告费和业务宣传费支出，不超过当年销售(营业)收入30%的部分，准予扣除；超过部分，准予在以后年度结转扣除。烟草企业的烟草广告费和业务宣传费支出，一律不得在计算应纳税所得额时扣除。由此可见，国家对不同行业发生的广告费和业务宣传费的税前扣除政策不一致。

依据目前的税收政策，企业所得税的税收筹划思路为：一是提高税前费用扣除的具体基数，增加费用扣除数额。例如，企业可以设立独立核算的销售公司，借以提高扣除费用的额度。按照规定，广告费和业务宣传费是以营业收入作为扣除计算标准的。如果将集团公司的销售部门设为一个独立核算的销售公司，将集团公司的产品先销售给销售公司，再由销售公司实现对外销售，这样就增加了一道营业收入，从而在整个利益集团的利润总额并没有改变的前提下，使费用扣除限额的标准获得提高。二是合法地增加无限制的费用在税前扣除。例如，对于限制支出的产品广告，可以转变为企业形象的宣传，转变为印有企业标识的礼物赠送，或者转变为研讨会、研究开发等可以在税前全额列支或者限额列支的项目进行扣除。

第三节　销售环节的税收筹划

一、混合销售与兼营的税收筹划

1. 混合销售与兼营的税收规定

根据财税［2016］36号文的规定，一项销售行为如果既涉及服务又涉及货物，为混合销售。从事货物的生产、批发或者零售的单位和个体工商户的混合销售行为，按照销售货物缴纳增值税；其他单位和个体工商户的混合销售行为，按照销售服务缴纳增值税。在界定“混合销售”行为是否成立时，其行为标准中的上述两点必须同时存在，如果一项销售行为只涉及销售服务，不涉及销售货物，这种行为就不是混合销售行为；反之，如果同时涉及销售服务和销售货物的行为，但不是存在一项销售行为中，这种行为也不是混合销售行为。

《营业税改征增值税试点实施办法》第三十九条规定：“纳税人兼营销售货物、劳务、服务、无形资产或者不动产，适用不同税率或者征收率的，应当分别核算适用不同税率或者征收率的销售额；未分别核算的，从高适用税率。”与此同时，财税［2016］36号文附件一的第四十一条规定：“纳税人兼营免税、减税项目的，应当分别核算免税、减税项目的销售额；未分别核算的，不得免税、减税。”基于此规定，兼营行为中的销售业务和兼营业务是两项销售行为，两者是独立的业务。

特殊规定：

（1）自2017年5月1日起，纳税人销售活动板房、机器设备、钢结构件等自产货物的同时，提供建筑、安装服务，不属于混合销售，应分别核算销售货物和建筑服务的销售额。

（2）一般纳税人销售电梯的同时提供安装服务，其安装服务可以按照甲供工程选择适用简易计税方法计税。

（3）无运输工具承运业务，按照交通运输服务缴纳增值税。

（4）纳税人对安装运行后的电梯提供的维护保养服务，按照“其他现代服务”缴纳增值税。

2. 混合销售和兼营的区别

混合销售与兼营的相同点是既有销售货物的行为，又有销售服务的行为。两者的根本区别为：混合销售是指一项销售行为中既含有销售货物又含有销售服务的行为，而且该服务是对其销售的货物提供的服务，两者是紧密相连的。例如，消防设备厂家销售设备给客户，同时为客户提供安装，而且安装的设备是其销售的设备。

兼营有两种情况：一是一项销售行为中有销售两种以上不同税率的服务或销售两种以上不同税率的货物的行为。例如，既有设计资质也有建筑资质的企业与发包方签订的总承包合同中，有设计服务和建筑服务，就是兼营，应分别纳税，而不是混合销售行为。二是发生两项以上的销售行为，这两项销售行为之间就是兼营。例如，某既有销售资质又有安装资质的设备厂家与设备购买方签订一份销售合同，只发生销售设备的行为，而没有对其销售的设备提供安装收费。但是，该设备厂家为购买其设备的客户提供了安装该客户从其他厂家购买的设备，并签订了一份安装合同，则该既有销售资质又有安装资质的设备厂家就发生了兼营，应分别适用税率申报缴纳增值税。

混合销售与兼营的区别和税务处理见表 3-5。

表 3-5　混合销售与兼营的区别和税务处理

行为	区别	税务处理
混合销售	强调在同一项销售行为中存在两类经营项目的混合，有从属关系	按"经营主业"缴纳增值税
兼营	强调同一纳税人存在两类经营项目，但不是发生在同一销售行为中，无从属关系	按"核算水平"分别核算增值税的适用税率，否则从高征税 【特例】自 2017 年 5 月 1 日起，纳税人销售活动板房、机器设备、钢结构件等自产货物的同时提供建筑、安装服务，不属于混合销售，应分别核算货物和建筑服务的销售额，分别适用不同的税率或者征收率

3. 混合销售和兼营的筹划

一般纳税人适用的增值税税率是多档次的，税法对混合销售是按"经营主业"来确定征税的，在进行税收筹划时，企业完全可以通过控制应税货物和应税服务所占的比例，达到作为增值税低税负纳税人的目的。

对于兼营增值税应税销售和应税服务行为的税务处理，税法规定：纳税人应分别核算货物和应税服务的销售额，不分别核算或者不能准确核算的，从高适用税率。因此，企业应加强财务会计核算，从完善会计核算的角度进行税收筹划。

【例 3-8】 如果生产企业的业务量较大，可考虑通过成立独立核算的运输公司来降低企业的整体税负。

某风电设备生产企业的年销售额为 25 000 万元（不含税），其中收取的运费为 350 万元。

如果企业与客户签订了购销合同，则应纳税额为：

增值税销项税额＝25 000×13%＝3 250（万元）
应纳城市维护建设税＝3 250×7%＝227.5（万元）
应纳教育费附加＝3 250×3%＝97.5（万元）
实际税负率＝(3 250＋227.5＋97.5)÷(25 000＋3 250)×100%＝12.65%

如果企业将自有车辆整合，设立独立核算的运输公司来负责产品运输，则生产企业的应纳税额为：

增值税销项税额＝24 650×13%＝3 204.5（万元）
增值税进项税额＝350×9%＝31.5（万元）

应纳增值税=3 204.5－31.5=3 173（万元）

应纳城市维护建设税=3 173×7%=222.11（万元）

应纳教育费附加=3 173×3%=95.19（万元）

运输公司的应纳税额为（运输公司的年销售额为350万元，未达到一般纳税人的标准，可以按小规模纳税人计税，在条件许可的情况下也可以申请成为一般纳税人）：

应纳增值税=350×3%=10.5（万元）

应纳城市维护建设税=10.5×7%=0.735（万元）

应纳教育费附加=10.5×3%=0.315（万元）

$$总体税负率=\frac{3\,173+222.11+95.19+10.5+0.735+0.315}{24\,650+3\,173+350+10.5}\times100\%=12.43\%$$

通过税收筹划后，企业的税负率有所下降。

【例3-9】 1月，华茂物资公司（一般纳税人）销售钢材获得900万元，同时获得经营农机收入100万元，则应纳税额的计算如下：

未分别核算时：

应纳税额=(900+100)÷(1+13%)×13%=115.04（万元）

分别核算时：

应纳税额=900÷(1+13%)×13%+100÷(1+9%)×9%=111.80（万元）

由此可见，分别核算可以为企业节省3.24万元的增值税支出。

二、促销方式的税收筹划

企业为促进产品的销售，可自主选择多种促销手段，如折扣销售、销售折扣、销售折让、“买一赠一”等不同的方法。不同的销售方式适用不同的税收政策，也就面对着不同税收待遇的差别问题。企业应根据不同的促销方案进行税后净利润的测算，并依据测算结果进行税收筹划。

1. 不同销售方式的税收待遇差异

表3-6展示了不同销售方式的税收待遇差异。

表3-6 不同销售方式的税收待遇差异

销售方式	销售方式的具体内容	税务处理规定
折扣销售	销售方在销售货物或应税服务时，因购货方购买数量较大或购买行为频繁等原因，而给予购货方的价格优惠，比如购买10件，销售价格折扣10%	销售额和折扣额在同一张发票上分别注明的，可按折扣后的余额作为销售额计算增值税；如果将折扣额另开发票，则无论企业在财务上如何处理，均不得从销售额中减除折扣额，应以其全额计征增值税

续表

销售方式	销售方式的具体内容	税务处理规定
销售折扣	销售方在销售货物或应税服务后，为了鼓励购买方及早偿还货款，缩短企业的平均收款期限，而协议许诺给企业的一种折扣优惠	销售折扣发生在销货后，是一种融资性质的理财费用，因而销售折扣不得从销售额中减除，应全额计征增值税
销售折让	在货物售出后，由于品种、质量、性能等方面的问题，购货方虽未退货，但销货方需要给予的一种价格折让	税法规定，对销售折让可以按折让后的货款作为销售额计征增值税，但其销售发票的处理必须符合税法的有关规定，并取得合法的税务处理凭据
销售赠送	销售方为了促进产品的销售，在销货时附送一定数额的产品、赠品或现金券等	1. 销售方给予客户的实物（自产、委托加工和购买的实物）折扣不得从销售额中扣除，按“视同销售货物”中的“赠送他人”计算征收增值税。当然，其涉及的进项税额如果有合法的抵扣凭证，也可以抵扣 2. 销售产品附送的现金券作为一种融资处理，不得从销售额中扣除，应合并征税

在所得税方面，根据《中华人民共和国增值税暂行条例实施细则》（财政部、国家税务总局令第 50 号）第四条第（八）项的规定：单位或者个体工商户将自产、委托加工或者购进的货物无偿赠送其他单位或者个人的，视同销售货物。该规定意味着企业或个体工商户发生有偿捐赠的商品不视同销售货物，缴纳增值税；如果发生无偿赠送货物或商品的行为，则要视同销售货物，并缴纳增值税。

《国家税务总局关于确认企业所得税收入若干问题的通知》（国税函［2008］875 号）规定：企业以“买一赠一”等方式组合销售本企业商品的，不属于捐赠，应将总的销售金额按各项商品的公允价值的比例来分摊确认各项的销售收入。

《国家税务总局关于企业处置资产所得税处理问题的通知》（国税函［2008］828 号）第二条规定：因资产所有权属已发生改变而不属于内部处置资产，应按规定视同销售确定收入。

（1）用于市场推广或销售。

（2）用于交际应酬。

（3）用于职工奖励或福利。

（4）用于股息分配。

（5）用于对外捐赠。

（6）其他改变资产所有权属的用途。

《国家税务总局关于企业所得税有关问题的公告》（国家税务总局公告 2016 年第 80 号）规定：“企业发生《国家税务总局关于企业处置资产所得税处理问题的通知》（国税函［2008］828 号）第二条规定情形的，除另有规定外，应按照被移送资产的公允价值确定销售收入。”

企业在采取“买一赠一”方式促销时，应避免被视为无偿销售并缴纳增值税。第一，企业可以在发票上同时体现主货物和赠品两种商品，并将赠品的价值作为主商品的折扣反映在发票上。需要注意的是，折扣额与销售额必须同时反映在发票上。第二，将总的销售金额按各项商品公允价值的比例来分摊，确认各项商品的销售收入，对主货物和赠品分别开具发票。第三，将主货物和赠品重新包装成一个新的商品，由主货物的价格确定。第四，商品的价格需要控制在合理的范围内，如果税务机关认为企业的价格明显偏低且无正当理由，税务机关可以进行合并调整。

【例 3-10】 某商场（一般纳税人）的企业所得税实行查账征收。假定 100 元商品的平均成本为 60 元。年末，该商场决定开展促销活动，拟定了“满 100 送 20”的优惠，即每销售 100 元商品、送出 20 元的优惠。具体方案有如下几种选择：

方案一：顾客购物满 100 元，商场送 8 折商业折扣的优惠。

方案二：顾客购物满 100 元，商场赠送折扣券 20 元（不可兑换现金，下次购物可代币结算）。

方案三：顾客购物满 100 元，商场另行赠送价值 20 元的礼品。

方案四：顾客购物满 100 元，商场返还现金“大礼”20 元。

方案五：顾客购物满 100 元，商场采用“满就送加量——加量不加价”的方式，顾客可得价值 20 元的同种商品，实行捆绑式销售，总价格不变。

现假定商场单笔销售了 100 元商品，各按以上方案逐一分析各自的税收负担和税后净利情况（不考虑城市维护建设税和教育费附加等附加税费）。

案例解析：

方案一：满就送折扣。

在该方案下，商场销售 100 元商品，将收取 80 元。商场只需在销售票据上注明折扣额，则销售收入可按折扣后的金额计算。假设商品的增值税税率为 13%，企业所得税税率为 25%，则

应纳增值税＝80÷(1＋13%)×13%－60÷(1＋13%)×13%＝2.30 (元)

销售毛利润＝80÷(1＋13%)－60÷(1＋13%)＝17.70 (元)

应纳企业所得税＝17.70×25%＝4.42 (元)

税后净收益＝17.70－4.42＝13.28 (元)

方案二：满就送赠券。

在该方案下，商场销售 100 元商品，将收取 100 元，但商场赠送折扣券 20 元，因而顾客相当于获得了下次购物的折扣期权。该商场本笔业务的应纳税额及相关获利情况为：

应纳增值税＝100÷(1＋13%)×13%－60÷(1＋13%)×13%＝4.60 (元)

销售毛利润＝100÷(1＋13%)－60÷(1＋13%)＝35.40 (元)

应纳企业所得税＝35.40×25%＝8.85 (元)

税后净收益＝35.40－8.85＝26.55 (元)

方案三：满就送礼品。

在该方案下，商场的赠送礼品行为是有偿赠送行为，不应视同销售行为，不应计算销项税额（其实，礼品的销项税额隐含在企业销售的100元商品的销项税额中，只是没有剥离出来。因此，对于礼品的进项税额，应允许其申报抵扣，在赠送礼品时也不应该单独再次计算销项税额）；但根据国税函［2008］828号文的规定，在这种情况下要计算企业所得税，由于礼品是外购的，其销售收入和成本都是采购成本12元，相关的计算如下：

应纳增值税
＝100÷(1＋13%)×13%－60÷(1＋13%)×13%－12÷(1＋13%)×13%
＝3.22（元）

销售毛利润＝100÷(1＋13%)－60÷(1＋13%)－12÷(1＋13%)＝24.78（元）

应纳企业所得税＝24.78×25%＝6.20（元）

税后净收益＝24.78－6.20＝18.58（元）

方案四：满就送现金。

商场返还现金行为同样属于商业折扣，与方案一相比，两者只是定率折扣与定额折扣的区别，相关的计算如下。

在这种情况下，所赠送的现金也要缴纳个人所得税。

应纳增值税＝100÷(1＋13%)×13%－60÷(1＋13%)×13%＝4.60（元）

应纳个人所得税＝20÷(1－20%)×20%＝5（元）

销售毛利润＝100÷(1＋13%)－60÷(1＋13%)＝35.40（元）

应纳企业所得税＝35.40×25%＝8.85（元）

企业利润＝100÷(1＋13%)－60÷(1＋13%)－20－5＝10.40（元）

税后净收益＝10.40－8.85＝1.55（元）

方案五：满就送加量。

在该方案下，商场为购物满100元的商品实行加量不加价的优惠。由于商场收取的销售收入没有变化，但由于实行捆绑式销售，避免了“无偿赠送”之嫌，因而加量部分的成本可以正常列支。相关的计算如下：

应纳增值税
＝100÷(1＋13%)×13%－60÷(1＋13%)×13%－12÷(1＋13%)×13%
＝3.22（元）

销售毛利润＝100÷(1＋13%)－60÷(1＋13%)－12÷(1＋13%)＝24.78（元）

应纳企业所得税＝24.78×25%＝6.20（元）

税后净收益＝24.77－6.20＝18.58（元）

综上所述，商场实行“满100送20”优惠的最佳方案为“满就送赠券”的方式，其次为“满就送礼品”的方式和“满就送加量”的方式，最后为“满就送折扣”的方式，而“满就送现金”的方式不可取。

2. 销售折扣与折扣销售之间转换的筹划

销售折扣又称现金折扣，是指企业在销售货物或应税服务后，为了鼓励购货方及早偿还货款，而许诺给予购货方的一种折扣优待（如10天内付款，货款折扣2%；20天内付款，折扣1%；30天内全价付款）。销售折扣发生在销货后，是一种融资性质的理财费用，因而销售折扣不得从销售额中减除，企业应按照销售额计算缴纳增值税。

折扣销售是指销货方在销售货物或应税服务时，因购货方的购买数量较大或购买行为频繁等原因，而给予购货方价格方面的优惠。例如，购买10件，销售价格折扣10%；销售额和折扣额在同一张发票上分别注明的，可按折扣后的余额作为销售额计算增值税；如果将折扣额另开发票，无论企业在财务上如何处理，均不得从销售额中减除折扣额，应以其全额计征增值税。

如果销售折扣和折扣销售之间可以相互转化，则纳税人在税率不变的情况下，借助缩减计税依据的办法可以减轻增值税的税收负担。

【例3-11】 假设某企业与购买方所签订合同的销售金额为500 000元，合同约定的付款期为30天，并且规定：如果对方在10天内付款，货款折扣3%；20天内付款，货款折扣1%；30天内全价付款。由于企业采取的是现金折扣方式，所以折扣额不得从销售额中扣除。如果购买方在10天内付款，企业要多缴增值税1 950元（=500 000×3%×13%）；如果购买方在20天内付款，企业要多缴增值税650元（=500 000×1%×13%）。企业应如何通过转变销售方式节税？

案例解析：

从税收负担的角度考虑，企业可以通过转变现金折扣方式达到节税的目的，具体做法为：

（1）转变为以分期收款方式销售货物。现金折扣和以分期收款方式销售货物实际上都是赊销行为，在销货时未能收到货款，但它们的纳税义务发生时间不一样。根据税法的规定，采取直接收款方式销售货物，不论货物是否发出，均为收到销售款项或取得索取销售款项的凭据，并将提货单交给买方的当天；采取分期收款方式销售货物，为合同约定的收款日期的当天。由此看来，转变为以分期收款方式销售货物，可以推迟纳税时间，防止垫付税款，节约销售成本。

（2）以合约的方式销售货物。企业在销售货物时主动按照折扣后的金额485 000元（=500 000×97%）确定销售价格，同时在合同中约定收款时间为10天。如果购货方在20天内还款，则加收违约金10 000元（=500 000×2%）；如果超过20天还款，则加收违约金15 000元（=500 000×3%）。这样，如果购货方提前还款，则企业的销售收入不受影响，但相应的折扣却可以在计算增值税时扣除。

（3）采取递延折扣的方式。如果买卖双方是有经常业务往来的企业，而且购货方的信誉良好，那么企业可以把购货方本期的现金折扣变成下一期购买的折扣额，从而在不影响购买方利益的前提下达到节税的效果。如果本期购货方在10天内还款，则折扣额为15 000元（=500 000×3%）。假设购货方在下一期再购买300 000元货物，则把本期应给予的折扣额15 000元兑现，即实收款项为285 000元，同时把折扣额和销售额在同一张发票上注明，就可以按照折扣后的金额计税。

3. 销售价格的税收筹划

在市场经济中，纳税人有自主定价权，也就是纳税人可以制定“合理的价格”，从而获得更多的收益。与税收筹划相关的定价策略为：首先，考虑关联企业之间产品、服务的合作定价，即通过转让定价，将利润在关联企业之间进行分配，以降低整个企业集团的税负；如果是处于不同税率地区的企业，则涉及更复杂的企业所得税问题。其次，考虑价格竞争等策略。企业之间主动制定灵活的价格，以获得更大的销量，从而获得更多的利益。然而，这种方法更适于企业集团内部关联企业之间的税负调整，但要注意防范由于价格变动对企业利润水平的影响，以及规避税务部门的转让定价调查。

【例3-12】 甲、乙、丙为某集团公司内部三个独立核算的企业，彼此存在着购销关系；甲生产的产品可以作为乙的原材料，而乙制造出的80%产品提供给丙企业。有关资料见表3-7。

表3-7 甲、乙、丙的生产经营情况

企业名称	增值税税率（%）	生产数量（件）	正常市价（元）	转让定价（元）	所得税税率（%）
甲	13	1 000	500	400	25
乙	13	1 000	600	500	25
丙	13	1 000	700	700	25

案例解析：

假设甲企业的进项税额为40 000元，市场的月利率为2%。如果三家企业均按正常市价结算货款，则它们应纳的增值税税额为：

甲企业应纳的增值税税额＝1 000×500÷(1＋13%)×13%－40 000
＝57 522.12－40 000＝17 522.12（元）

乙企业应纳的增值税税额＝1 000×600÷(1＋13%)×13%－57 522.12
＝69 026.55－57 522.12＝11 504.43（元）

丙企业应纳的增值税税额＝1 000×700÷(1＋13%)×13%－69 026.55×80%
＝80 530.97－55 221.24＝25 309.73（元）

集团合计应纳的增值税税额＝17 522.12＋11 504.43＋25 309.73＝54 336.28（元）

但是，当三家企业采用转让定价时，应纳的增值税情况如下：

甲企业应纳的增值税税额
＝1 000×400÷(1＋13%)×13%－40 000
＝46 017.70－40 000＝6 017.70（元）

乙企业应纳的增值税税额

$=(1\ 000\times80\%\times500+1\ 000\times20\%\times600)\div(1+13\%)\times13\%-46\ 017.70$

$=13\ 805.31$（元）

丙企业应纳的增值税税额

$=1\ 000\times700\div(1+13\%)\times13\%\ -1\ 000\times80\%\times500\div(1+13\%)\times13\%$

$=34\ 513.27$（元）

集团合计应纳的增值税税额

$=6\ 017.70+13\ 805.31+34\ 513.27=54\ 336.28$（元）

这样，本应由甲企业当期缴纳的税款相对减少 11 504.42 元（=17 522.12－6 017.70），即延至第二期缴纳（通过乙企业）；这使得乙企业的第二期纳税额与丙企业第三期的纳税额分别增加了 2 300.88 元和 9 203.54 元，若将各期（设各企业的生产周期为三个月）的相对增减金额折合为现值，则使纳税负担相对下降了 1 163.77 元 $[=11\ 504.42-2\ 300.88\div(1+2\%)^3-9\ 203.54\div(1+2\%)^6]$。

转让定价具有双重性，既有积极的一面，又有消极的一面。关联企业之间的内部交易价格可以采取与市场价格不同的价格，这是企业定价自主权的体现。在具体操作时，应确保调整后的价格与市场交易价格相差不远，以降低税收遵从成本。

4. 应税消费品的销售筹划

消费税是对少数应税消费品征收的一种税，根据国家产业政策和消费政策的要求，消费税可以起到调节消费行为、促进节能环保、正确引导消费需求和投资流向、补偿部分商品和消费品的负外部性、缓解收入分配不公。因此，消费税的税收筹划应该符合国家的政策导向，响应国家的消费引导。

（1）设置销售机构的税收筹划。

消费税法律制度规定，在中华人民共和国境内销售、委托加工和进口应税消费品的单位和个人，以及国务院规定的销售应税消费品的其他单位、个人，是消费税的纳税义务人。消费税的征收环节具有单一性，即它只在应税消费品生产、流通或消费的某一环节征税，并不是多环节多次征收，由于消费品的流通存在批发、零售等若干个流转环节，这在客观上为企业选择一定的方式节税提供了可能。企业可以采用分设独立核算的经销部、销售公司的办法，在降低生产环节的销售价格后向它们供货，而后独立核算的经销部、销售公司再以正常价格对外销售。由于消费税主要在产制环节征收，所以企业的税收负担将因此减轻许多。

【例 3－13】 某酒厂主要生产粮食白酒，其产品销往全国各地的批发商。按照以往的经验，本地的一些零售商、酒店、消费者每年到工厂直接购买的白酒约为 1 000 箱（每箱 12 瓶，每瓶 500 克）。该酒厂销给批发商的价格为每箱（不含税）1 200 元，销售给零售商及消费者的价格为（不含税）1 400 元。经过筹划，该酒厂在本地设立了一个独立核算的经销部，该酒厂按销售给批发商的价格销售给经销部，再由经销部销售给零售商、酒店及顾客。已知粮食白酒的税率为 20%。

直接销售给零售商、酒店、消费者的白酒应纳消费税税额：

1 400×1 000×20%＋12×1 000×0.5＝286 000（元）

销售给经销部的白酒应纳消费税税额：

1 200×1 000×20%＋12×1 000×0.5＝246 000（元）

节约消费税税额：

286 000－246 000＝40 000（元）

现在，这种做法在生产烟、酒、高档化妆品、摩托车、小汽车的行业里得到了较为普遍的应用。需要注意的是，生产应税消费品的生产厂家在向经销部出售应税消费品时，只能适度压低价格，如果压价幅度过大，就属于税法所称的“价格明显偏低”；此时，税务机关就可以行使对价格的调整权。

【例 3-14】 由于酒类的消费税主要是在生产环节从价征收，因而大型白酒企业为了避税，都会设立自己的销售公司，一般是先将生产出的白酒低价出售给销售公司，然后销售公司加价售给经销商，借以不缴纳或者少缴纳消费税。销售单位是指销售公司、购销公司以及委托境内其他单位或个人包销本企业生产白酒的商业机构。销售公司、购销公司是指专门购进并销售白酒生产企业生产的白酒，并与该白酒生产企业存在关联性质。包销是指销售单位依据协定价格从白酒生产企业购进白酒，同时承担大部分包装材料等成本费用，并负责销售白酒。

2009 年 7 月 23 日，《国家税务总局关于加强白酒消费税征收管理的通知》（国税函[2009] 380 号）规定，自 2009 年 8 月 1 日起，对计税价格偏低的白酒核定消费税最低计税价格，以加强税务管理，有效遏制白酒生产企业利用关联交易规避消费税行为。

1）白酒生产企业销售给销售单位的白酒，生产企业消费税计税价格高于销售单位对外销售价格 70%（含 70%）的，税务机关暂不核定消费税最低计税价格。

2）白酒生产企业销售给销售单位的白酒，生产企业消费税计税价格低于销售单位对外销售价格 70%的，消费税最低计税价格由税务机关根据生产规模、白酒品牌、利润水平等情况在销售单位对外销售价格 50%～70%的范围内自行核定。其中，生产规模较大、利润水平较高的企业生产的需要核定消费税最低计税价格的白酒，税务机关核价幅度原则上应选择在销售单位对外销售价格 60%～70%的范围内。

某酒厂主要生产白酒，其产品主要销售给各地的批发商。2020 年 5 月的销售单价为每吨 3.5 万元（不含税价）；零售白酒 50 吨，销售单价为每吨 5 万元（不含税价）。

白酒的比例税率为 20%，定额税率为 0.5 元/500 克。

方案一：直接销售给消费者。

应纳消费税＝50×2 000×0.000 05＋50×5×20%＝5＋50＝55（万元）

方案二：先将白酒以每吨 3.5 万元的价格出售给独立核算的销售公司，然后销售公司再以每吨 5 万元的价格销售给销售者。

由于该白酒生产企业的消费税计税价格不低于销售单位对外销售价格的 70%，所以无须核定计税价格。

应纳消费税=50×2 000×0.000 05+50×3.5×20%=5+35=40（万元）

因此，企业在设立独立核算的销售公司后，可少缴消费税15万元（=55−40）。但企业销售给销售公司的价格不应低于销售公司对外销售价格的70%，如果销售价格"明显偏低"，主管税务机关将会对价格重新进行调整。

同理，企业之间可以通过合并，使原来企业间的销售环节转变为企业内部的原材料转让环节，从而递延部分消费税税款的缴纳。如果合并企业之间存在原材料供应关系，则在合并前这笔原材料的转让关系为购销关系，应该按正常的购销价格缴纳消费税，而在合并后企业之间的原材料供应关系转变为企业内部的原材料转让关系，因此这一环节不用缴纳消费税，而是递延到以后的销售环节缴纳。此外，如果后一个环节的消费税税率比前一个环节低，则可直接减轻企业的消费税税负。当前一环节应征的消费税税款延迟到后面环节征收时，由于后面环节的税率较低，合并前企业间的销售额因在合并后适用了较低税率，从而减轻了税负、缓解了资金占用比例高的情况。

【例3-15】 某地区有两家大型酒厂A和B，它们都是独立核算的法人企业。酒厂A主要经营粮食类白酒，以当地生产的大米和玉米为原料进行酿造，按照消费税法的规定，适用20%的税率。酒厂B以酒厂A生产的粮食酒为原料，生产系列药酒，按照税法的规定，适用10%的税率。酒厂A每年要向酒厂B提供价值2亿元，共计5 000万千克的粮食酒。在经营过程中，酒厂B由于缺乏资金和人才，无法继续经营，准备破产。此时，酒厂B共欠酒厂A 5 000万元货款。经评估，酒厂B的资产恰好为5 000万元。假定药酒的销售额为2.5亿元，销售数量为5 000万千克。酒厂A的领导经过研究，决定对酒厂B进行合并，其决策的主要依据如下：

1）这次合并的费用较少。由于合并前，酒厂B的资产和负债均为5 000万元，也就是净资产为零，因而按照现行税法的规定，该合并行为属于以承担被兼并企业全部债务方式实现吸收合并，不视为被兼并企业按公允价值转让、处置全部资产，不计算资产转让所得，不用缴纳所得税。

2）合并可以递延部分税款。

在合并前，酒厂A向酒厂B提供的粮食酒，每年应缴纳的税款为：

消费税=20 000×20%+5 000×2×0.5=9 000（万元）

增值税=20 000×13%=2 600（万元）

在合并后，一部分税款可以递延到药酒销售环节缴纳（消费税从价计征部分和增值税），获得递延纳税的好处，另一部分税款（从量计征的消费税税款）则免于缴纳了。

3）酒厂B生产的药酒市场前景很好，两酒厂合并后可以将经营的主要方向转向药酒生产，而且在转向后，酒厂A应缴的消费税税款将减少。由于粮食酒的消费税税率为20%，而药酒的消费税税率为10%，但以粮食白酒为酒基的泡制酒，税率则为20%。如果企业转产为药酒生产企业，则税负将会大大减轻。

假定药酒的销售额为2.5亿元，销售数量为5 000万千克。

合并前应纳消费税为：

酒厂A应纳消费税＝20 000×20%＋5 000×2×0.5＝9 000（万元）
酒厂B应纳消费税＝25 000×20%＋5 000×2×0.5＝10 000（万元）
合计应纳税款＝9 000＋10 000＝19 000（万元）

合并后应纳消费税为：

合并后应纳税款＝25 000×10%＝2 500（万元）
合并后节约的消费税税款＝19 000－2 500＝16 500（万元）

以自产的粮食白酒连续生产应税消费品，应按最终产品征税，但以外购的白酒连续生产应税消费品，应按白酒交税。

（2）临界点的税收筹划。在我国现行消费税的规定中，对于某种特定应税消费品价格的变化，消费税的相应税目会有不同税率的区分，或者以不同子目来划分。对于应税消费品的不同定价，我国税法有不同的规定。卷烟、啤酒等不同的定价会有不同的税率与之对应，不同定价的小汽车适用不同的消费税政策。《财政部、国家税务总局关于对超豪华小汽车加征消费税有关事项的通知》（财税［2016］129号）规定，“小汽车”税目下增设“超豪华小汽车”子税目，征收范围为每辆零售价130万元（不含增值税）及以上的乘用车和中轻型商用客车，即乘用车和中轻型商用客车子税目中的超豪华小汽车。对超豪华小汽车，在生产（进口）环节按现行税率征收消费税的基础上，在零售环节加征消费税，税率为10%。此外，生产（进口）环节销售（完税）价格（不含增值税）在10元/毫升或15元/张（片）及以上的美容、修饰类化妆品和护肤类化妆品被认定为高档化妆品，列入应税消费品范畴，而普通化妆品免征消费税。纳税人可以通过制定合理的销售价格，实现适用较低的消费税税率或免税的目标。

【例3-16】 某手表生产厂（一般纳税人）生产销售某款手表，每只手表的价格为10 000元，按照《财政部、国家税务总局关于调整和完善消费税政策的通知》（财税［2006］33号）及其附件“消费税新增和调整税目征收范围注释”的规定，该手表正好为高档手表。销售每只手表共向购买方收取11 300元（＝10 000＋10 000×13%）。

应纳增值税＝10 000×13%＝1 300（元）（未考虑增值税进项抵扣）
应纳消费税＝10 000×20%＝2 000（元）
共计纳税＝1 300＋2 000＝3 300（元）
税后收益＝11 300－3 300＝8 000（元）

该厂财务部门经过研究，提出建议：将手表的销售价格降低100元，为每只9 900元。由于销售价格在10 000元以下，不属于税法所称的高档手表，可以不缴纳消费税。销售每只手表共向购买方收取11 187元（＝9 900＋9 900×13%）。

应纳增值税＝9 900×13%＝1 287（元）（未考虑增值税进项抵扣）
税后收益＝11 187－1 287＝9 900（元）

两相比较，虽然手表的销售价格降低了100元，但能多获利1 900元。显然，获利原因在于此方案可以避开消费税。

(3) 应税消费品包装物的税收筹划。实行从价定率方法计算应纳税额的应税消费品连同包装物销售的，无论包装物是否单独计价，也不论会计上如何核算，均应并入应税消费品的销售额中按照该消费品的消费税税率征收消费税。

根据上述规定，由于随同应税消费品一并销售的包装物价值应并入应税消费品的销售额中征收消费税，所以税收筹划的出发点是怎样将包装物的价值与应税消费品的销售额分离。我们仍可采用将“先包装后销售”变为“先销售后包装”，也就是将消费品和包装物按照各自的价格分别销售给零售商，再由零售商包装后对外销售。这样，我们不必针对包装物本身缴纳消费税。此外，应税消费品的包装物越昂贵，其节税效果越明显。

【例 3-17】 2020 年 8 月，A 公司销售给超市一批高档化妆品，取得销售收入 15 000 元，包括价值 10 000 元的口红和价值 5 000 元的包装物。上述价格都为不含增值税价格。对此销售行为，该企业应如何进行税收筹划？（根据现行税法的规定，高档化妆品的消费税税率为 15%。）

方案一：采取“先包装后销售”的方式。

根据“随同应税消费品一并销售的包装物，无论是否单独计价，也不论会计上如何核算，均应并入应税消费品的销售额中征收消费税”的规定，在计算高档化妆品的消费税时要以 15 000 元作为计税基础。这样，该企业应纳消费税税额为 2 250 元（=15 000×15%）。

若将高档化妆品和包装物按照各自的价格分别销售给超市，再由超市包装后对外销售。这样就不必针对包装物缴纳消费税。

方案二：采取“先销售后包装”的方式。

A 公司先将上述高档化妆品和包装物分别销售给超市。在此销售环节，A 公司应对高档化妆品和包装物分别开具发票，在账务处理环节对不同的产品分别核算销售收入，然后再由超市包装成套装后对外销售。在这种情况下，价值 5 000 元的包装物不必缴纳消费税。这样，企业应纳消费税税额为 1 500 元（=10 000×15%）。

通过比较可以看出，方案二比方案一节税 750 元（=2 250－1 500），所以方案二是最优方案。因此，企业在销售应税消费品时，若其包装物有一定的价值，我们可将应税消费品和包装物按照各自的价格分别销售给零售商，再由零售商包装后对外销售。这样就不必对包装物缴纳消费税，并且应税消费品的包装物越昂贵，其节税效果越明显。

(4) 应税消费品包装物押金的税收筹划。根据消费税的有关规定，若包装物押金单独核算又未过期，则此项押金不并入应税消费品的销售额中征税，所以企业可以考虑在情况允许时，不将包装物作价随同产品出售，而是采用收取包装物押金的方式。该操作有如下好处：

首先，有助于降低计税依据，降低税收负担。

其次，有些购买方只需要消费品，并不需要包装物，通过“以押金的形式先获取包装物，随后再赎回押金”的方式正好满足他们的需求。

最后，对于收取的超过 1 年的押金，虽然还是要并入销售额计税，但将纳税期限延缓了 1 年，充分利用了资金的时间价值；此外，对于逾期未归还包装物的押金，应视为含税收入，在计征消费税时应首先换算成不含税收入，再并入销售额计税，这就在一定程度上降低了应缴消费税税额。

5. 销售结算方式的税收筹划

销售结算方式有直接收款、委托银行收款、托收承付、赊销或分期收款、预收款销售、委托代销等。对于不同的销售方式，其纳税义务发生时间是不相同的。对于销售结算方式的税收筹划，就是在税法允许的范围内，尽量采取有利于企业的结算方式，以推迟纳税时间，实现递延纳税或者打时间差，避免应纳税额过于集中，减轻企业的资金压力。比如税法规定，赊销和分期收款结算方式都是以合同约定日期为纳税义务发生时间，因而企业在产品销售的过程中，在应收账款一时无法收回或部分无法收回的情况下，可以选择赊销或分期收款方式。再如，税法规定，委托代销商品是委托方将商品交付给受托方，根据合同要求将产品出售后开具销货清单，并交给委托方，此时委托方才能确认销售收入的实现。因此，如果企业产品的销售对象是商业企业，并且企业与商业企业在产品销售后结算，此时可以采取委托代销结算方式，根据实际收到的货款分期计算销项税额，从而递延纳税时间。

本章小结

本章介绍了供货环节、生产经营环节和销售环节的税收筹划方法。在梳理筹划思路、设计筹划方案以及运用筹划结论时，引导学生遵纪守法、全面思考、勇于担当，旨在培养学生的法律意识、大局意识、责任意识。

复习思考题

1. 简述混合销售和兼营选择的税收筹划方法。
2. 如何进行增值税纳税义务发生时间的税收筹划？
3. 如何通过合理的销售方式进行消费税的税收筹划？
4. 简述企业所得税税收优惠政策的计税策略。
5. 简述成本费用在企业所得税税前列支的财务技巧。

案例阅读

石化行业“变名销售”

一、案例背景

根据我国税法的规定，成品油的生产环节（即炼油环节）要征收消费税。税务机关可以发现存在炼油环节的重要线索就是发票上的货物品名由化工产品变更成燃料油。为了逃避消费税而不被税务机关发现，石化行业普遍采用油、票分离的销售模式。具体来说，油品卖方（可能是原油开采/进口企业，也可能是石油贸易企业）联络好成品油最终采购企业，双方谈妥交易价格，并最终向成品油买方交付货物。在交易过程中，炼油的环节（包括原油开采/进口企业完成炼油后直接对外销售成品油以及由炼油厂将化工产品生产为成品油两类情况）不开发票或仍开具化工产品发票（无须缴纳消费税），发票经变票企业开具为燃料油发票，并最终开给成品油买方。这就导致油品交易线上实际的油品交易主体与发票上载明的购销交易方出现偏离。

销售成品油是要缴纳消费税的，但如果卖的是化工产品，比如以混合芳烃、沥青、轻循环油、化工轻烃等名义开票，就可以免缴消费税。因此，有的油品经营企业销售成品油，但开的是化工产品的发票。这相当于在账目上，它卖的是免税的化工产品，但实际出货还是成品油。

二、案例的基本情况

金达化工有限公司（以下简称“金达公司”）是石化贸易企业，经营范围包括乙醇、甲醇、苯、甲苯、二甲苯、二氯甲烷、甲醛、液碱（含量>30%）、溶剂油（C4～C12，闭杯闪点≤60%）、石脑油、煤焦油、丙烯、液化天然气（工业用）、混合二甲苯、均三甲苯、均四甲苯、混合苯、过氧化氢（含量<27.5%）、异辛烷、燃料油的销售，提供物流信息服务。

2016 年 8 月，金达公司向上海震华石化能源有限公司购进货物并取得增值税专用发票 28 份，发票上注明的货物名称为“混合芳烃”，共计 6 356 吨，发票不含税金额共计 2 774.91 万元。与此同时，金达公司与重庆中泰新能源有限公司（以下简称“中泰公司”）签订了采购合同，在将上述购进货物售出时，开具增值税专用发票 28 份，发票上注明的货物名称为“混合芳烃（视同石脑油）”，共计 6 356 吨，发票不含税金额共计 2 791.39 万元。2016 年 10 月，荆州市沙市区国家税务局西区税务分局通过税收预警管理系统发现金达公司存在经营异常情况，他们认为金达公司对中泰公司所开具的增值税专用发票按货物名称需要征收消费税，遂于 2016 年 11 月 11 日出具《税务事项通知书》（沙国税西通［2016］43183 号），告知金达公司于 2016 年 11 月 15 日前进行消费税申报。金达公司认为自己不是消费税的纳税义务人，并于 2017 年 1 月 16 日向荆州市沙市区国家税务局提出行政复议申请。该局审查后认定该复议申请已超过法定的申请期限，并于 2017 年 1 月 20 日做出不予受理的决定。金达公司不服，遂诉至荆州市沙市区人民法院。一审法院判决金达公司败诉，金达公司不服判决并上诉至湖北省荆州市中级人民法院，二审法院于 2017 年 11 月 7 日做出判决，维持原判。

三、案例分析

各方观点：

金达公司认为，根据《消费税暂行条例》的规定，消费税的纳税义务人为在中国境内生产、委托加工和进口应税消费品的单位和个人，依据消费税纳税主体和纳税环节的规定，它仅为商品的销售方，不是消费税的纳税义务人，无须进行消费税纳税申报，其销售行为不应缴纳消费税。

税务机关认为，根据《国家税务总局关于消费税有关政策问题的公告》（国家税务总局公告 2012 年第 47 号）的相关规定，金达公司作为非工业企业，将外购的混合芳烃视同石脑油对外销售，应当视为应税消费品的生产行为，需要按规定征收消费税。

工业企业以外的单位和个人的下列行为视为应税消费品的生产行为，按规定征收消费税：

（1）将外购的消费税非应税产品以消费税应税产品对外销售的。

（2）将外购的消费税低税率应税产品以高税率应税产品对外销售的。

法院认为，根据消费税相关法律法规的规定，荆州市沙市区国家税务局西区税务分局责令金达公司办理申报事宜并无不当，金达公司在本案中的销售行为应依法申报缴纳消费税。

四、案例启示

《消费税暂行条例》第一条规定："在中华人民共和国境内生产、委托加工和进口本条例规定的消费品的单位和个人，以及国务院确定的销售本条例规定的消费品的其他单位和个人，为消费税的纳税人，应当依照本条例缴纳消费税。"《消费税暂行条例实施细则》第二条规定，单位是指企业、行政单位、事业单位、军事单位、社会团体及其他单位；个人是指个体工商户及其他个人。在本案中，金达公司以消费税的纳税义务人为石油炼化企业，而它作为商品的销售方，不应成为消费税的纳税义务人为由进行抗辩，认为其不具有申报缴纳消费税的义务。

《国家税务总局关于〈消费税有关政策问题的公告〉的解读》第四条规定，发生消费税应税行为的非工业企业应为消费税纳税人。国家税务总局公告 2012 年第 47 号的第三条第一款规定，工业企业以外的单位和个人将外购的消费税非应税产品以消费税应税产品对外销售的，视为应税消费品的生产行为，按规定征收消费税。如果贸易企业在购销环节开受发票变名的，需要承担消费税的纳税义务。这项规定实际上是对《消费税暂行条例》第一条中"生产"的扩大化解释。虽然根据税收法定原则，税法主体的权利和义务必须由法律加以规定，征纳双方的权利和义务只能以法律规定为依据。从本案来说，消费税的纳税义务人为石油炼化企业，仅对生产环节纳税，石化贸易企业不是法定的消费税纳税人。但根据我国现行的税收法律体系，目前消费税、增值税尚未立法，仅为国务院制定的条例，实践中多为国家税务总局、财政部历年来颁布的规章、内部规范性文件，我们在质疑其数量庞杂、法律层级较低时，不应忽视其弥补立法不足、填补税收征管体系漏洞的功能。

虽然国家税务总局公告 2012 年第 47 号存在诸多问题，但它是现行有效的国家税务总局规定，各地税务机关均应遵照执行。在本案中，金达公司以其并非消费税的纳税人进行抗辩，在现行税法规定的范畴内很难得到税务机关以及司法机关的支持。

我国在践行依法治税、税收法定的同时，确实存在税制立法层次低、部门规范性文件之间也存在大量矛盾和冲突的情形，《最高人民法院关于适用〈中华人民共和国行政诉讼法〉的解释》已公布并即将施行，税务机关在具体处理"变名销售"的涉税案件中应严格遵循"下位法不得与上位法相抵触""法不溯及既往"等法律原则，确保税收行政行为合法。涉税企业应充分行使司法救济程序性和实体性权利，积极进行申辩。

2018 年 1 月 2 日，《国家税务总局关于成品油消费税征收管理有关问题的公告》（国家税务总局公告 2018 年第 1 号）要求所有成品油发票均须通过增值税发票管理新系统中成品油发票开具模块开具，正确选择商品和服务税收分类编码。新规自 2018 年 3 月 1 日起施行，企业应积极学习贯彻国家最新税收政策，严格按照规定使用成品油专用系统取得并开具发票，做好涉税风险管理。

“变名销售”问题凸显，缘于纳税主体偷逃消费税之故意，也由我国现行消费税制没有完善征管漏洞所致。石化贸易企业的涉税风险极高，本案就是很好的说明，税务机关以国家税务总局公告2012年第47号为依据追征石化贸易企业的消费税税款。有鉴于此，石化贸易企业应做好涉税风险管理，积极应对税务稽查检查，从程序和实体权利方面进行救济，并积极申辩。《最高人民法院关于适用〈中华人民共和国行政诉讼法〉的解释》施行后，税收规范性文件难逃司法审查，税务机关应恪守“下位法不得与上位法相抵触”“法不溯及既往”等法律原则，未来消费税的改革应综合考量、科学设计消费税制，完善征税范围、征税环节等规定。

资料来源：刘天永．石化行业突显“变名销售”虚开风险．华税律师事务所，2017-12-07.

第4章 融资决策的税收筹划

教学目的与要求：

本章主要介绍税收筹划在企业融资活动中的具体运用。通过对本章的学习，学生应了解什么是企业的融资行为，能够熟悉常见的企业融资方式。本章的重点和难点是将税收筹划用于企业具体的融资方式中。

思政元素的融入：

本章将结合实现最优资本结构的企业所得税筹划案例，引导学生发现问题、寻找解决对策，培养学生在我国税收法治化进程中的家国情怀和责任担当。

第一节 企业融资方式的税负比较及税收筹划

一、企业的融资方式及税负比较

（一）企业的融资方式

融资决策是任何企业都需要面对的问题，也是企业生存和发展的关键问题之一。融资决策需要考虑众多因素，税收因素就是其中之一。利用不同融资方式、不同融资条件对税收的影响，精心设计企业融资项目，实现企业税后利润或者股东收益最大化，这是税收筹划的任务和目的。

融资在企业的生产经营过程中占据非常重要的地位，融资是企业一系列生产经营活动的前提条件，融资决策的优劣直接影响到企业生产经营的业绩。

1. 吸收直接投资

吸收直接投资是指企业按照“共同投资、共同经营、共担风险、共享收益”的原则，直接吸收国家、法人、个人和外商投资的一种融资方式。吸收直接投资是筹集权益资本的基本方式，包括以货币资产出资、以非货币资产出资。

2. 向金融机构借款

向金融机构借款是指企业根据借款合同从银行或非银行金融机构取得资金的融资方式。向金融机构借款是一种债务融资方式。

3. 融资租赁

融资租赁的主要特征为：租赁物由承租人选择，租赁物的维修保养也由承租人负责，出租人只提供金融服务。融资租赁的租金计算原则为：出租人以租赁物的购买价格为基础，按承租人占用出租人资金的时间为计算依据，根据双方商定的利率计算租金。实际上，融资租赁是依附于传统租赁的金融交易，是一种特殊的金融工具，也是一种融资方式。

4. 发行股票

发行股票是一种权益性融资方式。《中华人民共和国证券法》（以下简称《证券法》）规定，公司公开发行新股，应当具备健全且运行良好的组织机构，具有持续经营能力，财务状况良好，最近 3 年的财务会计报告无虚假记载，无其他重大违法行为以及符合经国务院批准的国务院证券监督管理机构规定的其他条件。

5. 发行债券

发行债券是一种债务融资方式，是指企业以发售公司债券的方式取得资金。按《中华人民共和国公司法》（以下简称《公司法》）》、《证券法》等法律法规的规定，只有股份有限公司、国有独资公司、由两个以上的国有企业或者两个以上的国有投资主体投资设立的有限责任公司，才有资格发行公司债券。

6. 商业信用

商业信用是指企业之间在产品或服务交易中，由于延期付款或延期交货所形成的借贷信用关系。商业信用是由业务供销活动形成的，它是企业短期资金的一种重要和经常性的来源。商业信用是一种债务融资方式。

商业信用的主要形式为：

（1）应付账款。商业信用的条件通常包括以下两种：①有信用期，但无现金折扣。例如，“N/30”表示 30 天内按发票金额付款。②有信用期和现金折扣。例如，“2/10，N/30”表示 10 天内付款享受现金折扣 2%，若买方放弃折扣，30 天内必须付清款项。

（2）预收货款。预收货款是指销货单位按照合同和协议的规定，在发出货物之前向购货单位预先收取部分或全部货款的信用行为。购货单位对于紧俏产品往往乐于采用这种方式购货；销货单位对于生产周期长、造价较高的产品，往往采用预收货款的方式销售货物，以缓解本企业资金占用过多的矛盾。

(二) 税负比较

融资作为一项相对独立的企业活动，对经营收益的主要影响是借助因资本结构变动而产生的杠杆作用进行的。资本结构是企业长期债务资本与权益资本之间的比例构成关系。企业在融资过程中应当考虑以下几方面：①融资活动对于企业资本结构的影响。②资本结构的变动对于税收成本和企业利润的影响。③融资方式的选择在优化资本结构和减轻税负方面对于企业及所有者税后利润最大化的影响。

在市场经济体制下，企业的融资方式主要包括从金融机构借款、从非金融机构借款、发行债券、发行股票、融资租赁、企业自我积累和企业内部集资等。不同融资方式的税收待遇及其税收负担的不同为税收筹划创造了空间。

企业的融资方式大致可以分为债务融资和权益融资。这两种融资方式的税收待遇是不同的，《中华人民共和国企业所得税法》（以下简称《企业所得税法》）第八条规定："企业实际发生的与取得收入有关的、合理的支出，包括成本、费用、税金、损失和其他支出，准予在计算应纳税所得额时扣除。"纳税人在生产经营期间，向金融机构借款的利息支出，按照实际发生数扣除；向非金融机构借款的利息支出，不高于按照金融机构同期同类贷款利率计算的数额以内的部分，准予扣除。通过债务融资方式融资，负债的成本——借款利息可以在税前扣除，从而减轻了企业的税收负担。

《企业所得税法》第十条规定："在计算应纳税所得额时，下列支出不得扣除：（一）向投资者支付的股息、红利等权益性投资收益款项……"由此可见，企业通过增加资本金的方式进行融资所支付的股息或者红利是不能在税前扣除的。因此，仅仅从节税的角度来讲，负债融资方式比权益融资方式更好，但由于各种融资方式还会涉及其他一些融资成本，因而不能仅从税收负担角度来考虑各种融资方式的优劣。

下面分析几种最常见融资方式的税收负担：

（1）发行债券。发行债券逐渐成为大企业融资的主要方式。债券是经济主体为筹集资金而发行的，用以记载和反映债权与债务关系的有价证券。由企业发行的债券称为企业债券或公司债券。对于发行债券的融资方式来说，由于筹资对象广、市场大，比较容易找到能够降低融资成本、提高整体收益的方法。另外，债券的持有者众多，有利于企业利润的平均分担，避免利润过分集中所带来的较重税收负担。

（2）贷款。向金融机构借款也是企业常用的融资方式。由于这种融资方式只涉及企业和金融机构两个主体，因此，如果两者存在一定的关联关系，就可以通过利润的平均分摊来减轻税收负担。当然，这种融资方式需要控制在合理的范围之内，否则有可能受到税务机关针对关联企业转移定价的调整。绝大多数企业和金融机构之间是不存在关联关系的，所以很难利用关联关系来取得税收上的利益。但由于借款利息可以在税前扣除，因而这一融资方式比企业自我积累资金的方式在税收待遇上要优越。

（3）留存收益。企业以自我积累的方式进行融资，所需的时间比较长，无法满足绝大多数企业的生产经营需要。另外，从税收的角度来看，由于自我积累的资金不属于负债，所以不存在用利息抵扣所得额的问题，也就是无法享受税法上的优惠待遇；再加上资金的占用和使用融为一体，因而企业所承担的风险也比较高。

（4）发行股票。发行股票仅属于上市公司可选择的融资方式之一，非上市公司没有权利选择这一融资方式，因而其适用范围相对比较狭窄。发行股票所支付的股息与红利是在税后利润中进行的，因而无法像债券利息或借款利息那样享受抵扣所得额的税收优惠待遇。此外，发行股票的融资成本相对较高，并非大多数企业能够选择的融资方式。当然，发行股票融资也有众多优点，比如发行股票不用偿还本金、没有债务压力。对于企业来说，成功发行股票也是一次非常好的宣传机会，往往会给企业带来其他方面的诸多好处。

二、企业融资决策的税收筹划

（一）长期借款的税收筹划

1. 借款比例的税收筹划

企业的资金来源除权益资本外，主要就是负债。负债一般包括长期负债和短期负债。长期负债与权益资本的比例关系一般称为资本构成。通过长期负债进行融资的好处为：一方面，债务的利息可以抵减应税所得，减少应纳税所得额；另一方面，还体现在通过财务杠杆作用增加权益资本的收益率上。假设企业负债经营，债务利息不变，当利润增加时，单位利润所负担的利息就会相对降低，从而使投资者的收益有更大幅度的提高，这种债务对投资收益的影响就是财务杠杆作用。

仅从节税角度考虑，企业的负债比例越大，节税效果越明显。然而，由于负债比例升高会相应影响将来的融资成本和财务风险，因此，并不是负债比例越高越好。长期负债融资的杠杆作用体现在提高权益资本的收益率以及普通股的每股收益方面，这可以用下述公式表示：

$$\frac{\text{权益资本}}{\text{收益率(税前)}}=\frac{\text{息税前}}{\text{投资收益率}}+\frac{\text{负债}}{\text{权益资本}}\times\left(\frac{\text{息税前}}{\text{投资收益率}}-\frac{\text{负债}}{\text{成本率}}\right)$$

因此，只要企业的息税前投资收益率高于负债成本率，那么增加负债额度、提高负债的比例就会带来权益资本收益率提高的效应，但这种权益资本收益率提高的效应会被企业的财务风险以及融资风险成本的逐渐加大所抵消。当两者达到一个大体的平衡时，也就是达到了增加负债比例的最高限额，超过这个限额，财务风险以及融资风险成本就会超过权益资本收益率提高的收益，并会从整体上降低企业的税后利润，从而降低权益资本收益率，见图 4-1。

法律政策依据

(1)《中华人民共和国企业所得税法》（2007 年 3 月 16 日第十届全国人民代表大会第五次会议通过，2017 年 2 月 24 日第十二届全国人民代表大会常务委员会第二十六次会议第一次修正，2018 年 12 月 29 日第十三届全国人民代表大会常务委员会第七次会议第二次修正）。

(2)《中华人民共和国企业所得税法实施条例》（国务院于 2007 年 12 月 6 日颁布，国务院令［2007］第 512 号，自 2008 年 1 月 1 日起实施）。

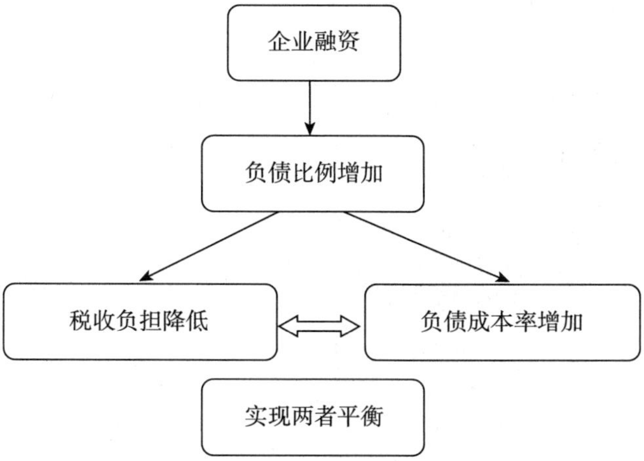

图 4-1　税收筹划图

【例 4-1】 某股份有限公司当年的主营业务收入为 2 000 万元，税前扣除的成本费用为 1 700 万元，计划筹措 1 000 万元资金用于经营，相应制定了甲、乙、丙三种融资方案。这三种方案的借款年利率都为 8%，企业所得税税率都为 25%。请比较这三种融资方案企业所得税税负率的差异。

甲方案：全部 1 000 万元资金都采用权益融资方式，即向社会公开发行股票，每股计划发行价格为 2 元，共计 500 万股，不考虑发行费用。

乙方案：采用负债融资与权益融资相结合的方式，合计融资 1 000 万元。向银行借款 200 万元，同时向社会公开发行股票 400 万股，每股计划发行价格为 2 元。

丙方案：采用负债融资与权益融资相结合的方式，但比例有调整，合计融资 1 000 万元。向银行借款 600 万元，向社会公开发行股票 200 万股，每股计划发行价格为 2 元。

案例解析：

甲方案的相关数据计算如下：

权益融资：1 000 万元

税前利润＝2 000－1 700＝300(万元)

所得税＝300×25%＝75(万元)

净利润＝300－75＝225(万元)

税负率＝75÷2 000×100%＝3.75%

乙方案的相关数据计算如下：

权益融资：800 万元

债务融资：200 万元

利息＝200×8%＝16(万元)

税前利润＝2 000－1 700－16＝284(万元)

所得税＝284×25%＝71（万元）

净利润＝284－71＝213（万元）

税负率＝71÷2 000×100%＝3.55%

丙方案的相关数据计算如下：

权益融资：400 万元

债务融资：600 万元

利息＝600×8%＝48（万元）

税前利润＝2 000－1 700－48＝252（万元）

所得税＝252×25%＝63（万元）

净利润＝252－63＝189（万元）

税负率＝63÷2 000×100%＝3.15%

税负率：

甲方案＝3.75%

乙方案＝3.55%

丙方案＝3.15%

结论：

（1）随着债务融资比例的增加（或权益融资比例的减少），这三种方案的税额变化呈递减趋势，即 75 万元、71 万元、63 万元。

（2）税额递减变化导致税负率呈逐渐降低的趋势。

（3）税额递减或税负率降低是因为债务利息冲减了税前利润，导致计税基数变小。

2. 借款费用的税收筹划

根据现行税法的规定，企业借款的利息在税法规定的限额内可以在计算企业所得税时进行税前扣除，而企业股东的股息必须在缴纳企业所得税后才能予以扣除。因此，当企业需要一笔资金时，采取借债的方式显然比股东投资的方式在税法上有利，股东可以利用这一制度，将部分资金通过借贷的方式投入企业，以减轻税收负担。当然，这种税收筹划的方法必须保持在一定的限度内，否则税务机关有权进行调整。

《企业所得税法》第四十六条规定："企业从其关联方接受的债权性投资与权益性投资的比例超过规定标准而发生的利息支出，不得在计算应纳税所得额时扣除。"债权性投资是指企业直接或者间接从关联方获得的，需要偿还本金和支付利息，或者需要以其他具有支付利息性质的方式予以补偿的融资。企业间接从关联方获得的债权性投资，包括：①关联方通过无关联第三方提供的债权性投资。②无关联第三方提供的、由关联方担保且负有连带责任的债权性投资。③其他从关联方间接获得的具有负债实质的债权性投资。权益性投资是指企业接受的不需要偿还本金和支付利息，投资人对企业净资产拥有所有权的投资。

根据《财政部、国家税务总局关于企业关联方利息支出税前扣除标准有关税收政策问题的通知》(财税［2008］121 号)的规定，在计算应纳税所得额时，企业实际支付给关联方的利息支出，不超过以下规定比例和税法及其实施条例有关规定计算的部分，准予扣除，超过的部分不得在发生当期和以后年度扣除。企业实际支付给关联方的利息支出，其接受关联方债权性投资与其权益性投资的比例为：①金融企业，为 5∶1；②其他企业，为 2∶1。

如果企业能够按照《企业所得税法》及其实施条例的有关规定提供相关资料，并证明相关交易活动符合独立交易原则的；或者该企业的实际税负不高于境内关联方的，其实际支付给境内关联方的利息支出，在计算应纳税所得额时准予扣除。企业同时从事金融业务和非金融业务，其实际支付给关联方的利息支出，应按照合理方法分开计算；没有按照合理方法分开计算的，一律按其他企业的比例计算准予税前扣除的利息支出。企业自关联方取得的不符合规定的利息收入，应按照有关规定缴纳企业所得税。

法律政策依据：

(1)《中华人民共和国企业所得税法》。

(2)《中华人民共和国企业所得税法实施条例》。

(3)《财政部、国家税务总局关于企业关联方利息支出税前扣除标准有关税收政策问题的通知》(财税［2008］121 号)。

债权性融资与股权性融资的比较见图 4－2。

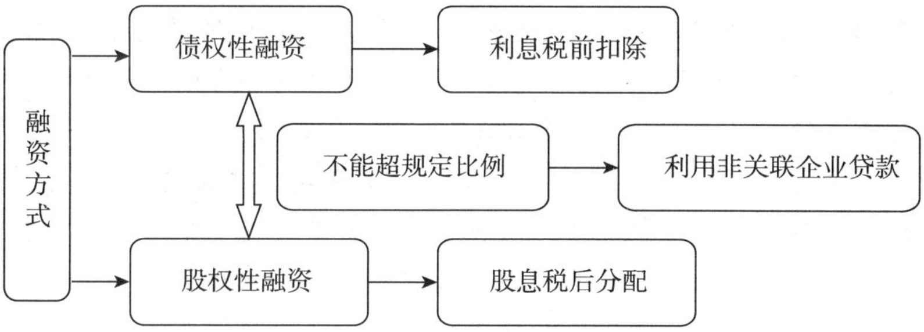

图 4－2　债权性融资与股权性融资

【例 4－2】 W 公司由于资金周转困难，准备向本公司职工筹集资金。W 公司的融资方式分为两种：一是职工入股，假设 W 公司的职工入股 1 000 万元，当年底公司盈利 1 000 万元，缴纳企业所得税 250 万元，年终入股职工分红 100 万元；二是从职工个人借款 1 000 万元，约定年利率 10%。请对这两种融资方式下的总体税负进行比较。

案例解析：

(1) 以股权方式融资：

应缴企业所得税＝1 000×25%＝250(万元)

职工应缴个人所得税＝100×20%＝20(万元)

合计税额＝250＋20＝270(万元)

(2) 以债权方式融资：

应缴企业所得税＝(1 000－100)×25％＝225(万元)

职工应缴增值税＝1 000×10％÷1.03×0.03＝2.91（万元）

职工应缴一税两费＝2.91×12％＝0.35（万元）

职工应缴个人所得税＝(100÷1.03－0.35)×20％＝19.35(万元)

合计税额＝225＋2.91＋0.35＋19.35＝247.61(万元)

(3) 对比这两种融资方式，以债权方式融资比以股权方式融资的总体税负要少。从融资公司的角度看，需要缴纳的企业所得税也是节约的，因为债务利息得到了税前扣除。

【例 4－3】　某公司债权融资的税收筹划案例分析

（一）案例情况

甲公司与中国工商银行签订了借款 5 亿元的合同，年贷款利率为 6％，贷款期限为 5 年，支付的与该笔贷款直接相关的投融资顾问费、手续费、咨询费总计 0.05 亿元。如何进行税收筹划才能使甲公司融资成本的税收负担最低?

（二）进行税收筹划的政策依据

1. 增值税政策

(1) 根据《财政部、国家税务总局关于全面推开营业税改征增值税试点的通知》(财税［2016］36 号）的附件一《营业税改征增值税试点实施办法》第二十七条第（六）款，下列项目的进项税额不得从销项税额中抵扣，即购进的旅客运输服务、贷款服务、餐饮服务、居民日常服务和娱乐服务。

(2) 根据财税［2016］36 号文的附件二《营业税改征增值税试点有关事项的规定》第一条第（四）款第三项：纳税人接受贷款服务向贷款方支付的与该笔贷款直接相关的投融资顾问费、手续费、咨询费等费用，其进项税额不得从销项税额中抵扣。

基于“向贷款方支付的与该笔贷款直接相关的投融资顾问费、手续费、咨询费等费用，其进项税额不得从销项税额中抵扣”，其前提为上述费用是“向贷款方支付的”。如果不是向贷款方支付的，而是向第三方支付的，其进项税额允许在销项税额中抵扣。因此，债权融资所产生的融资利息及向贷款方支付的与该笔贷款直接相关的投融资顾问费、手续费、咨询费等费用，其进项税额不得从销项税额中抵扣。

税收筹划：

因此，在发生债权融资的情况下，应与融资担保公司合作，让融资担保公司提供担保，将向贷款方支付的与该笔贷款直接相关的投融资顾问费、手续费、咨询费等费用变成直接支付给融资担保机构的投融资顾问费、手续费和咨询费，这样可以得到增值税进项税额的抵扣，从而少缴增值税。

（三）税收筹划前的税收成本（不考虑印花税）

甲公司不可抵扣融资财务费用中利息费用的增值税进项税额为：

5÷(1＋6％)×6％＝0.283(亿元)

甲公司不可抵扣融资支付的投融资顾问费、手续费、咨询费中的增值税进项税额为：

0.05÷(1+6%)×6%=0.002 83(亿元)

甲公司在5年中不可抵扣的增值税进项税额（即要多缴纳的增值税税额）为：

0.283×5+0.002 83=1.42(亿元)

（四）税收筹划方案

甲公司应与中国工商银行旗下的子公司或别的融资担保公司合作，让融资担保公司提供担保，将向中国工商银行支付的与该笔贷款直接相关的投融资顾问费、手续费、咨询费等费用变成直接支付给融资担保机构的投融资顾问费、手续费和咨询费，这样可以抵扣增值税进项税额，从而少缴增值税。

（五）税收筹划后的税收成本

甲公司不可抵扣融资财务费用中利息费用的增值税进项税额为：

5÷(1+6%)×6%=0.283(亿元)

甲公司可以抵扣融资支付的投融资顾问费、手续费、咨询费中的增值税进项税额为：

0.05÷(1+6%)×6%=0.002 83(亿元)

经过税收筹划，甲公司可以少缴增值税283 000元。

（二）融资租赁的税收筹划

租赁合同是企业在经营过程中经常使用的一种合同，《中华人民共和国民法典》（以下简称《民法典》）第七百零三条规定："租赁合同是出租人将租赁物交付承租人使用、收益，承租人支付租金的合同。"

租赁可以分为经营租赁和融资租赁。《民法典》中的租赁合同就是经营租赁合同。根据《民法典》第七百三十五条的规定："融资租赁合同是出租人根据承租人对出卖人、租赁物的选择，向出卖人购买租赁物，提供给承租人使用，承租人支付租金的合同。"

一方面，融资租赁具有租赁的一般特点；另一方面，它还具有融资的特点。融资租赁是通过"融物"的形式来达到融资的目的，因而融资租赁也是企业融资的一种重要方式。典型的融资租赁由三方当事人和两个合同组成，即由出租人与供货人签订的购货合同和出租人与承租人签订的租赁合同组成。

在实际操作中，一般把符合下列条件之一的租赁认定为融资租赁：①租赁期满，租赁物的所有权无偿转移给承租人，或者承租人有权按照象征性的低于正常价值的价格购买租赁物。②租赁期超过租赁物寿命的75%。③租金的现值不超过租赁物合理价值的90%。

企业要引进一台新设备，主要有三种方式：用自有资金购买、用长期贷款购买和用融资租赁方式租赁。这三种方式均能实现增加生产设备的目的，它们的效果相同，但不同融资方式所引起的净现金流量不同。除了典型的融资租赁方式以外，企业在税收筹划时还可以考虑一些特殊的融资租赁方式。

特殊的融资租赁是在典型的融资租赁基础之上加上一些特殊的做法演化而来的，如转租赁、回租租赁、卖方租赁、营业合成租赁、项目融资租赁、综合租赁和杠杆租赁。其中，在国际经济活动中应用最普遍的是杠杆租赁。杠杆租赁，又称平衡租赁，是指租赁物的小部分购置成本（一般为20%～40%）由出租人出资，大部分（一般为60%～80%）由银行等金融机构提供贷款的一种租赁方式。

自20世纪60年代以来，西方许多国家为了鼓励设备投资，给予设备购买人投资抵扣、加速折旧等税收优惠。对于出租人而言，采用杠杆租赁，既可以获得贷款人的信贷支持，又可以取得税收优惠待遇；对于贷款人而言，其收回贷款的权利优先于出租人取得租金的权利，而且有租赁物作为担保，因而贷款风险大大降低；对于承租人而言，由于出租人和贷款人都可以获得较普通租赁和贷款更高的利润，因而它们往往将这部分收益通过降低租金的方式部分转移给承租人，所以承租人也获得了利益。正是由于杠杆租赁具有众多优势，因此它在国际租赁市场上获得迅速推广。国内企业也可以借鉴这种融资方式来获得最佳的融资收益，见图4-3。

法律政策依据：

(1)《中华人民共和国民法典》(2020年5月28日第十三届全国人民代表大会第三次会议通过，自2021年1月1日起施行）第七百零三条和第七百三十五条。

(2)《中华人民共和国企业所得税法》。

(3)《中华人民共和国企业所得税法实施条例》。

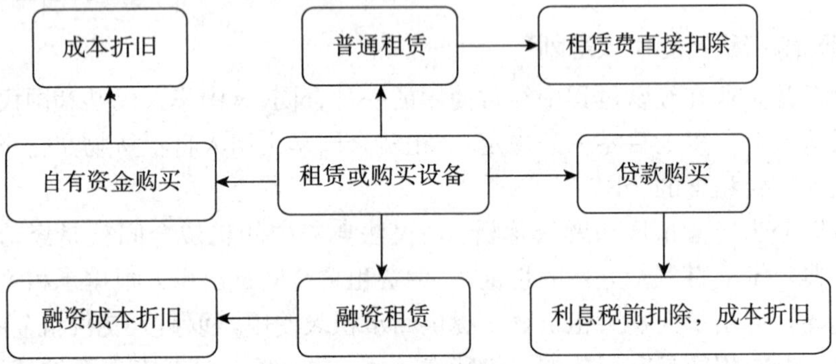

图4-3 融资租赁税收筹划

【例4-4】 某企业计划添置一台设备，总共需要资金200万元，预计使用寿命为6年，净残值为8万元；采用平均年限法，折现系数为10%。该企业有下述三种方案可供选择：第一种方案是用自有资金购买；第二种方案是贷款购买，银行提供5年期的长期贷款，每年偿还40万元本金及利息，利率为10%；第三种方案是融资租赁，5年后取得设备所有权，每年支付租赁费40万元，手续费为1%，融资利率为9%。请比较这三种方案，并提出适用的税收筹划方案。

筹划方案：

第一种方案的现金流出量现值见表4-1。

表 4-1　现金流出量现值（一）　　单位：万元

年份	购买成本	折旧额	节税额	税后现金流出量	折现系数	税后现金流出量现值
①	②	③	④=③×25%	⑤=②-④	⑥	⑦=⑤×⑥
第1年年初	200			200		200
第1年年末		32	8	-8	0.91	-7.28
第2年年末		32	8	-8	0.83	-6.64
第3年年末		32	8	-8	0.75	-6
第4年年末		32	8	-8	0.68	-5.44
第5年年末		32	8	-8	0.62	-4.96
第6年年末		32	8	-8	0.56	-4.48
				-8	0.56	-4.48
合计	200	192	48	144		160.72

第二种方案的现金流出量现值见表 4-2。

表 4-2　现金流出量现值（二）　　单位：万元

年份	偿还本金	利息	本利和	折旧费	节税额	税后现金流出量	折现系数	税后现金流出量现值
①	②	③	④=②+③	⑤	⑥=(③+⑤)×25%	⑦=④-⑥	⑧	⑨=⑦×⑧
1	40	20	60	32	13	47	0.91	42.77
2	40	16	56	32	12	44	0.83	36.52
3	40	12	52	32	11	41	0.75	30.75
4	40	8	48	32	10	38	0.68	25.84
5	40	4	44	32	9	35	0.62	21.70
6				32	8	-8	0.56	-4.48
						-8	0.56	-4.48
合计	200	60	260	192	63	189		148.62

第三种方案的现金流出量现值见表 4-3。

表 4-3　现金流出量现值（三）　　单位：万元

年份	租赁成本	手续费	融资利息	融资总成本	折旧费	节税额	税后现金流出量	折现系数	税后现金流出量现值
①	②	③=②×1%	④	⑤=②+③+④	⑥	⑦=(③+④+⑥)×25%	⑧=⑤-⑦	⑨	⑩=⑧×⑨
1	40	0.4	18	58.4	32	12.6	45.8	0.91	41.68
2	40	0.4	14.4	54.8	32	11.7	43.1	0.83	35.77

续表

年份	租赁成本	手续费	融资利息	融资总成本	折旧费	节税额	税后现金流出量	折现系数	税后现金流出量现值
①	②	③=②×1%	④	⑤=②+③+④	⑥	⑦=(③+④+⑥)×25%	⑧=⑤-⑦	⑨	⑩=⑧×⑨
3	40	0.4	10.8	51.2	32	10.8	40.4	0.75	30.30
4	40	0.4	7.2	47.6	32	9.9	37.7	0.68	25.64
5	40	0.4	3.6	44	32	9	35	0.62	21.70
6					32	8	-8	0.56	-4.48
							-8	0.56	-4.48
合计	200	2	54	256	192	62	186		146.13

通过分析这三种方案可以看出，仅从节税的角度来看，用贷款购买设备所享受的税收优惠最大，因为这部分资金的成本（贷款利息）可以在税前扣除，而用自有资金购买设备就不能享受税前扣除的待遇，因而获得的税收优惠是最小的。

针对这一案例的分析也充分体现了前面对相关问题的分析结论。例如，利用自有资金实现融资目的，无法享受债权性融资产生的税盾效应，因而通过负债的方式实现融资目的是较优的选择。在负债融资的方式中，若偿还贷款的方式不同，企业获得的效益也不同，本案例假设偿还贷款的方式是效益最佳的方式。在贷款融资和融资租赁的比较中，后者一般较优，但仍需具体比较和分析租赁期间、偿还贷款的时间、融资的利率和贷款的利率等主要指标。一般来说，时间越长、利率越低，则税收利益就越大。

（三）权益融资的税收筹划

1. 发行股份的税收规定

公司发行股份（包括有限责任公司的股东向公司出资和股份有限公司发行股份）有平价发行和溢价发行两种。

平价发行是指以股本额为价格发行股份，相应的财务处理是将所有股东对公司的出资额全部登记为公司的实收资本。从实务来看，新设有限责任公司股东出资和有限责任公司的股东按照原有的持股比例向公司增资的多为平价发行。在平价发行的情况下，融资公司将股东的出资额全部登记为实收资本。

【例4-5】 按照乙公司章程的约定，甲公司作为乙公司的创始人之一，向乙公司出资1 000万元，持有乙公司10%的股权。甲公司出资的1 000万元全部作为乙公司的实收资本。乙公司的账务处理如下：

借：银行存款　　　　1 000万元

　贷：实收资本——甲公司　　　　1 000万元

溢价发行是指融资公司以高于股本的价格发行股份，相应的财务处理是将收到的货币出资额中的一部分登记为融资公司的实收资本，其余登记为融资公司的资本公积金。

无论是有限责任公司还是股份有限公司都可以平价发行股份，也可以溢价发行股份，但不可以折价发行股份。根据《公司法》第一百六十七条的规定，股份有限公司以超过股票票面金额的发行价格发行股份所得的溢价款以及国务院财政部门规定列入资本公积金的其他收入，应当列入公司资本公积金。从实务来看，公开发行股票的股份公司和股东以外的人向有限责任公司增资多为溢价发行。在溢价发行的情况下，融资公司将股东缴付的一部分出资登记为实收资本，另一部分登记为资本公积金。

【例4-6】 A公司持有B公司（有限责任公司）100%的股权，B公司的注册资本为1 000万元，股东权益为2 000万元。C公司与A公司协商一致，由C公司向B公司增资。经协商，B公司的全部资本（净资产）作价4 000万元，C公司需要出资4 000万元才能持有增资后的B公司50%的股权。在C公司出资完成后，B公司的注册资本增加至2 000万元，股东权益增加至6 000万元。双方的财务处理如下：

（1）新股东C公司。

借：长期股权投资(B公司)　　　　4 000万元

　贷：银行存款　　　　4 000万元

（2）融资方B公司。

借：银行存款　　　　4 000万元

　贷：实收资本——C公司　　　　1 000万元

　　资本公积　　　　3 000万元

在融资公司平价发行股份的情况下，融资方不会发生企业所得税的纳税义务；在融资公司溢价发行股份的情况下，融资方虽获得溢价款，但依法应当确认为资本公积金，也不会产生企业所得税的纳税义务。

【例4-7】 自然人甲和自然人乙在2000年出资100万元设立A公司。2002年，A公司虽取得不错的经营业绩，但因资金困难、发展遇到瓶颈，甲和乙有意吸纳B公司投资A公司，以解决资金问题。B公司认为A公司有较好的发展基础和前景，符合并购要求。经双方协商一致，由B公司对A公司进行增资并购。并购后，B公司持有A公司80%的股权，甲和乙合计持有20%的股权。在评估的基础上，经双方协商同意，A公司的全部资产（净资产）作价200万元，B公司向A公司投入800万元，全部以货币方式出资。

双方订立了增资协议，并修改了A公司的章程。在B公司的投资全部到位后，A公司进行了验资，并进行了工商变更登记。在增资完成后，A公司的注册资本和实收资本由100万元变更为500万元。其中，甲、乙出资100万元，持有A公司20%的股权，B公司出资400万元，持有A公司80%的股权。在B公司投入的800万元中，除400万元登记为实收资本外，其余400万元登记为A公司的资本公积金。通过对A公司的增资，B公司实现了对A公司的控制，而A公司解决了资金缺口，也取得了长足发展。

2. 转增资本的所得税事项

转增资本是公司用未分配利润、盈余公积金、资本公积金转增公司的注册资本，这种增资在股份公司称为公司向股东派发红股，在有限责任公司一般称为转增资本。转增资本的意义在于可以使本来要流出企业的资源不再流出，也可能是出于其他需求，比如为了满足公司对注册资本的要求。

转增资本不是交易，股东之间没有利益冲突，因而无须评估协商作价，甚至不用订立增资协议，只要公司的权力机构做出决议即可。转增资本属于股东用留存在公司的财产权利出资，由于转增资本的财产来源不同，从而导致不同来源或者不同主体转增资本的税收成本不同。

（1）留存收益转增资本的所得税问题。未分配利润是企业未做分配的利润，它可以在以后年度继续进行分配。在进行分配前，未分配利润属于所有者权益的组成部分，也是企业财产中属于股东的部分。从数量上说，未分配利润等于期初上年结转的未分配利润加上本期实现的净利润之和。

盈余公积金包括法定盈余公积金和任意盈余公积金，都是企业利润在完税后、分配前提取的，都可以转增资本。《公司法》第一百六十八条规定："法定公积金转为资本时，所留存的该项公积金不得少于转增前公司注册资本的百分之二十五。"

由于未分配利润和盈余公积金都是企业完税后的利润，因而两者转增资本属于公司用留存收益转增资本，两者所涉及的所得税事项是一致的，以股份（股权）方式接受利润分配的股东是否应该缴纳所得税，应当根据股东的身份和现行税法的规定进行判断。

1）法人股东的所得税问题。根据《企业所得税法》第二十六条的规定，"符合条件的居民企业之间的股息、红利等权益性投资收益"为企业的免税收益，无须对此收益缴纳企业所得税。因此，中国居民企业从中国居民企业分配取得的股息、红利，包括以股份（股权）形式分配取得的利润和盈余公积金，居民企业享受免缴企业所得税的税收优惠政策。在公司以转增资本方式向股东分配股权（股份）的情况下，转赠资本的价值是公司已完税的收益，法人股东从被投资方取得的这部分收益，依照现行《企业所得税法》的规定享受免缴企业所得税的优惠政策。

虽然公司用留存收益转增资本，法人股东无须为分得的股份（股权）缴纳企业所得税，但可以根据增资额调增该项长期股权投资的计税基础。这是因为作为股东的居民企业从被投资企业取得了收入，需要进行财务确认，不缴税是因为这项收益是免税收入。

【例 4-8】 甲公司向乙公司投资 1 000 万元，持有乙公司 20%的股权。在投资时，甲公司的账务处理如下：

借：长期股权投资（乙公司）　　1 000 万元

　贷：银行存款　　1 000 万元

两年以后，乙公司用 1 000 万元的未分配利润转增公司的注册资本，甲公司分享乙公司新增资本的 20%。甲公司的账务处理如下：

借：长期股权投资（乙公司）　　200 万元

　贷：投资收益　　200 万元

此时，甲公司对乙公司长期股权投资的计税基础就由原来的 1 000 万元调增至 1 200 万元。未来，如果甲公司转让其持有的乙公司 20%的股权，那么计算股权转让的应纳税所得额就不是 1 000 万元，而是 1 200 万元。

因此，公司以留存收益转增资本，属于向股东分配利润，符合条件的法人股东享受免缴企业所得税的优惠政策，但可以相应调增该长期股权投资的计税基础。

2）自然人股东的所得税问题。根据《个人所得税法》的规定，利息、股息、红利所得以每次收入额为应纳税所得额，按照20%的税率征收个人所得税。

公司将从税后利润中提取的法定公积金和任意公积金转增资本，实际相当于该公司用盈余公积金向股东分配了股息、红利，股东再以分得的股息、红利增加资本。因此，对属于自然人股东分得并再投入公司，用于转增资本的部分应按照“利息、股息、红利所得”项目征收个人所得税。该税款由股份有限公司在有关部门批准增资、公司股东大会决议通过后代扣代缴。

《国家税务总局关于进一步加强高收入者个人所得税征收管理的通知》（国税发［2010］54号）第二条第二款第一项“加强股息、红利所得征收管理”规定：重点加强股份有限公司分配股息、红利时的扣缴税款管理，对在境外上市公司分配股息红利，要严格执行现行有关征免个人所得税的规定。加强企业转增注册资本和股本管理，对以未分配利润、盈余公积金和除股票溢价发行外的其他资本公积金转增注册资本和股本的，要按照“利息、股息、红利所得”项目，依据现行政策规定计征个人所得税。

《国家税务总局关于股权奖励和转增股本个人所得税征管问题的公告》（国家税务总局公告2015年第80号）规定：非上市及未在全国中小企业股份转让系统挂牌的中小高新技术企业以未分配利润、盈余公积金、资本公积金向个人股东转增股本的，纳税人可分期缴纳个人所得税；非上市及未在全国中小企业股份转让系统挂牌的其他企业转增股本，应及时代扣代缴个人所得税。

上市公司或在全国中小企业股份转让系统挂牌的企业转增股本（不含以股票发行溢价形成的资本公积金转增股本），按现行有关股息红利差别化政策执行。

【例4-9】 某软件公司主要生产开发各种办公软件，是由10名自然人股东发起设立的有限责任公司。在公司设立时，每名股东等额出资50万元，该公司的注册资本为500万元。自2009年12月成立以来，该公司发展迅速，至2015年末累计实现利润1 500万元，其中的600万元计入盈余公积金，其余900万元为未分配利润。从2015年末开始，该公司筹划在新三板上市，并进行了股权改革。2016年6月，其所在地的税务稽查局对该公司依法进行了税务稽查。

税务人员认真查阅了企业董事会决议、总经理办公会记录、股利分配相关问题纪要、公司高层管理人员内部报告等材料后发现，该公司董事会于2015年12月30日做出决定，首先进行企业改制，将公司的经济性质由有限责任公司变更为股份有限责任公司；然后进行增资扩股，除将实收资本转换为股本外，还将600万元盈余公积金和900万元未分配利润全部转为股本，并于2016年1月办理了相关手续。经查，该公司并没有对增资扩股业务代扣代缴自然人股东的个人所得税。

税务人员指出，该公司以留存收益转增资本的增资扩股行为应代扣代缴自然人股东的个人所得税。公司财务人员提出，公司没有向自然人股东支付任何现金，不需要代扣代缴个人所得税。

根据上述规定，该公司以留存收益转增资本，要按照“利息、股息、红利所得”项目，依据现行政策规定代扣代缴个人所得税。个人获得的股息、红利所得，以每次收入额为应纳税所得额，适用20%的税率。

该公司应代扣代缴的个人所得税=(600+900)×20%=300(万元)

税务稽查处理结果：

第一，根据《中华人民共和国个人所得税法》和《中华人民共和国个人所得税法实施条例》的相关规定，要求该公司补缴应代扣代缴的个人所得税300万元。

第二，根据《中华人民共和国税收征收管理法》第三十二条的规定，从滞纳税款之日起，按日加收滞纳税款万分之五的滞纳金。

(2) 资本公积金转增资本的所得税问题。

1) 法人股东的所得税问题。《国家税务总局关于贯彻落实企业所得税法若干税收问题的通知》(国税函［2010］79号) 规定：企业权益性投资取得股息、红利等收入，应以被投资企业股东会或股东大会做出利润分配或转股决定的日期，确定收入的实现。被投资企业将股权（票）溢价所形成的资本公积金转为股本的，不作为投资方企业的股息、红利收入，投资方企业也不得增加该项长期投资的计税基础。

在企业用资本公积金转增资本的情况下，对于接受资本公积金转增资本所形成股份（股权）的股东，不应当调增该长期股权投资的计税基础。这是因为在股东进行投资的时候，已将构成资本公积金的溢价投入确认为长期股权投资，再确认一次就是重复确认。

【例4-10】 甲公司发行股票，每股的成本为1元，发行价格为3元。乙公司购买了1 000万股，支出3 000万元。此时，甲公司的账务处理如下：

借：银行存款　　3 000万元
　贷：股本——乙公司　　1 000万元
　　　资本公积　　2 000万元

法人股东乙公司的账务处理如下：

借：长期股权投资　　3 000万元
　贷：银行存款　　3 000万元

现在，甲公司用资本公积金转增股本，向乙公司派股1 000万股，乙公司不能增加长期股权投资的计税基础，该长期股权投资的计税基础仍为3 000万元。

2) 自然人股东的所得税问题。资本公积金是指股份制企业因股票溢价发行收入而形成的资本公积金。将此转增股本并由个人取得的数额，不作为应税所得征收个人所得税。与此不符的其他资本公积金分配后的个人所得部分，应当依法征收个人所得税，包括企业接受捐赠、拨款转入、外币资本折算差额、资产评估增值等形成的资本公积金转增个人股本，都要征收个人所得税。

《财政部、国家税务总局关于将国家自主创新示范区有关税收试点政策推广到全国范围实施的通知》(财税［2015］116号）及《国家税务总局关于股权奖励和转增股本个人所得税征管问题的公告》(国家税务总局公告2015年第80号）均规定，非上市及未在全国中小企业股份转让系统挂牌的其他企业转增股本，应及时代扣代缴个人所得税。也就是说，除上市公司及新三板挂牌公司外，其他企业（包括所有的有限责任公司）的资本公积金（包括资本溢价）转增股本均需缴纳个人所得税。

因此，根据相关税收法规的规定，股份制企业用资本公积金转增股本不属于股息、红利性质的分配，对个人取得的转增股本数额，不作为个人所得，不征收个人所得税。这里的“资本公积金”是指股份制企业股票溢价发行收入所形成的资本公积金，而对以未分配利润、盈余公积金和除股票溢价发行外的其他资本公积金转增注册资本和股本的，要按照“利息、股息、红利所得”项目，依据现行政策规定计征个人所得税。

【例4－11】 有限责任公司资本公积金转增股本补缴个税756万元——并购税务争议

案情简介：

近两年，北京某企业的利润率保持在20%左右，企业正计划上市。该企业的股本由875万元增加至7 000万元。其中，有6 125万元为资本公积金转增股本；7名自然人股东的股本由540万元增加到4 320万元，但没有缴纳相关个人所得税的记录。

稽查始末：

2015年，第六稽查局对税务登记中注册资本增加，但没有缴纳印花税记录的企业开展约谈。通过对企业上报的财务报表进行审阅，发现在企业的所有者权益中，股本科目金额变动较大，由875万元增加至7 000万元。其中，有6 125万元为资本公积金转增股本；7名自然人股东的股本由540万元增加到4 320万元，但没有缴纳相关个人所得税的记录。

该企业认为：按照《国家税务总局关于股份制企业转增股本和派发红股征免个人所得税的通知》（国税发［1997］198号）规定的“股份制企业用资本公积金转增股本不属于股息、红利性质的分配，对个人取得的转增股本数额，不作为个人所得，不征收个人所得税”，以及《国家税务总局关于原城市信用社在转制为城市合作银行过程中个人股增值所得应纳个人所得税的批复》（国税函［1998］289号）关于“资本公积金”是指股份制企业股票溢价发行收入所形成的资本公积金。该转增股本的资本公积金，属于股本溢价发行形成的资本公积金，不应缴纳个人所得税。

检查人员对该企业资本公积金的形成开展了更加细致的检查。通过调取投资协议等资料，发现该企业的资本公积金形成于2013年，是一家医药公司通过直接股权投资形成的，没有股票发行过程，属于由投资者投入形成的资本公积金增加，而非股票溢价发行形成的，不符合上述文件的要求，应缴纳个人所得税。

与此同时，检查人员还针对企业提出的再次转让导致重复征税的忧虑进行了解释，说明再次转让时，本次缴纳了个人所得税的转增额可计入股权原值。经过反复的政策解释，该企业最终认可了税务机关的观点，并接受了补缴个人所得税756万元、罚款378万元的处罚决定。

案例启示：

（1）《国家税务总局关于进一步加强高收入者个人所得税征收管理的通知》（国税发［2010］54号）第二条第二款第一项规定，加强股息、红利所得征收管理。重点加强股份有限公司分配股息、红利时的扣缴税款管理，对在境外上市公司分配股息红利，要严格执行现行有关征免个人所得税的规定。加强企业转增注册资本和股本管理，对以未分配利润、盈余公积金和除股票溢价发行外的其他资本公积金转增注册资本和股本的，要按照“利息、股息、红利所得”项目，依据现行政策规定计征个人所得税。

（2）在现行的个人所得税政策中，仅规定“股份制企业股票溢价发行收入所形成的资本公积金”转增股本，不征收个人所得税，有限责任公司的股权溢价形成的资本公积金转增股本，不在不征个人所得税的范围之内。

（3）当然，同为投资者投入的资本溢价，由于被投资企业组织形式的不同，原有的自然人股东分别适用不同的个人所得税待遇，这在某种程度上也存在税负不公平的问题；另外，在转股时，由于自然人股东并没有实际取得货币资金，若马上征收20%的个人所得税，纳税人也存在筹集纳税资金困难的问题。这些问题需要在以后的税收政策中进一步明确和完善。

【例 4－12】　股权融资：企业 IPO 时需要注意的税收问题

案情简介：

B有限责任公司主营冰箱塑料部件的研发、生产和销售，其 IPO 于 2018 年 6 月被否。

B有限责任公司在上市前（即 2016 年 6 月 6 日），经临时股东会审议通过，由公司原股东作为发起人，以截至 2016 年 4 月 30 日的公司账面净资产按比例折股，其余净资产计入资本公积金，依法整体变更为股份有限公司。

证监会发审委对其提出的主要涉税问题是：发行人（自然人股东）未就 2016 年发行人股改中的资本公积金转增股本缴纳个人所得税。

涉税风险点：

自然人股东在股改中未缴税：一些企业在从有限责任公司整体变更为股份有限公司的过程中，其净资产折股后未缴纳个人所得税，致使 IPO 被否。

第二节　企业资本结构的税收筹划

企业资本由权益资本和债务资本构成。权益资本是所有者投入的资本，包括投入的资本金、资本公积金、盈余公积金和未分配利润等；债务资本是来自资本市场、银行、关联企业的融资以及在正常经营过程中形成的短期债务等。在企业的生产经营所用资金中，债务资本与权益资本的比率反映了企业资本结构的优劣状况。

一、资本结构税收筹划的理论基础

（一）MM 理论

1958 年，诺贝尔经济学奖获得者、美国经济学家弗兰科·莫迪利安尼和默顿·米勒在《美国经济评论》上发表了《资本成本、公司财务和投资理论》一文，标志着现代资本结构研究的开始。他们的理论被称作 MM 定理，主要内容为：

（1）在无公司税的情况下，企业的价值与资本结构无关，即负债企业的价值（VL）等于无负债企业的价值（VU）。如果企业的资本结构中有更多的债务，企业的价值（息税前利润与加权平均资本成本之比）并不会增加，因为较多的债务会引起风险的增加，从而抵销了权益成本的增加。他们认为，企业的价值和其加权平均资本成本不会因资本结构而变化。

（2）在有公司税的情况下，债务会增加企业的价值。其原因为：利息是纳税可抵扣费用，因而更多的经营收益流到了投资者手中。1963 年，他们发表了第二篇文章，加入了公司税存在的条件。他们认为负债企业的价值等于无负债企业的价值加杠杆的利得，即

$$\mathrm{VL}=\mathrm{VU}+TD$$

杠杆的利得为纳税节省价值，又称税盾效应（tax shield），即公司税率（T）与债务额（D）的乘积。由于 $1-T$ 小于 1，所以公司税引起的股本成本上升的速度会低于杠杆增长的速度。税率会减少债务的实际成本，从而企业的价值会随着杠杆程度的增加而增加。

（二）权衡理论

权衡理论（trade-off theory）就是在负债的税收利益和预期破产成本之间权衡企业的最优资本结构。权衡理论通过放宽 MM 理论完全信息以外的各种假定，考虑在税收、财务困境成本、代理成本分别或共同存在的条件下，资本结构如何影响企业的市场价值。权衡理论认为：负债可以抵税，负债成本随着负债比率的增大而上升，在达到一定程度时，息税前盈余会下降，同时企业负担破产成本的概率会增加；当边际负债抵税收益恰好与边际破产成本相等时，企业的价值最大，达到最佳资本结构。破产成本包括财务拮据成本（破产纠纷期间机器生锈、建筑物失修、存货过期等；律师、法庭收费；破产企业经理的短期行为；公司陷入财务困境后，客户和供应商的逃避行为）和代理成本（债券保护性条款使企业衍生的效率降低和衍生的监督成本）。

权衡理论的结论公式

权衡理论认为，负债企业的价值等于无负债企业的价值加上税负节约，再减去财务拮据成本的现值和代理成本的现值。最优资本结构处于税负成本节约与财务拮据成本和代理成本相互平衡的点上。

$$V(a)=\mathrm{Vu}+\mathrm{TD}(a)-C(a)$$

式中，V 为有负债企业的价值；Vu 为无负债企业的价值；TD 为有负债企业的税收利益；C 为破产成本；a 为举债企业的负债资本比。

根据权衡理论，Vu 是不变的常量，而 TD 和 C 都是 a 的增函数。在 a 较小时，TD 的增速高于 C 的增速，此时企业继续举债是有利的；但随着 a 的增加，当 TD 的增速等于 C 的增速时，企业的举债比例达到临界点，此时企业的价值最大。

二、最佳资本结构的税收筹划

融资决策的税收筹划应着重考虑融资方式对企业预期收益与税负水平的影响，以及如何进行资本配置才能在降低企业税负的同时达到企业价值的最大化。

负债资本比的过分增长，将提高资金总成本，导致企业所有者权益的减少。根据著名的税负利益-破产成本权衡理论（即 MM 理论），负债可以给企业带来税盾效应，但各种负债成本也会随负债比率的增大而上升。当税盾效应与破产成本相等时，资本结构达到最佳点，企业价值最大。如果再增加负债资本，将会使破产成本大于税盾效应，导致企业价值的降低。因此，不能只关注融资方案的所得税，应以企业能否获得税后最大收益作为选择融资方案的标准。

因此，企业在融资时应考虑以下内容：

（1）债务资本的筹集费用和利息可以在所得税前扣除，而权益资本只能扣除筹集费用，股息不能作为费用列支，只能在企业税后利润中进行分配。因此，企业在确定资本结构时必须考虑债务资本比。通过举债方式筹集一定的资金，企业可以获得节税利益。

（2）企业在进行融资税收筹划时，除了要考虑企业的节税金额和税后利润外，还要对企业的资本结构进行通盘考虑。例如，虽然较高的资产负债比会带来高收益，但会相应加大企业的财务风险。

（3）在权益资本的筹集过程中，企业应更多地利用留存收益，因为使用企业留存收益所受的限制较少，具有更大的灵活性，而且没有筹资费用、不会分散股东控制权、财务负担和风险都较小。

【例 4－13】 某股份公司的资本结构备选方案见表 4－4。

表 4－4 不同资本结构的收益比较

项目	方案 A	方案 B	方案 C	方案 D	方案 E
负债资本比	0	1∶1	2∶1	3∶1	4∶1
负债成本率（%）	—	6	7	9	10.5
投资收益率（%）	10	10	10	10	10
负债金额（元）	0	3 000	4 000	4 500	4 800
权益资本金额（元）	6 000	3 000	2 000	1 500	1 200
普通股股数（万股）	60	30	20	15	12
息税前利润额（元）	600	600	600	600	600
减：负债利息（元）	—	180	280	405	504
税前息后利润（元）	600	420	320	195	96
所得税税率（%）	25	25	25	25	25
应纳税所得额（元）	150	105	80	48.75	24

续表

项目	方案A	方案B	方案C	方案D	方案E
息税后利润（元）	450	315	240	146.25	72
权益资本收益率（%）	7.5	10.5	12	9.75	6
普通股每股收益（元）	7.5	10.5	12	9.75	6

从以上五种备选方案可以看出，方案B、方案C、方案D、方案E利用了负债融资方式，由于负债利息可以在税前扣除，因而降低了企业所得税的税收负担。其中，方案B、方案C、方案D的权益资本收益率和普通股每股收益均高于完全靠权益资本融资的方案A。

在上述备选方案中，假设随着企业负债比例的不断提高，企业的融资成本也在不断提高，反映在表格中就是负债成本率不断提高。这一假设是符合现实的。正是由于负债成本率的不断提高，增加的债务融资成本逐渐超过因其抵税作用带来的收益。在这种情况下，通过增加负债比例进行税收筹划的空间就不存在了。上述五种备选方案所带来的权益资本收益率和普通股每股收益的变化充分说明了这一规律。

从方案A到方案C，随着企业负债比例的不断提高，权益资本收益率和普通股每股收益也在不断提高，说明税盾效应处于明显的优势。但从方案C到方案D，出现了权益资本收益率和普通股每股收益逐渐下降的趋势。此时起主导作用的因素已开始向负债成本转移，税盾效应已受到削弱与抵消，但与完全采用股权融资的方案A相比，仍是有利可图的。到方案E时，税盾效应完全被负债成本的增加所抵消，而且负债成本已经超过税盾效应了，因此，方案E的权益资本收益率和普通股每股收益已低于完全不进行负债融资时（即方案A）的收益了，此时负债所带来的就不是收益而是成本了。

该案例再次证明：只有当企业的息税前投资收益率高于负债成本率时，增加负债比例才能提高企业的整体效益；否则，就会降低企业的整体效益。

第三节　关联方借款的资本弱化管理

资本结构中的债务与资本比例适当，可以保证企业生产经营和防范市场风险的资金需求，并获得财务上的良性效应，即资本结构的优化；如果债务资本超过权益资本过多，两者的比例失调，就会产生资本弱化的现象。税务机关按照《企业所得税法》第四十六条的规定，对企业接受关联方的债权性投资与权益性投资的比例是否符合规定比例或独立交易原则进行审核评估和调查调整等工作，称为资本弱化管理。

一、资本弱化的含义及产生的原因

(一)资本弱化的含义

资本弱化(thin capitalization),又称资本隐藏、股份隐藏或收益提取,是指企业和企业的投资者为了最大化自身利益或其他目的,在融资和投资方式选择上,通过降低资本中股权的比重、提高贷款的比重而造成的企业负债与所有者权益的比率超过一定限额的现象。根据经济合作与发展组织(OECD)的解释,企业权益资本与债务资本的比例应为1∶1,当权益资本小于债务资本时,即为资本弱化。

目前,在各国税制中,利息负担一般可在企业所得税税前扣除,从而使借款利息具有一种税盾效应。企业出于减轻税收负担的动机,就有可能操纵融资方式,提高债务资本在总资本中的比重,形成资本弱化。因为债务人支付给债权人的利息属于财务费用,可以在企业所得税税前扣除,而支付给股东的股息一般不得税前扣除。企业为了加大税前扣除、减少应纳税所得额,在融资时多采用债务融资而不是权益融资的方式,以达到避税的目的。

(二)资本弱化产生的原因

从税收上考虑,造成资本弱化的原因有两个:

首先,因为债务人支付给债权人的利息可以在税前扣除,而股东获得的收益(即股息)却不能在税前扣除,所以从税收的角度来说,选择借债的融资方式比发行股票的融资方式更具优势。

其次,大多数国家对非居民纳税人获得的利息征收的预提所得税税率,通常要比对股息征收的企业所得税税率低,所以采用债权投资比采用股权投资的税负低。对于债务人和债权人同属于一个利益集团的跨国公司来说,就有动机通过操纵融资方式来降低集团整体的税收负担。纳税人在为投资经营筹措资金时,常常刻意设计资金来源结构,千方百计地进行举债投资,以加大借入资金的比例、扩大债务资本与权益资本的比率,人为形成资本弱化,并以此来达到避税的目的。

因此,许多国家在税法上制定了防范资本弱化的条款,对关联方之间的债权投资与权益投资的比例做出限制,防范企业通过操纵各种债务形式的支付手段,增加税前列支、降低税收负担,对超过一定比例的借(贷)款利息支出不允许税前扣除。

二、对于资本弱化进行管理的相关税收政策

我国对于资本弱化进行管理的相关规定和措施:

(1)《企业所得税法》。《企业所得税法》第四十六条规定,企业从其关联方接受的债权性投资与权益性投资的比例超过规定标准而发生的利息支出,不得在计算应纳税所得额时扣除。

(2)《企业所得税法实施条例》。《企业所得税法实施条例》第三十八条规定,企业

在生产经营活动中发生的下列利息支出，准予扣除：

1）非金融企业向金融企业借款的利息支出、金融企业的各项存款利息支出和同业拆借利息支出、企业经批准发行债券的利息支出。

2）非金融企业向非金融企业借款的利息支出，不超过按照金融企业同期同类贷款利率计算的数额部分。

《企业所得税法实施条例》第一百零九条规定，《企业所得税法》第四十一条所称关联方，是指与企业有下列关联关系之一的企业、其他组织和个人：

1）在资金、经营、购销等方面存在直接或者间接的控制关系。

2）直接或间接地同为第三者控制。

3）在利益上具有相关联的其他关系。

《企业所得税法实施条例》第一百一十九条规定，《企业所得税法》第四十六条所称债权性投资，是指企业直接或者间接从关联方获得的，需要偿还本金和支付利息或者需要以其他具有支付利息性质的方式予以补偿的融资。

企业间接从关联方获得的债权性投资，包括：

1）关联方通过无关联第三方提供的债权性投资。

2）无关联第三方提供的、由关联方担保且负有连带责任的债权性投资。

3）其他间接从关联方获取的具有负债实质的债权性投资。

《企业所得税法》第四十六条所称权益性投资，是指企业接受的不需要偿还本金和支付利息，投资人对企业净资产拥有所有权的投资。

《企业所得税法》第四十六条所称标准，由国务院财政、税务主管部门另行规定。

（3）《国家税务总局关于完善关联申报和同期资料管理有关事项的公告》（国家税务总局公告2016年第42号）。

国家税务总局公告2016年第42号第二条、《企业所得税法实施条例》第一百零九条所称的关联关系，主要是指企业与其他企业、组织或个人具有下列关系之一：

1）一方直接或者间接持有另一方的股份总和达到25%以上，双方直接或者间接同为第三方所持有的股份达到25%以上。如果一方通过中间方对另一方间接持有股份，只要其对中间方持股比例达到25%以上，则其对另一方的持股比例按照中间方对另一方的持股比例计算。

2）一方与另一方（独立金融机构除外）之间的借贷资金占一方实收资本的50%以上，或者一方借贷资金总额的10%以上是由另一方（独立金融机构除外）担保。

3）一方半数以上的高级管理人员（包括董事会成员和经理）或至少一名可以控制董事会的董事会高级成员由另一方委派，或者双方半数以上的高级管理人员（包括董事会成员和经理）或至少一名可以控制董事会的董事会高级成员同为第三方委派。

4）一方半数以上的高级管理人员（包括董事会成员和经理）同时担任另一方的高级管理人员（包括董事会成员和经理），或者一方至少一名可以控制董事会的董事会高级成员同时担任另一方的董事会高级成员。

5）一方的生产经营活动必须有另一方提供的工业产权、专有技术等特许权才能正常进行。

6）一方的购买或者销售活动主要由另一方控制。

7）一方接受或者提供的劳务主要由另一方控制。

8）一方对另一方的生产经营、交易具有实质控制，或者双方在利益上具有相关联的其他关系，包括虽未达到规定的持股比例，但一方与另一方的主要持股方享受基本相同的经济利益，以及家族、亲属关系等。

（4）《财政部、国家税务总局关于企业关联方利息支出税前扣除标准有关税收政策问题的通知》（财税［2008］121号）。

1）在计算应纳税所得额时，企业实际支付给关联方的利息支出，不超过以下规定比例和税法及其实施条例有关规定计算的部分，准予扣除，超过的部分不得在发生当期和以后年度扣除。

企业实际支付给关联方的利息支出，除符合规定的条件外，其接受关联方债权性投资与权益性投资的比例为：

①金融企业，为5∶1。

②其他企业，为2∶1。

2）企业如果能够按照税法及其实施条例的有关规定提供相关资料，证明相关交易活动符合独立交易原则的；或者该企业的实际税负不高于境内关联方的，其实际支付给境内关联方的利息支出，在计算应纳税所得额时准予扣除。

3）企业同时从事金融业务和非金融业务，其实际支付给关联方的利息支出，应按照合理方法分开计算；没有按照合理方法分开计算的，一律按照其他企业的比例计算准予税前扣除的利息支出。

4）企业自关联方取得的不符合规定的利息收入，应按照有关规定缴纳企业所得税。

（5）《国家税务总局关于企业向自然人借款的利息支出企业所得税税前扣除问题的通知》（国税函［2009］777号）。

1）企业向股东或其他与企业有关联关系的自然人借款的利息支出，应根据《企业所得税法》第四十六条及《财政部、国家税务总局关于企业关联方利息支出税前扣除标准有关税收政策问题的通知》（财税［2008］121号）规定的条件，计算企业所得税扣除额。

2）企业向除第1条规定以外的内部职工或其他人员借款的利息支出，其借款情况同时符合以下条件的，相应的利息支出在不超过按照金融企业同期同类贷款利率计算的数额部分，根据《企业所得税法》第八条和《企业所得税法实施条例》第二十七条的规定，准予扣除。

①企业与个人之间的借贷是真实、合法、有效的，并且不具有非法集资目的或其他违反法律、法规的行为。

②企业与个人之间签订了借款合同。

（6）《国家税务总局关于企业投资者投资未到位而发生的利息支出企业所得税前扣除问题的批复》（国税函［2009］312号）。

企业由于投资者投资未到位而发生的利息支出扣除问题，根据《企业所得税法实施条例》第二十七条的规定，凡企业投资者在规定期限内未缴足其应缴资本额的，该企业对外借款所发生的利息，相当于投资者实缴资本额与在规定期限内应缴资本额的差额应计付的利息，其不属于企业合理的支出，应由企业投资者负担，不得在计算企业应纳税所得额时扣除。

在具体计算不得扣除的利息时，应以企业一个年度内每一账面实收资本与借款余额保持不变的期间作为一个计算期，每一计算期内不得扣除的借款利息应按该期间的借款利息发生额乘以该期间企业未缴足的注册资本占借款总额的比例计算，相应的计算公式为：

$$\text{企业每一计算期不得扣除的借款利息}=\text{该期间的借款利息额}\times\text{该期间未缴足注册资本额}\div\text{该期间的借款总额}$$

企业一个年度内不得扣除的借款利息总额为该年度内每一计算期不得扣除的借款利息额之和。

(7)《国家税务总局关于印发〈特别纳税调整实施办法（试行）〉的通知》（国税发［2009］2号）的第九章“资本弱化管理”以及《企业所得税法》第四十六条所称不得在计算应纳税所得额时扣除的利息支出应按以下公式计算：

$$\text{不得扣除利息支出}=\text{年度实际支付的全部关联方利息}\times\left(1-\frac{\text{标准比例}}{\text{关联债资比例}}\right)$$

标准比例是指《财政部、国家税务总局关于企业关联方利息支出税前扣除标准有关税收政策问题的通知》（财税［2008］121号）规定的比例。

关联债资比例是指企业从其全部关联方接受的债权性投资占企业接受的权益性投资的比例，关联债权投资包括关联方以各种形式提供担保的债权性投资。

关联债资比例的具体计算方法如下：

$$\text{关联债资比例}=\text{年度各月平均关联债权投资之和}\div\text{年度各月平均权益投资之和}$$

其中，

$$\text{各月平均关联债权投资}=(\text{关联债权投资月初账面余额}+\text{月末账面余额})\div 2$$
$$\text{各月平均权益投资}=(\text{权益投资月初账面余额}+\text{月末账面余额})\div 2$$

权益投资为企业的资产负债表所列示的所有者权益金额。如果所有者权益小于实收资本（股本）与资本公积金之和，则权益投资为实收资本（股本）与资本公积金之和；如果实收资本（股本）与资本公积金之和小于实收资本（股本）金额，则权益投资为实收资本（股本）金额。

《企业所得税法》第四十六条所称的利息支出，包括直接或间接关联债权投资实际支付的利息、担保费、抵押费和其他具有利息性质的费用。

《企业所得税法》第四十六条规定不得在计算应纳税所得额时扣除的利息支出，不得结转到以后纳税年度；应按照实际支付给各关联方利息占关联方利息总额的比例，在各关联方之间进行分配，其中，分配给实际税负高于企业的境内关联方的利息准予扣除；直接或间接实际支付给境外关联方的利息应视同分配的股息，按照股息和利息分别适用的所得税税率差补征企业所得税，如已扣缴的所得税税款多于按股息计算应征所得税税款，多出的部分不予退税。

企业未按规定准备、保存和提供同期资料证明关联债权投资的金额、利率、期限、融资条件以及关联债资比例等符合独立交易原则的，其超过标准比例的关联方利息支出，不得在计算应纳税所得额时扣除。

实际支付的利息支出是指企业按照权责发生制原则计入相关成本费用的利息。

三、资本弱化的避税原理

由于各国对股息和利息的税收政策通常不同，即对企业支付的利息，通常允许作为企业的费用扣除，从而可以减少企业的应税利润，进而减少应纳税额，而对于企业分配的股息，则属于税后利润的分配，不允许扣除。有些国家对于企业汇出的利息适用的预提所得税税率较低，而对于企业汇出的股息适用的预提所得税税率较高。① 由此可知，在税收待遇上，利息所得往往优于股息所得。在跨国公司对外投资的投资总量和投资回报率相同的情况下，跨国公司偏好债权性投资，它们会尽量扩大债务资本与权益资本的比例，使受投资国关联企业资本结构中的权益资本减少而债务资本增加，这样就有可能减少跨国企业集团的纳税义务。因此，资本弱化就成了使税收负担最小化的一个手段，进而被跨国投资者使用。

【例 4－14】 甲、乙两公司都是境内公司，甲公司对乙公司 100％控股，权益性投资总额为 1 000 万元。乙公司在 2016 年度计划从甲公司融资 3 000 万元，融资年利率为 6.3％。金融机构同期同类贷款的利率为 7％，甲公司适用 15％的企业所得税税率，乙公司适用 25％的企业所得税税率。请对乙公司的融资行为进行税收筹划。

案例解析：

由于甲公司对乙公司的债资比例为：

$$3\,000 \div 1\,000 = 3 > 2$$

所以超过部分的利息不能税前扣除，即

$$(3\,000 - 1\,000 \times 2) \times 6.3\% \times 25\% = 63 \times 25\% = 15.75\text{（万元）}$$

因此，乙公司在 2016 年多缴企业所得税 15.75 万元。

筹划方案设计：

方案 1：提供相关资料，证明甲、乙两公司的融资行为符合独立交易原则。

---

① 预提所得税是指预先扣缴的所得税，它不是一个税种，而是世界上对这种源泉扣缴的所得税的习惯叫法。《企业所得税法》第三条和《企业所得税法实施条例》第九十一条都规定，非居民企业在中国境内未设立机构、场所的，或者虽设立机构、场所但取得的所得与其所设机构、场所没有实际联系的，应当就其来源于中国境内的利润（股息、红利）、利息、租金、特许权使用费和其他所得，减按 10％的税率征收企业所得税。按预提方式，即由所得支付人（付款人）在向所得受益人（收款人）支付所得（款项）时为其代扣代缴税款。

方案 2：提供能够证明乙公司实际税负不高于甲公司的证据。

方案 3：改变资本结构，使债资比例符合要求。

方案 1：

如果乙公司能够提供相关资料证明该融资行为符合独立交易原则并说服税务机关，那么债资比例超过规定部分的利息费用仍可以在税前扣除，则节税额为：

$$1\,000\times6.3\%\times25\%=15.75(\text{万元})$$

（需要提供的具体资料，详见资本弱化特殊事项文档包括的内容。）

方案 2：

提供能够证明乙公司的实际税负不高于甲公司的证据。

甲公司适用 15%的企业所得税税率，乙公司适用 25%的企业所得税税率，但乙公司向税务机关提供的证明材料必须有理有据，需要知道甲、乙两公司的年度实际应纳企业所得税税额和年度营业收入额信息，在算出各自的企业所得税税负并进行比较后，才能知道乙公司的实际税负是否不高于甲公司的实际税负。

方案 3：

改变资本结构，使债资比例符合要求：

(1) 先计算出融资后的总资产 4 000 万元（=3 000+1 000）。

(2) 再按规定的债资比例计算出应融资的债务金额 2 666.67 万元（=4 000÷3×2）。

(3) 取整数 2 600 万元，则股权融资比例为 400 万元（=3 000−2 600）。

(4) 计算出新的债资比例 1.86（=2 600÷1 400）<2。

(5) 没有不允许税前扣除的利息。

(6) 计算出节税额 15.75 万元（=15.75−0）。

综上所述，方案 1 需要提供的独立交易证明最重要的是证据要充分并能说服税务机关；方案 2 比较直观，可以事前测算各自的税负并做好预案，其节税效果与方案 1 相同；方案 3 改变了资本结构，使实收资本增加，将会涉及印花税和股息分配，所以后期比较烦琐。

四、利用资本弱化进行税收筹划的风险

资本弱化有其存在性和合理性，负债权益比对实现国家福利最大化具有重要意义。对于一个国家来说，最适合的负债权益比就是最优资本结构的负债权益比，其中的决定因素有企业规模及发展阶段、国家的产业结构、经济发达程度及发展阶段、国家金融体系、经济开放程度等。但因为资本弱化侵蚀了国家的税收利益，很多国家纷纷出台反资本弱化的政策，防止避税活动的发生，由此就为利用资本弱化进行税收筹划带来了税务风险。

【例 4-15】 资本弱化与转让定价案例：企业“长亏不倒”，逃税 5 200 万元

福建省漳州市国税局完成了对 A 汽车配件产品生产企业（以下简称“A 企业”）

的转让定价特别纳税调整，追回税款近5 200万元。这是该局自2011年以来查实的第三起反避税调查补税超千万元案件。

收入连年增长的A企业为何亏损高达1.8亿元?

自2011年起，漳州市国税局为加强反避税管理，建立了反避税案源库制度，要求各基层单位关注关联交易，定期上报反避税案源。在此机制下，2013年6月A企业进入漳州市国税局稽查人员的视线。

征管信息显示，A企业是2009年成立的跨国公司，主要从事汽车配件的生产销售，2009—2012年的销售收入增势良好，但账目显示却是连年亏损，各年度的毛利率均为负值，4年累计亏损达1.8亿元。这种巨额亏损与其连年增长的销售收入显然不匹配。另外，A企业同期的销售成本与销售收入严重倒挂，费用较多。据此，稽查人员怀疑A企业存在转让定价避税的可能。

了解情况后，漳州市国税局在上报案源前，一方面，组织人员实地走访A企业，详细了解企业的生产经营、工艺流程、关联申报、货物流以及资金流等情况，核实潜在的关联关系；另一方面，综合工商查询、香港网上查询注册中心等渠道提取第三方疑点信息，通过对反避税案源数据库中被查企业的财务数据、涉税信息等相关资料进行可比性分析和功能差异调整，拟定反避税案源审计报告。

经过一年半的审计，核查证实A企业避税5 200万元。

同年6月13日，经国家税务总局批准，漳州市国税局正式对A企业特别纳税调整事项启动立案调查。

经过一年多的案头审计、实地核查、调取账簿、约谈协商，漳州市国税局终于厘清了A企业“通过不合理的产品定价方式、资本弱化等手段进行转让定价，向其境外关联方转移利润，造成巨额累计亏损以避税”的事实。

根据A企业的实际生产经营情况，漳州市国税局充分考虑其合理诉求，决定采用所选取的可比企业2009—2012年完全成本加成率中位值作为完全成本加成率的调整口径，对2009年A企业创办初期的特殊因素进行相应的适当调整。

历经5轮谈判，双方终于就反避税调整方案达成共识。

该方案涉及两项调整，即企业关联销售收入调整和资本弱化问题调整。

(1) 关联销售收入调整方面。税务调查证实，A企业自成立以来，与国内外多家关联企业发生了关联交易，且关联交易额巨大，每年与境内外关联企业的关联产品销售额占其当年主营业务收入的比重均达98%以上，绝大部分产品销往其境外关联方。在关联销售中，A企业依据其境外母公司的订单生产和发货，不拥有产品定价权，生产所需的关键原材料主要来源于境外母公司，其采购及销售职能有限，也不承担相应的产品保修与售后服务责任，是典型的合约加工制造商。此外，A企业不参与实际产品的研发活动，只翻译图纸及安排生产等，但每年定期向境外关联方支付年销售收入3%的特许权使用费。

根据这些因素，税务机关最终确认，2009—2012年A企业关联销售收入分别为0.25亿元、3.02亿元、4.82亿元和7.35亿元，合计15.44亿元，扣除自行申报关联销售收入 13.24 亿元，应调增销售收入 2.2 亿元。

(2) 资本弱化问题调整方面。税务调查证实，A 企业的账面长期亏损，自 2010 年起处于资不抵债的状况，依靠其境内关联企业提供的委托贷款维持生产经营，2010—2012 年累计的委托贷款额高达 6.6 亿元，支付关联方利息 1 500 多万元，关联债资比例分别为 1.5∶1、3.12∶1 和 4.71∶1。这表明 A 企业是利用债权性投资代替权益性投资多列利息支出。鉴于除 2011 年外的其他年度，A 企业的税负率与其境内关联方所在地的企业所得税税率相同，所以 2010 年度、2012 年度发生的关联借款利息准予扣除。因资本弱化而不得抵扣的关联利息支出将因 1%的税负率差异产生应补企业所得税税额，漳州市国税局对 A 企业调增 2011 年应纳税所得额近 140 万元。

两项合计调增应纳税所得额 2.21 亿元。调整后，A 企业的应税所得率为 2.7%，应补缴企业所得税 1 300 万元，并按规定另付利息。此外，相应核增 A 企业 2009—2012 年的免抵税额 3 700 多万元。

最终，A 企业财务人员到漳州市国税局补缴企业所得税 1 300 万元、利息 150 多万元，调增免抵税额 3 700 多万元。至此，这个反避税案画上圆满句号。

阅读材料

费用支出为何“越俎代庖”？原来是给成本注水

股权交易专项检查未发现纳税问题，但企业因核算错误补缴 5 000 多万元税款的经历引起了检查人员的注意——在检查年度，该企业的其他经营活动和账目处理是否合规？对此，检查人员进行了延伸核查，这一查还真查出了大问题……

专项核查，股权交易申报无问题

广东省东莞市税务机关按照上级下发的股权交易检查任务，对 K 投资有限责任公司（以下简称“K 投资公司”）实施税收检查，确认该公司虽在减持股票后向税务机关补缴了税款，但其在检查年度通过多列支利息、顾问费等方式，少缴了企业所得税。针对 K 投资公司的违法行为，税务机关依法对其做出补缴企业所得税 7 454.2 万元、加收滞纳金 1 762.7 万元的处理决定，税款已全部追征入库。

根据国家税务总局股权转让专项检查的要求，东莞市税务机关对 K 投资公司的历年股权转让行为实施税收检查。

在检查前，检查人员通过深交所网站了解到，2014 年 12 月 K 投资公司通过协议转让方式将其控股的广东 JL 发展股份有限公司（以下简称“JL 股份公司”）6 600 万股股份，以 10.13 亿元的价格转让给了自然人杨先生。

在随后的实地核查中，K 投资公司出示了企业自查后于 2017 年 2 月 21 日补缴税款的完税凭证。企业人员向检查人员解释称，K 投资公司在进行 2014 年汇算清缴时，已经就该笔股权减持行为申报缴纳了企业所得税 1 798 万元，但因为对相关税收法规的不了解，漏缴了金融业营业税，随后在税务人员指导下，K 投资公司补缴了税款和滞纳金。

经核实，检查人员发现：K 投资公司在减持 JL 股份公司的股票后，确实足额缴纳了营业税及附加 4 356 万元、滞纳金 1 457.13 万元。因此，企业的股权交易不存在涉税问题，但企业的其他经营活动和账目处理有无问题？工作细致的检查人员没有就此止步，而是调取了2014—2015年度K投资公司的企业账簿和凭证，继续进行仔细核查。

K投资公司成立于2000年12月，为有限责任公司，注册资本为8亿元，其经营范围为科教投资、房地产投资和实业项目投资等。企业账目显示，K投资公司的实收资本为8亿元，但在“长期股权投资——投资成本”（表示企业实际资金支出额）的会计项目中，金额却常年保持在15.5亿元。

通过观察K投资公司的财务报表，检查人员发现：除在2014年发生过一笔减持股票的业务外，该公司在2014年1月至2015年12月的投资活动不多，但在此期间，K投资公司却向银行、证券公司等金融机构大量融资。那么，该企业借来的资金都去了哪里？

延伸检查，巨额财务费用有蹊跷

带着这个疑问，检查人员对K投资公司的股权结构做了调查，了解到K投资公司的股东是东莞市HS实业发展公司（以下简称“HS公司”）和东莞市YH实业公司（以下简称“YH公司”）。结合账目和外部信息，检查人员分析发现，K投资公司的账目存在不少问题：

第一，K投资公司向银行、证券公司等多家金融机构贷款并支付利息费用，但K投资公司的借款并非全部用于生产经营，而是被两家股东YH公司和HS公司长期占用。虽然在此过程中，这两家股东公司有借有还，但K投资公司“其他应收款”项目始终保持较高余额。以2015年为例，K投资公司的“长期股权投资——投资成本”科目均保持在15亿元左右，全年向金融机构借款的累计额度超过39亿元。YH公司和HS公司在2015年12月31日的资产负债表信息显示，共计占用K投资公司的资金逾20亿元人民币，而K投资公司将这些借款产生的近2亿元利息支出全部计入当年的财务费用并在税前进行了列支。

根据《企业所得税法》第八条和《企业所得税法实施条例》第二十七条的相关规定，企业发生的相关费用应与企业现在和未来取得的收益直接相关，否则不能进行税前扣除。检查人员认为，K投资公司的借款超过了自身经营需要，被股东企业长期占用并且未合理分担利息支出，因而K投资公司需要对税前不合理列支的财务费用进行纳税调整。

第二，自2014年起，K投资公司筹划其控股子公司JL股份公司向特定对象非公开发行股票募集资金和收购目标公司等方案，并于2014年和2015年分别向7家财务咨询公司、证券公司和会计师事务所支付了总计380万元和8 460万元的顾问费、咨询费，K投资公司将这些费用全部列入公司“管理费用——中介费”科目，进行了税前扣除。

检查人员认为，K投资公司支出的巨额顾问费、咨询费不具有合理性。自2012年起，K投资公司成为JL股份公司的第一大股东，持股份额达到42.65%，并且K投资公司实际控制人张某长期担任JL股份公司董事长一职，K投资公司应充分掌握JL股份公司的经营、财务状况。作为非公开发行股票的策划方和认购方之一，K投资公司完全不需要发起对JL股份公司的相关调查。

与此同时，在JL股份公司非公开发行股票的过程中，无论是通过中介途径向社会寻找战略投资者，还是募集资金收购目标企业，JL股份公司都是实际的融资主体，是募集资金和并购目标企业的受益方，JL 股份公司有义务聘请中介公司向战略投资者发布相关调查报告，有责任对收购目标企业进行可行性调查，但 K 投资公司作为 JL 股份公司控股方，不应越俎代庖，代 JL 股份公司履行相关义务。

根据《企业所得税法》第八条和《企业所得税法实施条例》第二十七条的相关规定，检查人员认为：K 投资公司通过“管理费用——中介费”科目，为下属 JL 股份公司非公开发行股票和收购目标公司等活动列支相关顾问费、咨询费共计 8 840 万元不合理，应予以纳税调整。

逐笔测算，3 亿元多列成本出水面

在确认 K 投资公司存在多列成本费用、少缴企业所得税的问题后，检查人员约谈了 K 投资公司的财务负责人。财务负责人承认在顾问费、咨询费的核算方面存在问题，但并不认同检查人员“多列支利息费用，少缴企业所得税”的意见，辩称 HS 公司和 YH 公司是 K 投资公司的股东，3 家企业均属同一集团，HS 公司和 YH 公司只是通过融资能力较强的 K 投资公司统一融资，并且为了内部管理方便，利息费用由 K 投资公司统一支付并入账，不存在多列支费用问题。

检查人员出示了外调取得的 HS 公司和 YH 公司占用 K 投资公司资金的会计凭证、出借归还记录等证据材料，并重点向企业人员讲解了《企业所得税法》第八条和《企业所得税法实施条例》第二十七条法规。检查人员向企业人员表示，依照法规的规定，K 投资公司所融资金并没有全部用于自身投资经营，而大部分被 HS 公司和 YH 公司经营占用，这些资金取得的收益与 K 投资公司的经营无关，因而这些资金的利息费用不能在 K 投资公司税前扣除。经过检查人员的辅导，K 投资公司最终认可了检查人员对于企业税前多列支利息费用的意见。

虽然 K 投资公司承认在费用列支方面存在问题，但由于它在检查期向多家金融机构先后申请了数十笔贷款，如何计算股东公司占用资金的数额，准确确定不合理利息费用的具体金额，成为摆在检查人员面前的一道难题。

为此，检查人员经过研讨，决定首先厘清 K 投资公司股东的资金占用额，然后采用加权算术平均法，测算出应由其股东公司负担的利息费用，再以此为基础核算 K 投资公司应调增的企业所得税应纳税所得额。

根据企业提供的贷款明细表和合同，检查人员梳理出了 K 投资公司 70 多笔贷款的计息金额、贷款天数和利息数额，通过加权算术平均法计算出 K 投资公司的加权平均月利率。随后，结合 K 投资公司的两家股东公司在检查年度每月期初“其他应收款”的余额进行测算，最终核算出 K 投资公司税前多分摊的利息费用。经核算，在检查期内 K 投资公司税前共多列支利息费用 2.47 亿元，由于计息方式与金融机构保持一致，且充分考虑了各项贷款的权重，K 投资公司财务人员最终认可了检查人员的核算结果。

经查，K 投资公司在检查年度内税前共多列支利息费用、顾问费和咨询费合计 3.36 亿元。针对 K 投资公司的违法行为，东莞市税务机关依法对该企业做出补缴企业所得税 7 454.2 万元、加收滞纳金 1 762.7 万元的处理决定。

案例点评：

本案是一起通过税前多列成本费用，从而少缴企业所得税的典型违法案件，其涉案金额巨大。该企业的违法手段在集团型关联企业、投资类企业中具有一定代表性。

在完成股权交易专项检查任务后，责任心强、工作细致的检查人员并没有就此止步，他们对涉案企业在检查期内的其他涉税情况进行了延伸检查，在探究企业除股权交易外的经营行为时，结合运营情况和外部信息，对企业的管理费用和财务费用详加检视，最终发现了涉案企业在费用核算方面存在的“猫腻”。

本案查办的难点是如何准确核定涉案企业违法多摊销的股东占用资金的利息费用。该企业向10余家金融机构申请了数十笔贷款，各笔贷款的起止时间、年限、利率各不相同，检查人员在没有先例可循的情况下，采用加权算术平均法计算出平均利率，同时充分考虑了各笔贷款的权重，比较精确地计算出了股东占款应分摊的利息费用，最终准确核算出涉案企业应调整的应纳税所得额，使案件顺利查结。

本案涉案企业发生的涉税违法问题在行业中并非个例，在上市公司和投资类企业中具有一定的代表性。一些企业由于缺少抵押资产，无法向银行等金融机构贷款，往往采取由关联公司统一向金融机构贷款的方式筹措资金，而贷款产生的利息费用则全部由关联公司处理。此外，一些上市公司为了财务报表“数字好看”等原因，在一些费用无法入账的情况下，也使用由母公司或关联公司摊销承担的伎俩，以达到少缴税款和规避有关部门审计等目的。

针对本案中涉案企业的违法特点，税务机关应加强企业所得税汇算清缴的检查工作，并在日常征管中加大对上市公司和投资类企业列支成本费用的审核力度，重点厘清企业投资类、借款类和期间费用等科目的钩稽关系，关注此类科目“期初”与“期末”的数据变化情况。在此过程中，应特别关注企业与关联企业之间的经营往来信息，通过开展针对性分析，核实融资投向和财务费用中的利息支出是否合理。如果发现与企业经营不相关的支出和费用，应及时核定，依法不予税前扣除。如果企业不合理的利息费用不易确认，可结合企业资金的实际情况，采取本案检查人员所使用的加权算术平均法等方法，核算企业的不合理费用，以确保税款不流失。

资料来源：卢飞鸿，詹非迟．费用支出为何“越俎代庖”？原来是给成本注水．中国税务报，2018-07-31.

本章小结

本章主要介绍了税收筹划在企业融资活动中的具体运用。通过对本章的学习，学生应了解企业的融资方式和税负成本，同时掌握最佳资本结构的税收筹划方法和资本弱化的税务风险管理。如何将税收筹划运用到企业具体的融资方式中是本章的重点和难点。

复习思考题

1. 企业的融资方式有哪些？
2. 从税收的角度评价各种融资方式的优缺点。
3. 请用 MM 理论和权衡理论解释税收对最佳资本结构和企业价值的影响。
4. 在留存收益转增资本时，自然人股东和法人股东的所得税如何缴纳？
5. 如何防范资本弱化的税务风险？

案例阅读 1

IPO 税筹：公牛集团上市，做了什么

公牛集团上市，做错了什么？

2020 年 2 月，专门做开关、插座的公牛集团（603195）在沪主板上市了！

在上市前，股权架构要做怎样的调整准备？前期少缴税是否影响企业上市？答案就在公牛集团的招股说明书里。

股东持股方式调整

公牛集团是个典型的家族企业，2008 年阮立平、阮学平兄弟二人创立了公牛电器，各占 50%的股权。2014 年，兄弟二人又设立了一家有限公司——公牛投资，并将 60%的公牛投资股权按每 1 元出资额约 9.09 元的价格转让给公牛电器，见图 4-4。

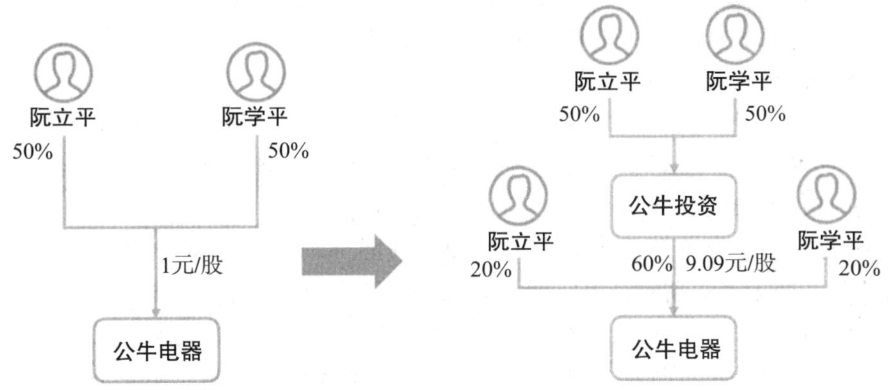

图 4-4 公牛集团的股权结构

从税收筹划的角度看，阮氏兄弟的做法很聪明。公牛电器一直蓬勃发展到 2014 年，公司的盈利已经很可观，一旦分红，股东就要缴纳 20%的个人所得税。在转让后，公牛电器分红给公牛投资，而公牛投资不用缴税，还可以将分红再投资于其他项目。

从自然人直接持股调整为有限公司间接持股，利用了居民企业之间的股息、红利免征企业所得税的优惠，未来公牛电器分红给公牛投资以及后续公牛电器在股改环节（即

将资本公积金转增股本环节），公牛投资都不用缴纳企业所得税，这一步股权调整有利于整体集团运作和资本运作上市。

但在股权调整中，他们原本1元/股的出资额按9.09元/股转让，溢价部分要缴纳20%的个人所得税。股权从左手到右手，整整要交4个亿的个人所得税！假如兄弟俩在2010年利润微薄时提前布局公牛投资，就不会遭遇如此之高的调整税负了。①

少缴税是否影响上市？

2017年，公牛电器被纳入国家级“千户集团”，千户集团是指年纳税额达到一定标准，由税务机关进行税收管理服务的重点大企业集团。税务机关对公牛电器开展了税收辅导，要求其对2013—2015年的纳税情况进行自查补税。随后，公牛电器补缴了税款458万元、滞纳金244万元。补税之后的公牛电器税务处理合规，取得了浙江省慈溪市税务局最近三年一期不存在重大违法违规的证明。

准备上市的企业可能会担心，此前公司补缴了税款，还被罚了滞纳金和罚款，会不会被认为税收违法，影响上市？

根据《首次公开发行股票并上市管理方法》的规定，发行人在最近36个月内，不得存在以下情形：违反工商、税收、土地、环保、海关以及其他法律、行政法规，受到行政处罚，且情节严重。

公牛电器自查补税和滞纳金不属于行政处罚，自然对企业上市不构成影响。但对于在上市前曾被处以税务机关罚款的企业，需要取得税务机关开具的最近三年一期不存在重大违法违规的证明，证明处罚不属于“情节严重”。②

公牛集团上市，做对了什么？

如前所述，公牛电器的股权架构调整没有做好规划，导致多缴纳了4个亿的个人所得税，而日常税务处理不合规导致补缴了700万元的税款和滞纳金。不过有一件事，公牛电器做对了，既解决了历史遗留问题又降低了税负。

不动产剥离节税有妙招

2016年，公牛电器已经规划要走资本运作的道路，但其在慈溪市掌起镇古窑浦村有块土地，已经自建厂房，但只有土地使用权证而无房产证。虽然厂房已闲置，但仍会构成资产瑕疵，并影响企业上市。

公牛电器采用了分立的方式，以派生分立出慈溪市盛汇电子有限公司（以下简称“盛汇电子”）的方式，将该土地、房产从上市公司体系中剥离，见图4-5。

假如公牛电器采用土地、房产转让的方式，那么房产增值很高将会涉及高额的增值税、企业所得税和土地增值税。但巧妙之处在于，公牛电器利用了企业分立的特殊税务政策，致使整个房产剥离的环节无须缴纳税费。

企业分立与转让方式的税负对比见表4-5。

---

① 如果企业计划上市，应该在税务上提前规划好有利的股权架构，趁利润较低的时候尽早调整，避免高额的股权调整税务成本。

② 鉴于此类证明的开具在实践中较为复杂，建议企业防患于未然，提前防范相应的税务风险，避免税务罚款。

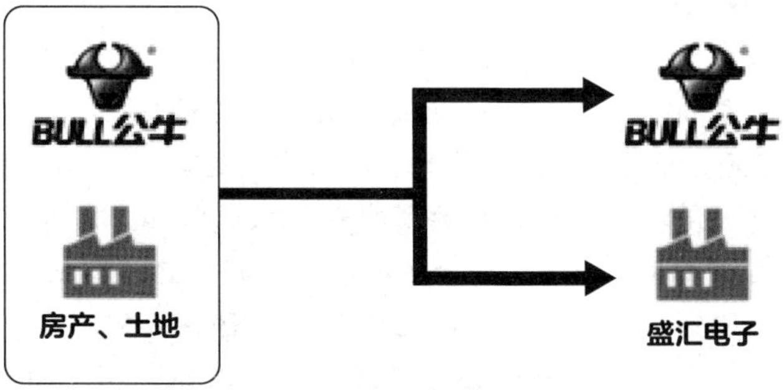

图 4-5 公牛电器分立情况

表 4-5 企业分业与转让方式的税负对比

税收	分立	转让
增值税	×	√
企业所得税	×	√
土地增值税	×	√
契税	×	√
印花税	×	√

企业分立虽好，但要享受企业分立特殊税务政策也是有条件的：

(1) 所有股东按原持股比例取得分立企业的股权。

(2) 原主要股东在分立后连续 12 个月内不得转让股权。

(3) 分立企业和被分立企业在分立后连续 12 个月内不改变原来的实质性经营活动。

(4) 被分立企业股东取得的股权支付金额不低于其交易支付总额的 85%。

如前所述，一般企业在上市前都需要调整股权架构，包括调整股东持股方式、搭建股权激励平台、引入外部投资者等。在通常情况下，股权架构越早调整越好，因为此时涉及的税务成本比较低。同样地，历史遗留问题也需要在上市前解决。

如果用企业分立方式剥离瑕疵资产，则分立企业股东要跟原股东一样，在连续 12 个月内不能改变公司的实质性经营活动，意味着分立后 1 年内不能进行股权与业务调整的大动作，所以历史遗留问题应尽早在调整股权架构之前解决。拟上市企业应尽早规划、调整，避免影响上市进度。

资料来源：崔倩怡．IPO 税筹：公牛集团上市，做错了什么？理道税筹，2021-03-30.

案例阅读 2

宝洁公司税案研究

税收在国家的经济中起着举足轻重的作用，长期以来，企业与政府之间进行着反反复复的避税与反避税的博弈。转让定价是在税收征管中碰到的一个非常棘手的问题。随着跨国公司大规模进入我国，它们与世界范围内的关联公司发生了大量的内部交易，使转让定价问题变得越来越突出。

宝洁漏税案简介：

自1993年以来，广州宝洁一直蝉联全国轻工业向国家上缴税额最多的企业名号。正是这个缴税大户，在2003年上半年，被查出漏报了应纳税所得额共5.96亿元，补缴企业所得税8 149万元。这是自2003年以来广州市反避税调整单个案件补缴税额较大的案例。广州宝洁是如何漏缴如此巨额的所得税税额的？其根本原因就在转让定价上。转让定价是指集团内的关联企业之间，为了确保集团利益的最大化，在集团内部人为地控制定价，通过人为控制的定价，关联方之间就有了转移正常利润以减少税负的条件。宝洁公司在境内的关联企业主要有该公司所属的纸品有限公司、口腔保健用品有限公司、北京洗涤用品有限公司和成都公司、天津公司等。2002年，在宝洁公司的关联企业中，部分公司出现连续亏损，这些公司失去了向银行借贷的能力。因此，宝洁公司以公司本部的名义向中国银行广东省分行寻求总金额高达20亿元的巨额贷款。但与正常企业行为相违背的是，宝洁公司又拨出巨资以无息借贷的方式借给其关联企业使用，这个举措造成避税行为的产生。一方面，作为宝洁公司，其借贷给关联企业的巨额资金实际并不由自身所用，却承担着巨额的银行借贷利息，其借贷资金与随之产生的利息支出在账目上表现为负债。根据税法的规定，利息支出是在税前扣除，因此，随着税前利润的相对减少，其应缴纳的所得税也相应减少，也就是宝洁公司利用税前列支利息达到了漏缴所得税的目的。另一方面，作为获得了巨额无息贷款的宝洁公司关联企业，不仅改善了资金运营状况，而且如果其当年利润仍表现为亏损，则不用缴纳所得税；如果其当年利润表现为盈利，根据税法的规定，可用税前利润弥补前五年的亏损。综合来看，宝洁公司将这笔资金的转让定价（即贷款利率）设为零，减少了两个企业当年应缴纳的税收之和，规避了大量的所得税，形成了漏税。2003年，税务机关查出宝洁公司漏报了应纳税所得额共计5.96亿元，追缴企业所得税8 149万元并已全部缴交入库。

案例解析：

严格来说，宝洁公司漏税案并不是利用资本弱化进行避税，而是利用给关联公司提供零利率资金，导致其应税收入（营业税）减少的涉税案例。下面分几种情况讨论。

第一种操作方案，宝洁总公司给各关联公司提供担保，由各关联公司与中国银行签订贷款协议。在这种情况下，贷款利息将作为融资成本列入各关联公司的税前扣除项目。由于各关联公司连续亏损，所以利息费用在税前列支并不能形成税盾效应，企业的整体税负没有发生变化。

第二种操作方案，即宝洁公司的做法，由宝洁公司贷款给各关联公司无息使用。这种操作方案可能实现的税收好处如下：首先，由于贷款利息在宝洁公司进行了税前抵扣，所以宝洁公司的所得税负担降低了；其次，由于宝洁公司无息给关联公司提供资金，少计了利息收入，从而减少了利息的营业税和企业所得税；最后，如果各关联公司因无息贷款增加了收入，提高了盈利水平，但因以前年度的连续亏损可以进行弥补。

相比之下，宝洁公司选择第二种操作方案可能更有利，其税负会大幅降低，存在明显的税务动机。但是，这种操作最大的问题就是在将从中国银行借入的资金无偿提供给各关联公司的时候，存在偷漏营业税和企业所得税的嫌疑。正是这一点，最终诱发了宝洁公司的涉税案。

宝洁公司是否具备更好的纳税方式？设想一下，以宝洁公司在中国的业务布局分析，宝洁公司盈利而其各地关联公司亏损，这种管理方式除非它们的税收待遇存在明显差异，否则意义不是很大。如果宝洁公司采取合并纳税，则此次贷款的利息支出属于正常，不仅各公司的亏损可以用来抵补宝洁公司的盈利，而且不会产生涉税问题。

第5章 投资决策的税收筹划

教学目的与要求：

本章主要介绍税收筹划在企业投资活动中的具体运用。通过对本章的学习，学生应了解企业的投资行为，能够熟悉投资地点、投资行业、投资项目、投资方式的税收筹划方法与技巧。如何将税收筹划用到企业具体的投资行为中是本章的重点和难点。

思政元素的融入：

通过讲解国家鼓励投资的税收政策，向学生说明我国税法中的生态文明建设和调节收入分配、实现共同富裕的内在要求。

第一节　投资地点的税收筹划

投资（investment）是指投资者当期投入一定数额的资金而期望在未来获得回报。企业的投资活动明显分为两类：①为对内扩大再生产奠定基础，即购置固定资产、无形资产和其他长期资产支付的现金；②对外扩张，即对股权、债权支付的现金。关于投资的理论假说主要有有效市场假说（EMH）和行为金融学关于金融市场的非理性行为和决策规律。不同的投资方式、组织形式、投资地点、投资行业或方向的税收待遇也各有差异。作为投资收益的抵减项目，应纳税额的多少直接关系到纳税人的投资收益率。因此，纳税人在进行投资决策时必须重视税收筹划的作用。

我国经济发展的区域性特点使得一些税收政策也体现出向地区倾斜的特点，但也容易形成税收洼地，导致恶性税收竞争。在我国的实践中，形成了由沿海向内地推进的战略规划布局、高新技术开发的生产布局以及西部大开发及振兴东北地区、老少边穷地区、粤港澳大湾区的差异税收政策，以满足各类需要扶持经济的发展，达到优化资源配置效率的目的。税收政策的区域差异使得企业在投资时进行地区筹划成为可能。企业除了考虑投资地的硬环境以外，可以主动选择到相对低税率的地区进行注册，或在符合自己战略规划的前提下，在低税地设立销售机构、子公司等。

我国针对一些地区制定了不同的税收政策。例如，现行税法中规定的享受减免税优惠政策的地区主要包括国务院批准的老少边穷地区、西部地区、东北老工业基地、经济特区、经济技术开发区、沿海开放城市、保税区、旅游度假区等。这些优惠的税收政策为企业进行注册地点选择的税收筹划提供了空间。企业在设立之初或为扩大经营进行投资时，可以选择低税负的地区进行投资，以享受税收优惠的好处。

目前，我国可供选择的优惠政策为：

（1）利用经济特区的税收优惠政策。例如，粤港澳大湾区无论是举办生产性外商投资企业还是非生产性外商投资企业，可根据条件适用15%的企业所得税税率及法定的减免税政策。

（2）利用经济技术开发区的税收优惠政策。从总体上看，经济技术开发区与经济特区的税收政策基本一致，两者的税收负担大致相同，但经济技术开发区在全国的分布较广，选择余地较大，这是投资者举办生产性外商投资企业较理想的投资区域。

（3）利用高新技术产业开发区的税收优惠政策。高新技术产业开发区是专供发展知识密集型、技术密集型的高新技术企业的经济区域，其税收优惠类同于经济特区和经济技术开发区。但在高新技术开发区内的内资企业、外资企业的税收优惠基本一致，投资者在该区域内不必考虑企业的类型选择，凡是高新技术企业，它们的税收待遇均等。

（4）利用国家扶持贫困地区发展的税收优惠政策。在国家确定的革命老根据地、少数民族地区、边远地区、贫困地区新办的企业，经主管税务机关批准后，可减征或免征企业所得税3年。

（5）利用国家对保税区的特殊优惠政策。在保税区内的外商投资企业、金融机构以及属于国家鼓励发展的内资企业，除可享受土地、海关、外汇等项优惠待遇外，对房产税、固定资产折旧都有优惠规定。因此，企业完全能够而且有必要在投资前，充分考虑基础设施、金融环境等外部因素，然后选择整体税收负担相对较低的地点进行投资，以获取最大的节税利益。一般做法是：在低税区创办企业，即充分利用低税区的各种优惠政策，其业务活动自然可以扩大到非低税区；或在低税区设置关联机构，将更多的利润留在低税区，以降低总体税负。然而，企业一旦选择了在老少边穷地区投资，必须考虑这些地区的硬件环境、软件环境及需求状况，以免为了节税而影响企业盈利，最终得不偿失，这是企业在投资前应当慎重考虑的。

【例5-1】 2020年，某投资者欲在西部地区投资创办一家新公司，兼营公路旅客运输业务和其他业务，预计全年公路旅客运输业务的收入为500万元，其他业务的收入为300万元，利润率均为25%。请做出相应的企业所得税筹划方案。

现有三种方案可供选择：

方案一：投资创办一个公路旅客运输企业并兼营其他业务，因公路旅客运输业务收入占全部业务收入的比例为 62.5% $\left(=\frac{500}{800}\times100\%\right)$，小于 70%，因而不能享受减按 15%的税率征收企业所得税的优惠政策。

2020 年应纳企业所得税=(500+300)×25%×25%=50(万元)

方案二：分别投资两个企业，一个从事公路旅客运输业务，另一个从事其他业务。从事公路旅客运输业务的收入为企业的总收入，占比为 100%，超过了 70%的比例，可享受减按 15%的税率征收企业所得税的优惠政策。

2020 年应纳企业所得税=500×25%×15%+300×25%×25%=37.50(万元)

比较上述两种方案，由于方案二中该公路旅客运输企业取得的收入可享受减按 15%的税率征收企业所得税的优惠政策，比方案一少缴企业所得税 12.5 万元(=50−37.5)，因而方案二更优。

方案三，投资创办一个公路旅客运输企业并兼营其他业务，该企业扩大投资规模，扩展公路旅客运输业务，假设 2020 年公路旅客运输业务的收入为 750 万元，其他条件不变，则此时的公路旅客运输业务占企业全部业务收入的比例为 71.43% $\left(=\frac{750}{750+300}\times100\%\right)$，超过了 70%。经企业申请，税务机关在审核后认为该企业符合西部大开发的减免税政策，其取得的全部业务收入都可享受减按 15%的税率征收企业所得税的优惠政策。

2020 年应纳企业所得税=(750+300)×25%×15%=39.38(万元)

虽然方案三的收入大幅提高，但由于取得的全部业务收入都可享受减按 15%的税率征收企业所得税的优惠政策，因而应缴纳的企业所得税并没有增加太多，从而获得了更多的税收利益，与前两种方案相比更具税收优势。

因此，企业的选址问题涉及企业的区域投资战略选择，而税收因素只是其中的一个方面。我们在充分考虑综合（动态）风险后，才能得出最优的企业投资选址决策。对于已成立的企业来说，如果具备了其他享受优惠政策的条件，只是由于注册地点不在特定税收优惠地区而不能享受相应的税收优惠政策，那么就应该考虑企业是否需要搬迁的问题。此时，企业需要充分考虑生产经营的寿命周期，为了享受税收优惠政策而产生的企业利润的改变，以及因为搬迁带来的成本费用及新注册地与老注册地在信息、技术来源、客户开拓等方面的差异，然后进行全面分析，对有关的经济技术数据进行测算并做出相应决策。

迁移企业注册地本身也存在一个方式筹划的问题。在迁移决策已定的情况下，如何迁移成为一个需要决策的问题。如果情况允许，可以将整个企业从一般地区迁移到有税收减免优惠政策的地区。如果全部搬迁不够理想，可以将企业的主要办事机构迁移到上述地区，采取只变更企业注册地的办法，而把老企业作为分支机构仍留在原地继续生产。如果上述办法不可行，则企业可以通过自身的产权重组达到变更注册地的目的。例如，采取企业分立或者分别注册的办法，让符合税收优惠条件的部分在税收优惠地区注册，让不符合税收优惠条件的部分仍留在老地方继续生产。此外，也可以采取先在合适的地区创办一家新企业，并取得享受税收优惠的资格，然后将原有的企业与新企业进行合并，将原企业变更为享受税收优惠政策企业的一个分支机构，以享受合并纳税的好处。当然，也可以通过企业间的关联交易，将高税率地区企业的利润转移到享受税收优惠的企业中去，实现企业整体税率的下降。需要注意的是，通过关联企业的关联交易实现利润的转移，关联交易价格必须在税法允许的范围之内，否则税务机关将对关联交易价格进行相应的调整。

第二节 投资行业的税收筹划

我国的税收优惠政策主要是以“产业优惠为主、区域优惠为辅”作为税收优惠导向的。无论是初次投资还是追加投资，都可以根据税收优惠政策加以选择，从而充分享受税收优惠政策。

对于内资企业，主要有以下特殊的税收利益：

（1）国家高新技术开发区的高新技术企业。

（2）兴办第三产业的税收优惠政策。

（3）利用国家对农业以及相关服务行业的税收优惠政策。

（4）对福利企业的税收优惠政策。

（5）对下岗职工、退伍军人、军队家属的税收优惠政策。

（6）对特殊行业（如模具、软件企业）的税收优惠政策。

（7）对新技术、新产品、新工艺的研究与开发费用的特殊规定。

（8）其他。

1. 选择减免税项目进行投资

第一，投资于农、林、牧、渔业项目的所得，可以免征、减征企业所得税。投资于基础农业，如蔬菜、谷物、薯类、油料、豆类、棉花、麻类、糖料、水果、坚果的种植，牲畜、家禽的饲养，农作物新品种的选育等可以享受免征企业所得税的待遇。投资于高收益的农、林、牧、渔业项目，如花卉、茶以及其他饮料作物和香料作物的种植，可以减半征收企业所得税。

第二，投资于公共基础设施项目及环境保护、节能节水项目，从项目取得第一笔生产、经营收入所属纳税年度起实行“三免三减半”的税收优惠政策。

2. 创业投资企业对外投资的筹划

创业投资企业从事国家重点扶持和鼓励的创业投资项目，可以按投资额的一定比例抵扣应纳税所得额。抵扣应纳税所得额是指创业投资企业采取股权投资方式投资于未上市的中小高新技术企业两年以上的，可以按照其投资额的70%在股权持有满两年的当年抵扣该创业投资企业的应纳税所得额；当年不足抵扣的，可以在以后纳税年度结转抵扣。

从2018年1月1日起，对创业投资企业投资种子期、初创期科技型企业的，可享受按投资额70%抵扣应纳税所得额的优惠政策；自2018年7月1日起，将享受这一优惠政策的投资主体由公司制和合伙制创业投资企业的法人合伙人扩大到个人投资者。政策生效前两年内发生的投资也可享受此项优惠。

3. 农、林、牧、渔业减免税的企业所得税优惠政策

（1）企业从事下列项目的所得，免征企业所得税：

第一，蔬菜、谷物、薯类、油料、豆类、棉花、麻类、糖料、水果、坚果的种植。

第二，农作物新品种的选育。

第三，中药材的种植。

第四，林木的培育和种植。

第五，牲畜、家禽的饲养。

第六，林产品的采集。

第七，灌溉、农产品初加工、兽医、农技推广、农机作业和维修等农、林、牧、渔业服务项目。

第八，远洋捕捞。

第九，以“公司＋农户”经营模式从事农、林、牧、渔业项目生产的企业，享受减免企业所得税优惠政策。

（2）企业从事下列项目的所得，减半征收企业所得税：

第一，花卉、茶以及其他饮料作物和香料作物的种植。

第二，海水养殖、内陆养殖。

国家禁止和限制发展的项目，不得享受本条规定的税收优惠。

（3）其他企业所得税减免税优惠政策：

第一，从事国家重点扶持的公共基础设施项目投资经营的所得。

第二，从事符合条件的环境保护、节能节水项目的所得。

第三，符合条件的技术转让所得。

4. 加计扣除优惠政策

企业的下列支出，可以在计算应纳税所得额时加计扣除：

第一，企业开展研发活动中实际发生的研发费用，未形成无形资产计入当期损益的，在按规定据实扣除的基础上，按照本年度实际发生额的50%，从本年度应纳税所得额中扣除；形成无形资产的，按照无形资产成本的150%在税前摊销。

企业开展研发活动中实际发生的研发费用，未形成无形资产计入当期损益的，在按规定据实扣除的基础上，按照实际发生额的100%在税前加计扣除；形成无形资产的，在上述期间按照无形资产成本的200%在税前摊销。

第二，安置残疾人员及国家鼓励安置的其他就业人员所支付的工资。企业安置残疾人员的，在按照支付给残疾职工的工资据实扣除的基础上，按照支付给上述人员工资的100%加计扣除。

第三，创业投资额抵扣政策。创业投资企业采取股权投资方式投资于未上市的中小高新技术企业两年以上的，可以按照其投资额的70%在股权持有满两年的当年抵扣该创业投资企业的应纳税所得额；当年不足抵扣的，可以在以后纳税年度结转抵扣。

从2018年1月1日起，对创业投资企业投资种子期、初创期科技型企业的，可享受按投资额的70%抵扣应纳税所得额的优惠政策；自2018年7月1日起，将享受这一优惠政策的投资主体由公司制和合伙制创业投资企业的法人合伙人扩大到个人投资者。政策生效前两年内发生的投资也可享受此项优惠。

5. 减计收入优惠政策

企业综合利用资源，生产符合国家产业政策规定的产品所取得的收入，可以在计算应纳税所得额时减计收入。该项减计收入的优惠政策具体是指企业以《资源综合利用企业所得税优惠目录》规定的资源作为主要原材料，生产非国家限制和禁止并符合国家和行业相关标准的产品取得的收入，减按90%计入收入总额。

该优惠政策相当于无限期延长减免期限，采用直接减计收入的形式拓展了减免基数，使税收优惠政策更加科学合理。

6. 税额抵免政策

企业购置并实际使用《环境保护专用设备企业所得税优惠目录》、《节能节水专用设备企业所得税优惠目录》和《安全生产专用设备企业所得税优惠目录》规定的环境保护、节能节水、安全生产等专用设备，其设备投资额的10%可以从企业当年的应纳税额中抵免；当年不足抵免的，可以在以后5个纳税年度结转抵免。

需要注意的是，享受该项企业所得税优惠的企业，应当实际购置并自身实际投入使用前款规定的专用设备；企业购置上述专用设备在5年内转让、出租的，应当停止享受企业所得税优惠，并补缴已经抵免的企业所得税税款。

税法对“环境保护、节能节水、安全生产”实行界定和投资抵免，支持对社会层面的投资，而不是简单的企业层面（如增加效能、增加产量）的技术改造，从而扩大了外延，更具广泛性和针对性。

7. 新购进研发设备税前扣除优惠政策

2018年1月1日至2020年12月31日，享受当年一次性税前扣除优惠的企业新购进研发仪器、设备的单位价值上限，从100万元提高到500万元。

需要注意的是，所有行业企业持有的单位价值不超过5 000元的固定资产，可以一次性在计算应纳税所得额时扣除，不再分年度扣除折旧。

8. 以前年度亏损结转优惠政策

一般企业可以在连续不超过5年内结转以前年度的亏损。需要注意的是，自2018年1月1日起，高新技术企业和科技型中小企业的亏损结转年限由5年延长至10年。

行业不同，具体业务不同，税收政策也不同。在行业、业务之间进行转化或选择，可以有效减轻税负。

【例5-2】 蜀都公司打算进行5 000万元的投资，目前有两个投资方向：一个投资方向是投入一般行业，预计年盈利200万元，企业所得税税率是25%；另一个投资方向是投入政府鼓励投资的行业，相对经营成本稍高，年盈利190万元，但企业所得税税率是15%。请从税务角度进行投资决策。

经过简单计算，可得出投资选择结论。

投资一般行业的税后利润为：

200－200×25%＝150(万元)

投资税收优惠行业的税后利润为：

190－190×15%＝161.5(万元)

在考虑税收优惠因素后，蜀都公司应选择有税收优惠的行业进行投资。

在税收筹划上，也可在高新技术开发区设立高新技术企业。为了鼓励高新技术企业的发展，各地纷纷设立高新技术开发区，并有相应的税收优惠政策。在这种情况下，企业既可在高新技术开发区内设立法律认可的高新技术企业，以享受税收优惠，又可适当使用价格转移法，转移一部分利润到该高新技术企业，从而降低整个集团的税负。

【例 5－3】 经批准，广州市某制药企业在广州市高新技术开发区设立全资子公司，从设立日起享受了两年免税优惠，目前适用 15%的优惠企业所得税税率。该制药企业年盈利 3 000 万元，企业所得税税率为 25%。通过一些技术处理，该制药企业转移 500 万元利润到该高科技企业，并按 15%的税率缴纳了企业所得税，从而使该制药企业达到了降低整体税负的目的。

未设立高新技术企业时，该制药企业应纳企业所得税税额为：

3 000×25%＝750(万元)

在利润转移后，同样是 3 000 万元的利润，应纳企业所得税税额为：

(3 000－500)×25%＋500×15%＝700(万元)

第三节　投资项目的税收筹划

管理层在比较几个投资项目时，需要进行项目的综合评估，对直接投资的综合评估有静态分析和动态分析两种，主要是考虑投资回收期、投资的现金流出和流入的净现值、项目的内部报酬率等财务指标。

项目评估的基本原理是：当投资项目的收益超过资本成本时，企业的价值将增加；当投资项目的收益小于资本成本时，企业的价值将减少。

在这里，必须对投资项目进行评估，涉及的指标主要分为两类：一是非贴现指标，主要包括回收期、会计收益率等；另一类是贴现指标，如净现值、现值系数、内含报酬率等。

一、回收期法

回收期是指投资引起的现金流入累积到与投资额相等时所需的时间，它代表收回投资所需要的时间，回收期越短，方案越有利。

$$\text{回收期}=\frac{\text{原始投资额}}{\text{每年现金净流入量}}$$

如果每年的现金流入量不等，或者原始投资是分为几年分期投入的，则可以将下式中的 n 确认为回收期：

$$\sum_{k=0}^{n} I_k = \sum_{k=0}^{n} O_k$$

式中，I_k 为第 k 年的现金流入量；O_k 为第 k 年的现金流出量；n 为投资年限。

投资回收期法的缺点是忽略了资金的时间价值，大型投资项目的前期投资都比较多且收益率很低，而在中长期却有较好的收入，所以回收期法还忽略了回收期后的投资收益问题，只能作为辅助的评价方法。

二、净现值法

净现值是指特定方案未来现金流入的现值与未来现金流出的现值之间的差额。按照这种方法，所有未来现金流入和现金流出都要按预定贴现率折算它们的现值，然后再计算它们的差额。

$$\text{净现值}=\sum_{k=0}^{n}\frac{I_k}{(1+i)^k}-\sum_{k=0}^{n}\frac{O_k}{(1+i)^k}$$

式中，I_k 为第 k 年的现金流入量；O_k 为第 k 年的现金流出量；n 为投资年限；i 为预定的贴现率。

三、现值指数法

现值指数法是指使用现值指数作为评价方法的指标。现值指数是未来现金流入与现金流出的现值比率，又称获利指数、贴现后收益-成本比率等。

$$\text{现值指数}=\sum_{k=0}^{n}\frac{I_k}{(1+i)^k}\div\sum_{k=0}^{n}\frac{O_k}{(1+i)^k}$$

如果现值指数大于1，说明其收益超过成本，即投资报酬率超过预定的贴现率；如果现值指数小于1，说明其报酬率没有达到预定的贴现率；如果现值指数等于1，则说明投资的报酬率与预定的贴现率相同。现值指数法的主要优点是可以进行独立投资机会的比较，并直接反映投资的效率。

四、内含报酬率法

内含报酬率法是根据方案本身的内含报酬率来评价方案优劣的一种方法。内含报酬率是指能够使未来现金流入量现值等于未来现金流出量现值的贴现率，也就是使投资方案净现值为零的贴现率。该方法是采用项目的现金流来计算的，它弥补了净现值法和现值指数法无法知道项目获利能力的问题。

【例 5-4】 某企业计划投资一个项目，需要投资 10 000 万元，现有甲、乙两个投资方案，有关资料见表 5-1。

表 5-1 甲、乙方案的现金流量情况 单位：万元

使用期间	甲方案各年的现金流量	甲方案年末累积现金净流量	乙方案各年现金净流量	乙方案年末累积现金净流量
1	6 000	6 000	0	0
2	5 000	11 000	2 000	2 000
3	3 000	14 000	6 000	8 000
4	2 000	16 000	8 000	16 000

【回收期法】

两个投资方案的现金净流量不相等，投资回收期为：

$$甲方案的投资回收期=1+\frac{10\,000-6\,000}{5\,000}=1.8(年)$$

$$乙方案的投资回收期=3+\frac{10\,000-8\,000}{8\,000}=3.25(年)$$

【净现值法】

甲方案的净现值

$=6\,000\times0.909\,1+5\,000\times0.826\,4+3\,000\times0.751\,3+2\,000\times0.683\,0-10\,000$

$=3\,206.5$(万元)

乙方案的净现值

$=2\,000\times0.826\,4+6\,000\times0.751\,3+8\,000\times0.683\,0-10\,000$

$=1\,624.6$(万元)

甲、乙两个投资方案的净现值均为正数，说明该方案的报酬率超过 10%。当然，甲方案明显优于乙方案。

【现值指数法】

$$甲方案的现值指数=\frac{13\,206.5}{10\,000}=1.32$$

$$乙方案的现值指数=\frac{11\,624.6}{10\,000}=1.16$$

甲、乙两个投资方案的现值指数都大于 1，说明其收益超过投入成本，即投资报酬率超过 10%。

【内含报酬率法】

乙方案的贴现率为 10%，而净现值为正数，说明收益率大于 10%。

若我们用15%的贴现率进行测试，则

$$乙方案的净现值=2\,000\times0.756\,1+6\,000\times0.657\,5+8\,000\times0.571\,7-10\,000=30.8(万元)$$

若我们用16%的贴现率进行测试，则

$$乙方案的净现值=2\,000\times0.743\,2+6\,000\times0.640\,7+8\,000\times0.552\,3-10\,000=-251(万元)$$

用内含报酬率法进行计算，则

$$收益率=15\%+(16\%-15\%)\times\frac{30.8}{30.8+251}=15.11\%$$

因此，我们知道该项目的真实回报率为15.11%。

第四节 投资方式的税收筹划

按投资者能否直接控制其投资资金的运用进行划分，可将企业投资分为直接投资和间接投资。直接投资是指投资者用于开办企业、购置设备、收购和兼并其他企业等的投资行为，其主要特征是投资者能够有效地控制各类投资资金的使用，并能实施全过程管理。间接投资主要是指投资者购买金融资产的行为，可以分为股票投资、债券投资等。不同投资所得会面临不同的税收待遇，比如国债利息收入属于免税收入。企业应综合考虑不同收益类型所适用的企业所得税政策对税后收益率的影响，选择税后收益率最大的投资方案。直接投资通常涉及企业要面临的各种流转税、所得税、财产行为税等。目前，间接投资在中国主要涉及交易环节的印花税和企业所得税等。

【例5-5】 甲公司有500万元的闲置资金，打算近期进行投资。其面临两种选择：一种是选择年利率为5%的国债投资；另一种是选择年收益率为8%的其他债券投资，企业所得税税率为25%。请问从财务角度分析，哪种方式更合适？

案例解读：

若选择投资国债，则

$$投资收益=500\times5\%=25(万元)$$

由于税法规定国债利息收入免征企业所得税，所以税后收益为25万元。

若选择投资其他债券，则

$$投资收益=500\times8\%=40(万元)$$

税后收益＝40－40×25％＝30(万元)

因此，甲公司选择投资其他债券更有益。

企业欲将闲置资金投资两种长期债券：一种是国家重点建设债券，利率为4％；另一种为国债，利率为3.5％。企业应该如何考虑？从表面上看，国家重点建设债券的利率要高于国债利率，但由于我国对国债持有期间的利息免征企业所得税和个人所得税，而重点建设债券要缴纳25％的企业所得税，所以实际的税后收益应通过计算来评价和比较：

4％×(1－25％)＝3％＜3.5％。

国家重点建设债券的税后利率要低于国债的税后利率，故购买国债更合算。事实上，只有当其他债券的利率大于4.67％（＝3.5％/75％）时，其税后收益才大于利率为3.5％的国债。

对于基金投资，投资者从证券投资基金分配中取得的收入，暂不征收企业所得税。对企业而言，股票或基金的转让所得都要按规定缴纳所得税，个人暂不缴税。由此可见，企业应该尽量以分红获得收益，而个人应以转让所得来获得收益。

本章小结

本章主要介绍了税收筹划在企业投资活动中的具体运用。通过对本章的学习，学生应了解企业的投资方式和税负成本，同时还要掌握投资行业、投资项目、投资方式的税收筹划方法和相应的税务风险管理。

复习思考题

1. 企业的投资方式有哪些？
2. 从税收的角度评价各种投资方式的优缺点。
3. 如何防范投资税收洼地的税务风险？

案例阅读

准确运用政策就是最好的税收筹划：一场关于股票股利的战斗

【案例背景】

2007年，某市JD股份有限公司（以下简称“JD股份”）经过股权分置改革后，JD集团持有其209 996 752股股票，持股比例为66.74％，实际计税成本为237 994 592.95元，成本为1.133 3元/股。JD股份以2008年、2010年、2012年的年底股份总数为基数，以未分配利润向全体股东按照每10股送红股2股、4股、8股。JD集团分别于2009年、2011年、2013年收到JD股份派发的红股41 999 350股、96 798 441股、274 308 435股。

JD集团分别于2010年、2014年、2015年累计减持JD股份8 000万股流通股。

2017年5月，税务稽查局对该公司进行检查，对于被投资方JD股份用未分配利润转增股本（即发放红股）时JD集团对应的股份数额，税企双方发生了争议：一种观点认为应该增加长期股权投资的计税基础，在后续股权转让时予以扣除；另一种观点认为不能增加长期股权投资的计税基础。根据这两种不同的观点计算出来的减持时应缴企业所得税的差额在1 000万元以上，而且只要以后企业发生减持行为，该影响就会持续扩大。

例如，2009年JD集团收到JD股份以未分配利润向全体股东10股送2股的红股后，其持有的股份数量增加了41 999 350股（=209 996 752×2÷10），达到251 996 102股。2010年，JD集团减持了JD股份的流通股1 000万股。

第一种观点认为，股票减持的成本应为1.111 1元/股[=(237 994 592.95+41 999 350)÷251 996 102]；第二种观点认为是0.944 4元/股（=237 994 592.95÷251 996 102）。

案例解读：

被投资方用未分配利润转增股本（即股票股利）时，投资方应以对应的股份数额增加长期投资计税基础，在后续股权转让时予以扣除。

1. 从税会处理角度看，两者有差异

《企业会计准则》规定发生上述事项时，投资方不做会计处理，只做备查登记。分析其原因，是因为投资方占被投资方的净资产份额及比例没有变化，同时没有经济利益流入，故会计上不确定为收入，同时根据匹配原则，相应的账面投资成本也不予增加。

但《国家税务总局关于贯彻落实企业所得税法若干税收问题的通知》（国税函[2010] 79号）第四条规定："企业权益性投资取得股息、红利等收入，应以被投资企业股东会或股东大会作出利润分配或转股决定的日期，确认收入的实现"。也就是说，税法认为该项业务符合收入确认条件，应确认为计税收入，可以看出税法与会计处理的差异明显。

在确定为计税收入的前提下，根据《企业所得税法》第二十六条第（二）款、《企业所得税法实施条例》第八十三条的规定，该项收入为免税收入。根据《新企业会计准则》的收入主成本配比原则，《企业所得税法实施条例》第九、二十七、二十八条，国税函[2010] 79号文第六条的规定，企业取得的各项免税收入所对应的各项成本费用，除另有规定者外，在股权转让时可以扣除。

因此，虽然企业在获得股票股利时不需要账务处理，但在涉税处理上应依据企业所得税扣除项目的真实性、相关性、合理性原则，按原投资成本加上股票股利的面值确定长期股权投资的计税基础，在转让股权时予以扣除。

2. 从政策方面看，现行政策可参照

首先，国税函[2010] 79号文第四条规定：被投资企业将股权（票）溢价所形成的资本公积金转为股本的，不作为投资方企业的股息红利收入，投资方企业也不得增加该项长期投资的计税基础。这条规定是对实务中形形色色的转股方案确定计税基础的规制，单就资本公积金转股进行限制，说明对其他方式包括以未分利润转股不限制，允许增加长期投资的计税基础。

其次，《税务总局关于发布〈股权转让所得个人所得税管理办法（试行）〉的公告》（国家税务总局公告2014年67号）明确规定了在未分配利润转股时，自然人股东以转增额增加股本原值，调增计税成本。对于未分配利润转股事项，不管是自然人股东还是法人股东，业务实质一致、会计处理相同，而且从税收原理上说，个人所得税和企业所得税的处理原则相通，故处理方法应该可以参考。既然自然人股东按照这个方法处理，法人股东应该也按这个方法执行。

3. 从事项的本质上看，符合计税基础增加条件

《上市公司监管指引第三号——上市公司现金分红》（证监会公告［2022］3号）第四条明确规定了股票股利是企业利润分红的一种形式。此外，从本案所涉公司的实务操作来看，其发放的股票股利有董事会提议的分配预案，有经股东大会审议批准的分配方案，有宣告日、发放日、除权日等，符合上市公司利润分红的规定和程序要求。因此，未分配利润转股的经济实质是先分红、后增股。

根据实质重于形式的原则，在企业进行涉税处理时也应将该业务分解为两部分进行处理，即将股息股利确定为投资收益，然后投资方将取得的股息股利增加投资和计税基础。

4. 从案例论证看，结果符合论点

【模拟案例】假定A企业是B企业唯一的法人股东，初始投资为100元，持股数为100股，B企业的股本为100元。1年后，B企业的盈利40元计入未分配利润，所有者权益合计为140元。假设账面价值与市场价值相等，排除其他因素，每股价格上升到1.4元（＝140÷100）。此时，B企业将40元未分配利润转增股本，A企业的持股数增加到140股。此时，B企业的所有者权益总额仍为140元，其中股本为140元，未分配利润为0，每股价格下降到1元（＝140÷140）。A企业所持股票的价格为140元，其中旧股的总价格为100元，转股收入40元（根据国税函［2010］79号文、《企业所得税法》第二十六条第（二）款的规定，转股收入40元为免税收入）。

若按平价转让，A企业应纳税所得额的正确计算结果应为：

140(总收入)－40(免税收入)－100(初始成本)＝0

但在实际转让时，由于B企业未分配利润等于0，所以在140元中没有应确认为免税收入的部分，即140元全部为应税收入。此时，若不增加计税基础，则需要确认40元［＝140－100(初始投资成本)］的股权转让所得。显然，这是将税法规定的免税收入40元进行了征税，与正确结果矛盾；反之，只有增加A企业所持股权的计税基础（即从100元增加到140元），此时A企业的股权转让所得为0，该结果才正确。

综上所述，被投资企业用未分配利润转股尽管是企业所有者权益的内部结构变动，而且企业的总价值不变，但在税务处理上应该增加投资方的计税基础。因为未分配利润转股后，如果投资方进行股权转让，则在其转让收入中有部分收入实际上是已确认的免税金额，但由于被投资企业累计未分配利润减少而无法得到扣减。此时，只有通过在转股环节增加投资方长期股权投资的计税基础来实现扣减。这种税收处理方法的目的是保证投资企业税务计算的合法及税收利益的公平。

最终，税务稽查局认可了该企业的处理方法，即对于被投资方JD股份用未分配利润转增股本（即发放股票股利）时JD集团对应的股份数额，准予增加长期股权投资的计税基础，并在后续股权转让时予以扣除。与另一种处理方法相比，企业节税数千万元！

资料来源：品税阁 sl. 准确运用政策就是最好的税收筹划！一场关于股票股利的战斗，2020-09-07.

第6章

财务成果分配的税收筹划

教学目的与要求：

企业的收益主要以工资薪金、劳动报酬、股息红利等形式进行分配，本章介绍企业员工工资薪酬、工资薪酬的激励机制以及利润分配环节的税收筹划。通过本章的学习，学生应能对不同分配机制进行税收筹划，并掌握税收筹划的依据及思路。

思政元素的融入：

2018年，我国修订了《个人所得税法》，在分析“子女教育、继续教育、大病医疗、住房贷款利息、住房租金、赡养老人”六个专项附加扣除的基础上，使学生体会尊老爱幼的传统美德，感受税收的民生情怀；通过案例，讨论和分析“一元年薪”“对赌协议”等现象，让“依法诚信纳税”的社会主义核心价值观在学生的心中生根发芽，促使学生形成正确的人生观、价值观、世界观。

第一节　员工工资、薪金的税收筹划

一、综合所得的税收筹划

根据2018年8月31日第十三届全国人民代表大会常务委员会第五次会议《关于修改〈中华人民共和国个人所得税法〉的决定》的规定，将工资、薪金所得，劳务报酬所得，特许权使用费所得，稿酬所得合并为综合所得，适用3%～45%的七级超额累进税率（见表6-1和表6-2）。

表 6-1　个人所得税税率表（按年综合所得适用）

级数	全年应纳税所得额	税率（%）	速算扣除数
1	不超过 36 000 元的	3	0
2	超过 36 000 元至 144 000 元的	10	2 520
3	超过 144 000 元至 300 000 元的	20	16 920
4	超过 300 000 元至 420 000 元的	25	31 920
5	超过 420 000 元至 660 000 元的	30	52 920
6	超过 660 000 元至 960 000 元的	35	85 920
7	超过 960 000 元的	45	181 920

表 6-2　个人所得税税率表（按月综合所得适用）

级数	全年应纳税所得额	税率（%）	速算扣除数
1	不超过 3 000 元的	3	0
2	超过 3 000 元至 12 000 元的	10	210
3	超过 12 000 元至 25 000 元的	20	1 410
4	超过 25 000 元至 35 000 元的	25	2 660
5	超过 35 000 元至 55 000 元的	30	4 410
6	超过 55 000 元至 80 000 元的	35	7 160
7	超过 80 000 元的	45	15 160

个人综合所得的计算公式如下：

应纳税所得额＝税前工资、薪金收入－三险一金－基本减除费用(6 万元)
＋劳务报酬×(1－20%)＋特许权使用费×(1－20%)
＋稿酬×(1－20%)×(1－30%)－专项附加扣除(最多扣 5 项)
－其他

应纳个人所得税税额＝应纳税所得额×适用税率－速算扣除数

个人所得税专项附加扣除在纳税人本年度综合所得应纳税所得额中扣除，本年度扣除不完的，不得结转以后年度扣除，具体扣除范围和标准见表 6-3。

表 6-3　个人所得税专项附加扣除的范围及标准

扣除项目	主体	内容	标准
子女教育	父母	全日制学历教育 学前教育（3 岁～小学前）	1 000 元/子女・月
继续教育	本人/父母	学历学位继续教育	400 元/人・月（本人扣），最长不超过 48 个月
		技能、专业技术职业资格教育	3 600 元（取得证书的当年扣除）
		本科及以下继续教育	符合条件的可以由父母扣

续表

扣除项目	主体	内容	标准	
大病医疗	本人、配偶、未成年子女由父母一方扣除	医疗报销后自行负担的部分	15 000元<医疗报销后自行负担的部分≤80 000元（本区间内就是扣除）	
住房贷款利息	本人/配偶	仅限首套房，仅限一套房，婚前各自购置房屋的，只能选择其一扣除	1 000元/月，最多可以扣除24个月	仅能选择其中一项扣除
住房租金	本人/配偶	直辖市、省会城市、计划单列市及国务院规定的其他城市	1 500元/月	
		市辖区户籍人口>100万	1 100元/月	
		市辖区户籍人口≤100万	800元/月	
赡养老人年满60岁	子女	独生子女	2 000元/月	
		非独生子女（可均摊、分摊扣除），被赡养人指定分摊优于子女书面约定分摊	合计≤2 000元/月，且≤1 000元/月·人	

工资、薪金支出是企业收益分配的主要形式，也是综合所得的重要构成部分。在我国，企业负责工资、薪金的发放并且履行代扣代缴个人所得税的义务，企业具有为员工进行工资、薪金筹划的前提条件。在不侵害国家与企业合法利益的基础上，帮助员工进行工资、薪金的税收筹划，不仅能使员工获得额外的收益，而且能展示企业的形象与凝聚力，实现双赢。

1. 利用综合征收计税政策进行税收筹划

《个人所得税法》采用的是综合所得按年纳税，并在预扣预缴环节采用累计预扣法。累计预扣法是指个人所得税扣缴义务人在一个纳税年度内预扣预缴税款时，以自然人纳税人在本单位截至当前月份的工资、薪金所得累计收入减除累计免税收入、累计减除费用、累计专项扣除、累计专项附加扣除和累计依法确定的其他扣除后的余额为累计预扣预缴应纳税所得额。在累计预扣法下，每月为员工预扣预缴税款的计算公式为：

$$\text{本期应预扣预缴税额}=\left(\text{累计预扣预缴应纳税所得额}\times\text{预扣率}-\text{速算扣除数}\right)-\text{累计减免税额}-\text{累计已预扣预缴税额}$$

$$\text{累计预扣预缴应纳税所得额}=\text{累计收入}-\text{累计免税收入}-\text{累计减除费用}-\text{累计专项扣除}-\text{累计专项附加扣除}-\text{累计依法确定的其他扣除}$$

据此，在累计预扣法下，员工每月预扣预缴的税款都是以全年累计工资、薪金所得为基础来计算的。由于累计收入逐月增加，尽管员工每月的收入一样，但有可能出现适用税率上升，预扣税款“前低后高”的现象。相对于此前的个人所得税扣除方法来说，现行的累计预扣法对纳税人而言是推迟了纳税义务发生时间，起到了延期缴税的作用。对纳税人来说，为了增加各项费用的扣除，应于年初在个人所得税 App 上尽快申报各项可以抵扣的专项附加扣除内容，保证自己的可扣除项目及时得到抵扣。

根据《国家税务总局关于进一步简便优化部分纳税人个人所得税预扣预缴方法的公告》(国家税务总局公告2020年第19号）的相关规定，自2021年1月1日起，对上一完整纳税年度内每月均在同一单位预扣预缴工资、薪金所得个人所得税且全年工资、薪金收入不超过6万元的居民个人，扣缴义务人在预扣预缴本年度工资、薪金所得个人所得税时，累计减除费用自1月份起直接按照全年6万元计算扣除。也就是说，在纳税人累计收入不超过6万元的月份，暂不预扣预缴个人所得税；在其累计收入超过6万元的当月及年内后续月份，再预扣预缴个人所得税。

以上政策适用于职位稳定，上年工资、薪金收入不超过6万元，并且是取得工资、薪金收入或是按照累计预扣法预扣预缴劳务报酬所得的居民纳税人。特别地，对于年度工资、薪金收入不高，且月度收入波动较大的纳税人来说，这无疑是一个利好的政策，不会产生预缴税款，造成年度汇算退税。

【例6-1】 小李、小王是居民个人，均在A公司任职：

(1）小李于2019年参加工作，2020年4月到A公司任职，实行弹性工资制。2020年4—12月小李在A公司共取得工资、薪金50 000元，A公司依法为其办理了2020年4—12月工资、薪金个人所得税全员全额扣缴申报。2021年，小李继续在A公司任职，1月取得保底工资2 000元、业绩提成10 000元。

(2）小王从2019年参加工作起就在A公司任职，实行弹性工资制。2020年1—12月小王在A公司共取得工资、薪金58 000元，A公司依法为其办理了2020年1—12月工资、薪金个人所得税全员全额扣缴申报，预扣个人所得税240元。2021年，小王继续在A公司任职，1月取得保底工资2 000元、业绩提成15 000元。

请问A公司2021年1月如何扣缴小李和小王的个人所得税？(不考虑专项扣除、专项附加扣除和依法确定的其他扣除。)

案例解读：

对照国家税务总局公告2020年第19号适用“累计减除费用自1月份起就直接按照全年6万元计算扣除”政策的四个条件来看：

(1）2020年，小李不是全年12个月都在A公司任职，并且工资、薪金收入不超过6万元，不符合政策适用条件，2021年1月应依法扣缴的个人所得税为：

$$(2\,000+10\,000-5\,000)\times 3\%=210(\text{元})$$

(2）2020年，小王全年12个月均在A公司任职，并且工资、薪金收入不超过6万元，符合政策适用条件。2021年1月，小王的应纳税所得额为：

$$2\,000+15\,000=17\,000(\text{元})$$

小王的应纳税所得额不超过6万元，无须扣缴个人所得税。

案例来源：朱志钢．预扣个税：弄懂累计预扣法是关键．中国税务报，2019-06-21.

在《个人所得税法》实施后，居民个人需要结合税制变化，对综合所得实行按年计税。在平时，居民纳税人的个人所得税实行预扣预缴，在年度终了后，居民纳税人需要就全年所得在次年6月前自行进行个人所得税的汇算清缴。个人所得税综合所得年度汇算清缴（以下简称“年度汇算”）是指在年度终了后，纳税人将全年的综合所得和可以扣除的费用进行汇总，按税法计算全年综合所得的最终应纳个人所得税税额，再减去当年度已经预缴的税额，得出该年度应退或应补税额，向税务机关申报并办理退税或补税。

对于大部分只有一处工资、薪金所得的自然人纳税人来说，在纳税年度终了时，预扣预缴的税款基本等于其年度应纳税款，次年无须再办理汇算清缴申报。只要全年工资、薪金所得保持一致，个人所得税的税收负担是一样的，全年收入无论怎样分配到各个月份，全年的整体应纳税额都是相同的。但是，由于纳税人最终的缴税时间是次年的6月30日，所以纳税人可以通过不同的工资发放方式或组合，借助早抵扣、迟发放等办法，推迟纳税义务发生时间，争取税款的时间价值。

在进行汇算清缴时，也有一些相应的税收优惠政策，纳税人可以灵活运用。根据《国家税务总局关于办理2019年度个人所得税综合所得汇算清缴事项的公告》（国家税务总局公告2019年第44号）应当申报而免予申报的范围包括：①纳税人年度汇算需要补税但年度综合所得收入不超过12万元的；②纳税人年度汇算需要补税金额不超过400元的。国家税务总局公告2019年第44号同时规定“纳税人已预缴税额与年度应纳税额一致或者不申请年度汇算退税的”，属于不需要办理汇算清缴申报的范围。也就是说，综合所得年收入不超过12万元但需要年度汇算补税或者年度汇算补税金额不超过400元，且在取得所得时扣缴义务人已依法预扣预缴了个人所得税，那么居民纳税人无须办理综合所得年度汇算申报，也无须补缴税款，即在免除了该纳税人年度汇缴申报义务的同时，还免除了其税款的补缴义务。

2. 专项扣除的税收筹划

根据《国务院关于修改〈中华人民共和国个人所得税法实施条例〉的决定》（中华人民共和国国务院令第600号）第二十五条的规定：按照国家规定，单位为个人缴付和个人缴付的基本养老保险费、基本医疗保险费、失业保险费、住房公积金，从纳税义务人的应纳税所得额中扣除。

《财政部、国家税务总局关于基本养老保险费、基本医疗保险费、失业保险费、住房公积金有关个人所得税政策的通知》（财税［2006］10号）规定：企事业单位按照国家或省（自治区、直辖市）人民政府规定的缴费比例或办法实际缴付的基本养老保险费、基本医疗保险费和失业保险费，免征个人所得税；个人按照国家或省（自治区、直辖市）人民政府规定的缴费比例或办法实际缴付的基本养老保险费、基本医疗保险费和失业保险费，允许在个人应纳税所得额中扣除。企事业单位和个人超过规定的比例和标准缴付的基本养老保险费、基本医疗保险费和失业保险费，应将超过部分并入个人当期的工资、薪金收入，计征个人所得税。

根据《住房公积金管理条例》、《建设部、财政部、中国人民银行关于住房公积金管理若干具体问题的指导意见》（建金管［2005］5号）等规定的精神，单位和个人分别在不超过职工本人上一年度月平均工资12%的幅度内，其实际缴存的住房公积金，允许在个人应纳税所得额中扣除。单位和职工个人缴存住房公积金的月平均工资不得超过职工工作地所在设区城市上一年度职工月平均工资的3倍，具体标准按照各地有关规定执行。单位和个人超过上述规定比例和标准缴付的住房公积金，应将超过部分并入个人当期的工资、薪金收入，计征个人所得税。

个人所得税的上述规定表明，单位与个人超过国家或省级政府规定的比例或标准缴纳的养老保险、医疗保险与失业保险，单位多交的并入员工所得，个人多交的不得税前扣除。对于住房公积金，直接确定为12%的最高限，工资基数按上一年度所在设区城市职工月平均工资的3倍，超标按规定处理。

根据《财政部、国家税务总局关于补充养老保险费、补充医疗保险费有关企业所得税政策问题的通知》（财税［2009］27号）的规定，自2008年1月1日起，企业根据国家有关政策规定，为在本企业任职或者受雇的全体员工支付的补充养老保险费、补充医疗保险费，分别在不超过职工工资总额5%标准内的部分，在计算应纳税所得额时准予扣除；超过的部分，不予扣除。

企业和事业单位根据国家有关政策规定的办法及标准，为在本单位任职或者受雇的全体职工缴付的企业年金或职业年金单位缴费部分，在计入个人账户时，个人暂不缴纳个人所得税。

个人根据国家有关政策规定缴付的年金个人缴费部分，在不超过本人缴费工资计税基数4%标准内的部分，暂从个人当期的应纳税所得额中扣除。企业年金个人缴费工资计税基数为本人上一年度月平均工资，月平均工资按国家统计局规定列入工资总额统计的项目计算。月平均工资超过职工工作地所在设区城市上一年度职工月平均工资300%以上的部分，不计入个人缴费工资计税基数。职业年金个人缴费工资计税基数为职工岗位工资和薪级工资之和。职工岗位工资和薪级工资之和超过职工工作地所在设区城市上一年度职工月平均工资300%以上的部分，不计入个人缴费工资计税基数。超过规定的标准缴付的年金单位缴费和个人缴费部分，应并入个人当期的工资、薪金所得，依法计征个人所得税。

企业实际支付的合理的工资、薪金支出是免征企业所得税的，企业在自身能力范围内应对所发放的工资、薪酬进行合理分配，利用上述政策的空间，增加补充养老保险、补充医疗保险、企业年金等的支出，扩大住房公积金的计提基数，增加职工的税前扣除额，既可降低企业所得税，又可减免个人所得税，实现双赢。

【例6-2】 A公司所在的甲市2×20年度在岗职工的年平均工资为76 896元，折算为在岗职工的月平均工资为6 408元，甲市的最低工资是2 350元/月。李某为A公司的在职职工，月平均工资为5 480元。A公司计提和缴纳的住房公积金缴存比例下限各为8%。

一般来说，A公司代扣李某的住房公积金为5 260.8元（=5 480×12×8%），是李某可以在个人所得税税前扣除的。

根据有关规定，住房公积金的缴存基数不低于本市现行最低工资标准（根据甲市的相关规定调整），不高于本市上一年度城镇非私营单位在岗职工月平均工资的3倍。单位及个人的住房公积金缴存比例下限各为5%，上限各为12%，具体缴存比例由单位和个人自行选择。同一单位原则上只能选定一个单位缴存比例，个人缴存比例应当等于或高于单位缴存比例。结合题目信息，可知：

李某的住房公积金最小扣除额＝2 350×12×5%＝1 410(元)

李某的住房公积金最大扣除额＝6 408×3×12×12%＝27 682.56(元)

住房公积金的扣除上下限之间的平均值是 14 546.28 元，与李某的住房公积金扣除额 5 260.8 元之间有很大的空间。

筹划思路：

(1) 在企业有能力负担的范围内，可以考虑提高住房公积金的计提基数和计提比例。但是，这样会提高企业的工资成本，增加企业的负担，通常难以推行。

(2) 在个人对可支配现金需求得到有效满足的前提下，自然人居民纳税义务人可以考虑在单位计提比例不变的前提下，主动提高个人住房公积金的计提基数和计提比例，这样可以增加个人所得税“三险一金”的税前扣除数，减轻个人所得税负担。

另外，如果企业在发放年终奖或者是增加员工工资福利时，可以考虑将增加的份额用于购置补充养老保险、补充医疗保险，在符合国家政策规定和不超过职工工资总额5%标准内的部分，这部分支出既可以抵免企业所得税，又可以增加个人所得税的税前扣除，实现“一举两得”的节税效果。

3. 专项附加扣除的税收筹划

个人所得税专项附加扣除是指子女教育、继续教育、大病医疗、住房贷款利息、住房租金和赡养老人六项专项附加扣除。专项附加扣除可以理解为对基本减除费用的一种差异化补充扣除，其目的是使纳税人的应税收入在减除基本费用标准的基础上，进一步减轻纳税人的税收负担，增加纳税人的实际收入和消费能力。

《个人所得税专项附加扣除暂行办法》（以下简称《暂行办法》）规定，专项附加扣除在纳税人本年度综合所得应纳税所得额中扣除，本年度扣除不完的，不得结转以后年度扣除。如果个人的综合所得太低，导致专项附加扣除超过综合所得，就会出现个人所得的亏损，该亏损只能“白亏”了，无法向以后年度结转。在出现这种情形时，可以考虑一些能够在配偶之间或者是家庭成员之间进行费用扣除的分配，使整个家庭的个人所得税扣除额最大。

(1) 子女教育专项附加扣除。《暂行办法》规定，纳税人的子女接受学前教育和学历教育的相关支出，按照每个子女每年 12 000 元（每月 1 000 元）的标准定额扣除。在实际扣除时，可在父母任何一方按 100%扣除，也可双方各按 50%扣除。

按照上述规定，如果家庭只有 1 个子女，每月可扣 1 000 元；若有 2 个子女，每月可扣 2 000 元；若有 3 个子女，每月可扣 3 000 元……当前，我们国家的计划生育政策已经放开三孩，从这个角度来看，多生小孩是可以多扣税的，也体现了税收鼓励生育的特征。

(2) 继续教育专项附加扣除。《暂行办法》规定，纳税人接受学历继续教育的支出，在学历教育期间按照每年 4 800 元（每月 400 元）定额扣除。纳税人接受技能人员职业资格继续教育、专业技术人员职业资格继续教育的支出，在取得相关证书的年度，按照每年 3 600 元定额扣除。

在实务操作时要注意以下几点：学历教育的扣除是在学历教育期间按月扣除的，可以选择由本人按照继续教育支出扣除（每月 400 元），也可以选择由父母按照子女教育支出扣除（每月 1 000 元），但不得同时扣除。单纯从数字上看，在父母那里的扣除金额更大一些，但有条件限制，比如说必须是本科以下的学历继续教育。如果父母已经退休，由于退休工资免税，那么增加扣除也不会产生节税效应。因此，纳税义务人可以比较分析继续教育专项附加扣除由父母抵扣与自己抵扣的税负差异，选择最优的扣除办法。

对于职业资格继续教育和专业技术人员职业资格继续教育来说，只能在取得相关证书的年度，按照每年 3 600 元定额扣除。哪些职业资格继续教育可以扣除，在个人所得税 App 系统中均有列示，范围内的资格证书可以抵税，纳税义务人可以不断自我提升，多参加职业资格的继续教育，多抵扣个人所得税。如果你一直“时运不济”，年年继续教育，但就是无法通过考试，无法拿到证书，那么你的支出也与节省税收支出没有任何关系了！

（3）大病医疗专项附加扣除。《暂行办法》规定，一个纳税年度内，在社会医疗保险管理信息系统记录的（包括医保目录范围内的自付部分和医保目录范围外的自费部分）由个人负担超过 15 000 元的医药费用支出部分，为大病医疗支出，可以按照每年 80 000 元的标准限额据实扣除。

按照上述规定，个人负担的该项支出未超过 1.5 万元的，无法扣除。个人负担的该项支出超过 1.5 万元的，超过的部分据实列支，但最多不超过 8 万元。该项支出不能按月扣，只能由纳税人在办理汇算清缴时由纳税人本人扣除，而不是由扣缴义务人履行该项义务。扣除该项支出需要有充分的支出证明，应当留存医疗服务收费相关票据的原件（或复印件）。纳税人只有全部满足上述条件时才能抵扣个人所得税。在实际操作时，对于医疗费用支出的临界点，可以考虑延迟或者提前医疗费用的发生额，起到调节控制个人所得税的作用。

（4）住房贷款利息专项附加扣除。《暂行办法》规定，纳税人本人或配偶使用商业银行或住房公积金个人住房贷款为本人或其配偶购买住房，发生的首套住房贷款利息支出，在偿还贷款期间，可以按照每年 12 000 元（每月 1 000 元）的标准定额扣除。非首套住房贷款利息支出，纳税人不得扣除。纳税人只能享受一次首套住房贷款利息扣除。

首套住房贷款是指购买住房享受首套住房贷款利率的住房贷款。

《中国人民银行、中国银行业监督管理委员会关于进一步做好住房金融服务工作的通知》规定：“对于贷款购买首套普通自住房的家庭，贷款最低首付款比例为 30%，贷款利率下限为贷款基准利率的 0.7 倍，具体由银行业金融机构根据风险情况自主确定。对拥有 1 套住房并已结清相应购房贷款的家庭，为改善居住条件再次申请贷款购买普通商品住房，银行业金融机构执行首套房贷款政策。”

在实务中，按照“认贷不认房”的标准界定，即从 2019 年起，实际发生的住房贷款利息支出，只要享受的是“首套住房贷款利率”，即可享受扣除。纳税人可通过住房贷款合同自行判断是否享受“首套住房贷款利率”；无法从贷款合同自行判断的，应向贷款银行或住房公积金中心查询，贷款银行和住房公积金中心有义务为贷款人提供查询信息服务。

对于两人（含）以上购买住房发生的符合扣除条件的住房贷款利息，区分是否夫妻关系。如果该住房贷款合同的贷款人为夫妻两人，则可由夫妻两人选择在一方定额扣除住房贷款利息，另一方不得享受扣除。如果属于婚前分别贷款，且分别符合住房贷款利息专项附加扣除的条件，则婚后可选择由一方定额扣、另一方不得扣除，也可以选择各自按定额标准的50%分别扣；如果婚前共同贷，婚前属于非夫妻关系，按非夫妻关系处理。婚后，可由夫妻两人选择在一方定额扣除住房贷款利息，另一方不得扣除。

如果该住房贷款合同的贷款人是非夫妻关系的两人及以上，则应由主贷款人享受扣除，其他人不得享受扣除。如果该住房贷款有两份及以上合同，同时贷款人之间均为非夫妻关系，则可由贷款人各方分别享受扣除。

在实务中，纳税人购房能否抵税的关键在于纳税人是否享受“首套住房贷款利率”。在购置房屋时，纳税人应与银行充分沟通信贷的情况，争取最有利的贷款方案，实现节税的目的。

（5）住房租金专项附加扣除。《暂行办法》规定，纳税人租住的区域不同，每月的扣除标准不同。

我们在实务操作中需要注意，夫妻双方主要工作城市相同的，只能由一方按规定标准扣除住房租金支出。夫妻双方主要工作城市不相同的，且各自在其主要工作城市都没有住房的，可以分别扣除住房租金支出。纳税人有首套房的购房贷款利息，同时也有租房支出，在专项附加扣除时，只能选择其一扣除。在实务中，如果租、贷分别位于不同的城市，应该考虑城市之间扣除的差异，选择最大扣除额的专项扣除项目为扣除的最佳选择。

（6）赡养老人专项附加扣除。《暂行办法》规定，纳税人赡养60岁（含）以上父母以及其他法定赡养人的赡养支出，可以按照以下标准定额扣除：纳税人为独生子女的，按照每年24 000元（每月2 000元）的标准定额扣除；纳税人为非独生子女的，应当与其兄弟姐妹分摊每年24 000元（每月2 000元）的扣除额度。

纳税人赡养1个老人和赡养多个老人，扣除标准一样。多个子女约定分摊标准或被赡养人指定分摊的，每个人分摊的金额每月不超1 000元。比如父母有三个子女，这三个子女可以约定一人的扣除标准为0，另两人的每月扣除标准各为1 000元。在实务中，原则上应由工资收入较高的子女扣除更有利于整个家庭税负支出的最优。

专项附加扣除的条件复杂，纳税人要根据自身的条件，有效选择最优的扣除办法。

【例6-3】 小张的月薪为32 000元，妻子小李的月薪为10 000元（不考虑专项扣除和其他扣除），两人育有一个上小学的孩子，每月需要还房贷支出，小张和哥哥一起赡养老人，小李为独生子女，见表6-4。

表 6-4　小张、小李个人所得税筹划方案

计算过程	方法一：小张扣除		方法二：小李扣除	
	小张	小李	小张	小李
1. 月薪	32 000	10 000	32 000	10 000
2. 子女教育	1 000	0	0	1 000
3. 房屋贷款	1 000	0	0	1 000
4. 赡养老人	1 000	2 000	1 000	2 000
5. 月应纳税额＝1－2－3－4－5 000	24 000	3 000	26 000	1 000
6. 年应纳税所得额＝5×12	288 000	36 000	312 000	12 000
7. 适用税率，速算扣除数	20%，16 920	3%，0	25%，31 920	3%，0
8. 年应纳税额	40 680	1 080	46 080	360

通过计算比较，方法一合计纳税 41 760 元，方法二合计纳税 46 440 元，方法一能够节税 4 680 元。因此，选择由高收入者多扣除可以节税。

4. 其他扣除

对于纳税人实际取得的工资、薪金所得，除适用 5 000 元的基本减除费用、“三险一金”、专项附加扣除外，纳税人实际取得的工资、薪金所得还有哪些项目可以扣除？

（1）公益慈善捐赠支出。《个人所得税法》第六条第三款规定：“个人将其所得对教育、扶贫、济困等公益慈善事业进行捐赠，捐赠额未超过纳税人申报的应纳税所得额30%的部分，可以从其应纳税所得额中扣除；国务院规定对公益慈善事业捐赠实行全额税前扣除的，从其规定。”对纳税人符合条件的公益性捐赠支出，未超过应纳税所得额30%的部分，允许按规定扣除。

（2）根据国家有关政策规定缴付的年金。《财政部、国家税务总局、人力资源和社会保障部关于企业年金、职业年金个人所得税有关问题的通知》（财税［2013］103 号）第一条第二款规定：“个人根据国家有关政策规定缴付的年金个人缴费部分，在不超过本人缴费工资计税基数的 4%标准内的部分，暂从个人当期的应纳税所得额中扣除。”对纳税人按照国家规定缴付的年金，在不超过本人缴费工资计税基数的 4%标准内的部分，允许按规定扣除。

（3）个人购买符合规定的商业健康保险。《财政部、国家税务总局、保监会关于将商业健康保险个人所得税试点政策推广到全国范围实施的通知》（财税［2017］39 号）第一条规定：“对个人购买符合规定的商业健康保险产品的支出，允许在当年（月）计算应纳税所得额时予以税前扣除，扣除限额为 2 400 元/年（200 元/月）。单位统一为员工购买符合规定的商业健康保险产品的支出，应分别计入员工个人工资薪金，视同个人购买，按上述限额予以扣除。”购买符合规定的商业健康保险，允许按照规定限额扣除。

（4）试点地区商业养老保险支出。《财政部、税务总局、人力资源社会保障部、中国银行保险监督管理委员会、证监会关于开展个人税收递延型商业养老保险试点的通知》（财税［2018］22号）第一条第一款规定：“自2018年5月1日起，在上海市、福建省（含厦门市）和苏州工业园区实施个人税收递延型商业养老保险试点。试点期限暂定一年。”该文第一条第二款第一项规定：“取得工资薪金、连续性劳务报酬所得的个人，其缴纳的保费准予在申报扣除当月计算应纳税所得额时予以限额据实扣除，扣除限额按照当月工资薪金、连续性劳务报酬收入的6%和1 000元孰低办法确定。”对试点地区符合条件的商业养老保险支出，允许按照规定限额扣除。

（5）符合条件的职务科技成果转化现金奖励。《财政部、税务总局、科技部关于科技人员取得职务科技成果转化现金奖励有关个人所得税政策的通知》（财税［2018］58号）第一条规定：“依法批准设立的非营利性研究开发机构和高等学校（以下简称非营利性科研机构和高校）根据《促进科技成果转化法》规定，从职务科技成果转化收入中给予科技人员的现金奖励，可减按50%计入科技人员当月‘工资、薪金所得’，依法缴纳个人所得税。”对符合条件的职务科技成果转化收入中给予科技人员的现金奖励，可减按50%计入科技人员当月“工资、薪金所得”。

若纳税人发生符合上述条件的支出，在年度个人所得税汇算清缴时应提供相关的佐证材料，在申报综合所得的个人所得税时扣除。

5. 综合所得项目之间的转化筹划

虽然《个人所得税法》将工资、薪金所得，劳务报酬所得，稿酬所得，特许权使用费所得统一视为综合所得，并按纳税年度合并计算个人所得税，以每一纳税年度的收入额减除费用6万元以及专项扣除、专项附加扣除和依法确定的其他扣除后的余额，为应纳税所得额。但是，工资、薪金所得和劳务报酬所得预扣预缴个人所得税的计算方法却截然不同。

《国家税务总局关于全面实施新个人所得税法若干征管衔接问题的公告》（国家税务总局公告2018年第56号）第一条第二款规定：扣缴义务人向居民个人支付劳务报酬所得、稿酬所得、特许权使用费所得，按次或者按月预扣预缴个人所得税。具体预扣预缴方法如下：

劳务报酬所得、稿酬所得、特许权使用费所得以收入减除费用后的余额为收入额。其中，稿酬所得的收入额减按百分之七十计算。

减除费用：劳务报酬所得、稿酬所得、特许权使用费所得每次收入不超过四千元的，减除费用按八百元计算；每次收入四千元以上的，减除费用按百分之二十计算。

应纳税所得额：劳务报酬所得、稿酬所得、特许权使用费所得，以每次收入额为预扣预缴应纳税所得额。劳务报酬所得适用百分之二十至百分之四十的超额累进预扣率（见表6-5），稿酬所得、特许权使用费所得适用百分之二十的比例预扣率。

劳务报酬所得应预扣预缴税额＝预扣预缴应纳税所得额×预扣率－速算扣除数

表 6-5 劳务报酬个人所得税预扣率表

级数	预扣预缴应纳税所得额	预扣率（%）	速算扣除数
1	不超过 20 000 元的	20	0
2	超过 20 000 元至 50 000 元的部分	30	2 000
3	超过 50 000 元的部分	40	7 000

【例 6-4】 贾某是自由职业者，在 2×20 年取得了两项劳务报酬：4 月，取得设计费 40 000 元；9 月，取得稿酬 20 000 元。贾某在取得相关报酬时已经全部被代扣代缴了个人所得税。假设贾某在 2×20 年无其他收入，无其他相关扣除项目，计算贾某在 2×20 年汇算清缴时应缴纳的个人所得税。

案例解析：

贾某取得设计费时应代扣代缴的个人所得税：

$$40\ 000\times(1-20\%)\times30\%-2\ 000=7\ 600(\text{元})$$

贾某取得稿酬收入时应代扣代缴的个人所得税：

$$20\ 000\times(1-30\%)\times(1-20\%)\times20\%=2\ 240(\text{元})$$

年度终了，贾某应申报年度个人所得税汇算清缴：

$$40\ 000\times(1-20\%)+20\ 000\times(1-30\%)\times(1-20\%)-60\ 000<0$$

贾某当年无须缴纳个人所得税，此前已经代扣代缴的个人所得税可以申请退还。

通过上例的分析，我们发现：纳税人如果没有常规性的稳定收入，只有劳务报酬、特许权使用费、稿酬收入等，在预扣环节代扣代缴的个人所得税有可能存在多预缴的情况。这种情况的出现可能是由于从多处取得的收入的扣除额度未达到 6 万元的标准，而在预扣环节非工资、薪金类别的综合所得是不允许扣除基本扣除费用的，纳税人预缴的个人所得税会存在使用价值的损失，因而在年度终了后应及时申请退还。

另外，在个人所得税综合所得的汇算清缴中，我们发现：纳税人取得的劳务报酬、特许权使用费、稿酬收入在并入个人所得税综合收入时按实际取得收入的 80% 计算，给予了额外的减免，这为我们开展税收筹划提供了空间。如果纳税人每月能从两处或多处（兼职）取得工资、薪金，建议选定一处的收入作为工资、薪金项目，其余各处的收入作为劳务报酬项目，因为劳务报酬所得以减除 20% 费用后的余额为收入额。

【例 6-5】 老王是 A 公司总经理，月收入 50 000 元。A 公司在外地设立了一家子公司——B 公司，老王兼任 B 公司的董事长。每月，老王在外地工作三天，处理相关业务，B 公司不给老王支付工资。为计算简便，不考虑社保和专项附加扣除等。

老王全年应纳个人所得税为：

(50 000×12－5 000×12)×30%－52 920＝109 080(元)

案例解析：

经过税收筹划，将老王在A公司的职位设为专职，A公司每月支付老王30 000元；将B公司的职位设为兼职，B公司每月支付老王20 000元。根据《国家税务总局关于个人兼职和退休人员再任职取得收入如何计算征收个人所得税问题的批复》（国税函［2005］382号）的规定，个人兼职取得的收入应按照“劳务报酬所得”应税项目缴纳个人所得税。根据《个人所得税法》第六条第二款的规定：“劳务报酬所得、稿酬所得、特许权使用费所得以收入减除百分之二十的费用后的余额为收入额。”

《营业税改征增值税试点实施办法》（财税［2016］36号文的附件一）第十条规定：“销售服务、无形资产或者不动产，是指有偿提供服务、有偿转让无形资产或者不动产，但属于下列非经营活动的情形除外：……（二）单位或者个体工商户聘用的员工为本单位或者雇主提供取得工资的服务。”由于劳务报酬所得不属于单位聘用的员工为本单位提供取得工资的服务，因而需要缴纳增值税和附加税（城市维护建设税按7%计算）。

在税收筹划后，老王全年应纳的个人所得税为：

(30 000×12＋20 000×12×80%－60 000)×30%－52 920＝94 680(元)

老王取得的劳务报酬所得全年应缴增值税：

$$20\ 000\times 12\times \frac{3\%}{1+3\%}=6\ 990.29(\text{元})$$

应交附加税为：

6 990.29×(7%＋3%＋2%)＝838.83(元)

在税收筹划后，老王全年应纳的个人所得税、增值税、附加税合计：

94 680＋6 990.29＋838.83＝102 509.12(元)

节税额为：

109 080－102 509.12＝6 570.88(元)

节税比例为：

6 570.88÷109 080×100%＝6.02%

通过上述分析可以看出，将部分工资改为劳务报酬所得的确能节省一些个人所得税，但节税效果很有限。

二、工资、薪金发放形式的税收筹划

在各档税率不变的条件下，可以通过减少收入的方式使得自己适用较低的税率，同时计税基数也变小了。可行的做法是与单位达成协议，改变自己的工资、薪金支付方法，即由单位提供一些必要的福利，比如由企业提供住所、车辆保养费用等，这些费用是员工的硬性支出，可在工资中将这些费用扣除。常用的方法有以下几种：

1. 工资、薪金收入福利化

工资、薪金实行的个人所得税税率是累进的。当累积到一定程度时，新增工资、薪金带给纳税人的可支配现金逐渐减少，而把提供给纳税人的现金性工资转为提供福利，在带来相同消费满足程度的同时，还可以降低应纳税所得额，少缴个人所得税。由企业向职工提供的各种福利若不作为现金发放，则不视为工资收入，从而无须计算个人所得税。这样，企业通过提供员工福利既可以提高员工的生活水平，又可以让员工少缴个人所得税。具体做法包括：

（1）为员工提供通勤便利。企业可以配备车辆接送员工上下班，这部分支出既可以从员工的工资中扣除，从而降低名义收入，员工也不需要为此缴纳个人所得税，又可以选择给员工发放交通补贴，符合标准的交通补贴无须缴纳个人所得税（各省的标准不一样，企业在发放交通补贴时需要注意不可超过标准发放，否则可能增加员工的负担）。

（2）为员工提供劳保用品。企业为员工提供的实质属于工作条件的劳保用品，比如消毒液、口罩、高温作业的装备等，不属于个人所得。然而，企业以劳动保护名义向职工发放的实物以及货币性资金需要缴纳个人所得税。

（3）用餐补贴。企业可以为职工提供低价的工作餐，该补贴可从企业的职工福利费或者其他管理费用中列支，这种福利支出只要具备不可变现性（如不可转让、不能兑换现金及不构成职工的工资收入）即可。类似地，员工在出差时发生的餐费，也可在标准内领取差旅费补贴，不扣除个人所得税。

【例 6-6】 某公司职工张先生每月从公司领取工资、薪金所得 8 000 元。他租住了一套两居室住房，每月支付房租 1 000 元。在不考虑专项附加扣除的情况下，张先生应纳个人所得税的税额为：

$$(8\,000-5\,000)\times 3\%=90(\text{元})$$

请问如何筹划才能降低税负？

若公司为张先生提供免费住房，工资下调到每月 7 000 元。由于个人的收入减少，个人的应纳税额会降低，而雇主的费用负担不变。

张先生收入为 7 000 元时的应纳税额为：

$$(7\,000-5\,000)\times 3\%=60(\text{元})$$

经过筹划，张先生每月可节省个人所得税 30 元（=90−60）。

由于针对职工福利和工资收入的税务安排不同，善解人意的公司不妨在政策范围内多发放福利（需要注意的是，目前饭补、房补等福利费已纳入个人所得税的范围），通过福利工资来巧妙安排，从而帮助职工合理避税。

2. 工资项目转换与选择的税收筹划

在现行工资结构的安排中经常见到企业提供假期旅游津贴、保险等组成部分，对于这些在合同中人人有份、可以清晰归属和计算的收入是要并入个人收入总额中一并计算个人所得税的。企业可以考虑将一些工资项目与企业的经营业务结合起来，通过转换工资形式来起到节税的作用。

（1）为职工提供与公司经营业务有关的培训，可以让员工降低名义工资和个人所得税应纳税额。需要注意的是，并非所有的培训都可以通过这种方式免缴个人所得税。举例说明，一家手机生产企业为员工支付瑜伽班的培训费用。显然，该企业的主营业务与瑜伽没有太大的关联。在这种情况下，瑜伽班的培训费用需要计入工资、薪金所得进行纳税。相反，如果是律师事务所的员工接受与律师继续教育培训有关的支出，那么该费用不仅可以由企业作为职工教育经费进行税前扣除，而且可以免除员工的个人所得税。

在实践中，要注意这种安排发生的费用不能是人人有份的且与生产经营相关，项目之间的转换应符合形式上的相关规定，对企业和个人可以实现双赢。

【例6-7】 A会计师事务所的员工小黄想参加某培训组织的注册会计师培训班，学费为5 000元/月，为期一年。黄某每月的工资为12 000元。请问黄某应如何与就职事务所进行沟通来进行个人所得税筹划?

案例解析：

黄某每月从事务所领取12 000元的工资，同时自行承担学费，在不考虑其他扣除以及各类保险的情况下，黄某年度需缴纳的个人所得税为：

(12 000×12－60 000)×10%－2 520＝5 880(元)

黄某与事务所协商，由事务所承担培训费用，同时黄某每月的工资降至7 000元。

对事务所而言，每月5 000元的支出可以作为职工教育经费在企业所得税税前扣除。对黄某而言，他的实际收入不变，同时年度需缴纳的个人所得税为：

(7 000×12－60 000)×3%＝720(元)

黄某减少的个人所得税税额为：

5 880－720＝5 160(元)

（2）工资转化为租金收入。随着生活水平的提高，汽车基本成为每个家庭的标配，养车的费用更是必不可少。对于高收入阶层而言，将汽车租给公司使用，可以将工资收入转化为租金收入，达到降低个人所得税的效果。

具体操作为：职工与公司签订租车协议，将自家汽车租给公司，公司按月向职工支付租金，同时还可以在协议中约定因公务发生的相关车辆非固定费用（如汽油费、过桥费、停车费等）由公司承担。需要注意的是，租金必须是按市场价格设定；职工需要携带租车协议和身份证到税务机关代开租车发票，公司才能在税前列支该费用；汽车的固定费用（如保险费、车船税、折旧费等）不能由公司承担。汽车报销的车辆保险费用必须取得发票。

对于纳税人来说，这只是改变了收入的形式，自己能够享受到的效用并没有减少，而且这种抵减收入的方式相应地减少了其承担的税收负担。这样一来，纳税人就能享受到比原来更多的效用。

【例 6-8】 2019 年 1 月，某上市公司为其总经理毛某（同时也是股东，持股时间为 6 个月）专门购买了一辆价值 120 万元的小汽车使用。该车预计使用 10 年，净残值按原价的 2%估计，按直线法计提折旧，适用的所得税税率为 25% 。该公司有两种方案可以选择：

方案一　公司将车辆的所有权办到毛某的个人名下，购车款由公司支付。

方案二　公司将购买的车辆作为办公用车，但指定主要归毛某使用。汽车每年的固定使用费为 1 万元，每年的油耗及修理费为含税价 2.34 万元（均取得了增值税专用发票）。

案例解析：

方案一：公司支付购买小汽车的价款 120 万元，相当于对毛某进行了红利性质的实物分配，应按“利息、股息、红利所得”缴纳个人所得税。

毛某分得的汽车应缴纳的个人所得税为：

$$120\times 20\%\times 50\%=12(\text{万元})$$

此外，毛某在 10 年中每年还要支付日常费用 3.34 万元。但是，企业为股东购买的车辆，不属于企业的财产，不得在企业所得税前扣除折旧，无任何税收收益。

方案二：公司将购买的车辆作为办公用车，公司同样支付购买小汽车的支出 120 万元。此时，小汽车的折旧及日常费用可以税前扣除，油耗及修理费的增值税可作为进项税额抵扣。

小汽车的年折旧额为：

$$(120-120\times 2\%)\div 10=11.76(\text{万元})$$

小汽车的年日常使用费用抵税额为：

$$1+2.34\div 1.13=3.07(\text{万元})$$

抵减的增值税进项税额为 0.27 万元（$=2.34\div 1.13\times 13\%$）。当年形成的税后收益为：

$$(3.07+11.76)\times 25\%+0.27\times 75\%=3.91(\text{万元})$$

结果比较：

(1) 从结果可知，在采用方案二时，虽然毛某不拥有小汽车的所有权，但毛某可少缴个人所得税 12 万元。10 年中，每年可为企业获得抵税的税收利益 3.91 万元，企业和纳税人实现了双赢。

(2) 如何实施。公司与经营者签订一份合同，约定该经营者在公司工作到一定年限（比如 5 年）后，该车按较低的价格出售给该经营者。这样做的好处是：在期满前，车辆所有权仍属于公司，可以计提折旧和各项费用；在5年后，公司将车卖给个人，个人获得所有权，从中可得到实惠。这种操作方法既减轻了公司负担又留住了人才，使个人得到了实惠，可谓一举两得。用同样的方法，我们也可对高管人员购房做出类似的税收筹划。

第二节　薪酬激励的税收筹划

目前，企业最常用的薪酬激励方式是股权激励。股权激励是指包括经营管理者在内的员工可以取得本公司一定量的股票，享受股东的权益，但要受到一定条件的限制。这样就把企业绩效与管理者等的利益联系在一起，大家共担风险、共享收益，从而长期激励员工尽职尽责地为企业服务。股权激励模式多种多样，常见的有股票期权、限制性股票、股票增值权和员工持股计划。

一、股票期权

企业员工股票期权（以下简称“股票期权”）是指上市公司按照规定的程序授予本公司及其控股企业员工的一项权利，该权利允许被授权员工在未来以某一特定价格购买本公司一定数量的股票。

上述“某一特定价格”被称为“授予价”或“施权价”，即根据股票期权计划可以购买股票的价格，一般为股票期权授予日的市场价格或该价格的折扣价格，也可以是按照事先设定的计算方法约定的价格；“授予日”，又称“授权日”，是指公司授予员工上述权利的日期；“行权”，又称“执行”，是指员工根据股票期权计划选择购买股票的过程；员工行使上述权利的当日为“行权日”，又称“购买日”。

员工在接受实施股票期权计划企业授予的股票期权时，除另有规定外，一般不作为应税所得征税。员工在行权时，其从企业取得股票的实际购买价（施权价）低于购买日公平市场价（指该股票当日的收盘价，下同）的差额，是因员工在企业的表现和业绩情况而取得的与任职、受雇有关的所得，应按“工资、薪金所得”适用的规定计算缴纳个人所得税。

对因特殊情况，员工在行权日之前将股票期权转让的，以股票期权的转让净收入作为工资、薪金所得征收个人所得税。

员工行权日所在期间的工资、薪金所得，应按下列公式计算工资、薪金应纳税所得额：

股票期权形式的工资、薪金应纳税所得额
=(行权股票的每股市场价－员工取得该股票期权支付的每股施权价)×股票数量

在2021年12月31日前，不并入当年综合所得，全额单独适用综合所得税率表计算纳税。其计算公式为：

应纳税额＝股权激励收入×适用税率－速算扣除数

居民个人在一个纳税年度内取得两次以上（含两次）股权激励的，应按上述公式规定合并计算纳税。

员工将行权后的股票再转让时获得的高于购买日公平市场价的差额，是因个人在证券二级市场上转让股票等有价证券而获得的所得，应按照“财产转让所得”适用的征免规定计算缴纳个人所得税。

员工因持有股权而参与企业税后利润分配取得的所得，应按照“利息、股息、红利所得”适用的规定计算缴纳个人所得税。由于股票期权所指向的标的股票必须是上市公司发行的股票，所以纳税人可以适用上市公司股息、红利差别化个人所得税政策的有关规定。具体为：持股期限在1个月以内（含1个月）的，其股息、红利所得全额计入应纳税所得额，实际税负为20%；持股期限在1个月以上至1年（含1年）的，暂减按50%计入应纳税所得额，实际税负为10%；持股期限超过1年的，可以享受免税。

根据税法的有关规定，需要对员工因参加企业股票期权计划而取得的工资、薪金所得确定境内或境外的来源，来源于境外的股票期权不享受上述政策，应依法缴纳税款。

股权激励的应纳税所得额与股票的行权价和授予价有关。因此，在行权日应尽量控制股价，以降低税收负担。股票价格随着证券市场的行情波动，因而恰当地选择行权日期，尽可能缩小行权价与行权日该股票市价之间的差距就可以降低税收负担。

高层管理人员可以选择或决定行权日的股票价格，因为他们是企业内部股票期权政策的制定者和执行者，对上市公司的股票价格走势较为了解，在一定程度上也影响着股票价格的走势。企业应重点关注行权日的选择问题，比如企业经过多轮融资后，股价有上涨的可能，而后实行了股权激励，则其承担的税收负担可能会高于多轮融资前的税收负担。因此，企业可以在融资前实施股权激励，以降低应纳税额。

【例6-9】 A上市公司在2018年股权激励计划中规定，2019年1月1日授予张某10万股股票期权，授权价为10元/股；在股票期权授予后，自授予日起3年内有效；股票期权授予后至股票期权行权日之间的等待期为1年。

2020年1月1日，经考核，张某符合行权条件。2021年6月1日，张某按10元/股购买了10万股股票，当日该股票的收盘价格为16元/股。2021年11月1日，张某按18元/股转让了10万股票。

分析：授予日是2019年1月1日，可行权日是2020年1月1日，行权日是2021年6月1日，出售日是2021年11月1日。

案例解析：

张某在2021年6月1日需要按“工资、薪金所得”缴纳个人所得税，具体计算如下。

应纳税所得额为：

(16－10)×100 000＝600 000(元)

由于

600 000÷12＝50 000(元)

所以适用税率为30%，速算扣除数为4 410。

应纳税额为：

600 000×30%－4 410＝175 590(元)

2021年11月1日，张某按18元/股转让10万股股票时无须缴纳个人所得税。

由于股票期权以行权日作为纳税义务发生时间，而行权之后再转让无须纳税，这就为个人所得税的税收筹划留下了空间。

股票期权的股票市价在行权有效期内是波动的，被激励对象可以在行权有效期内合理选择行权日，应尽可能选择在股票市价接近行权价的日期行权，从而降低应纳税所得额，达到个人所得税节税的目的。

假设案例中的张某在2021年7月1日行权，而当日该股的收盘价为13.6元/股，则张某需要缴纳个人所得税。

应纳税所得额为：

(13.6－10)×100 000＝360 000(元)

由于

360 000÷12＝30 000(元)

所以适用税率为25%，速算扣除数为2 660。

应纳税额为：

360 000×25%－2 660＝87 340(元)

2021年11月1日，张某按18元/股转让10万股股票时无须缴纳个人所得税。如果张某将实际行权日由2021年6月1日推迟到2021年7月1日，则可以实现节税88 250元（＝175 590－87 340）。

通过对以上两种方案的比较，我们可以看出：在股价较低时行权、在股价较高时卖出节税更多。需要注意的是，股票期权收入单独计税优惠政策的最后使用期限是2021年12月31日，从2022年1月1日起需要并入工资、薪金的综合所得计税，而该收入对纳税人的综合所得累进效应会非常明显，有此类收入的纳税人应该采取其他思路进行税收筹划，比如分期行权或适用新的税收优惠政策等，避免在某一纳税年度适用的个人所得税税率畸高。

二、限制性股票和股票增值权

股票增值权被授权人获取的收益，是由上市公司根据授权日与行权日股票差价乘以被授权股数，直接向被授权人支付的现金。上市公司应于向股票增值权被授权人兑现时依法扣缴其个人所得税。股票增值权被授权人应纳税所得额的计算公式为：

$$\text{股票增值权某次行权应纳税所得额}=\left(\text{行权日股票价格}-\text{授权日股票价格}\right)\times\text{行权股票份数}$$

限制性股票是指上市公司按照股权激励计划约定的条件，授予公司员工一定数量的本公司股票。按照《个人所得税法》及其实施条例等的有关规定，原则上应在限制性股票所有权归属于被激励对象时确认其限制性股票所得的应纳税所得额。也就是说，上市公司在实施限制性股票计划时，应以被激励对象限制性股票在中国证券登记结算公司（境外为证券登记托管机构）进行股票登记日期的股票市价（指当日收盘价，下同）和本批次解禁股票当日市价（指当日收盘价，下同）的平均价格乘以本批次解禁股票份数，减去被激励对象本批次解禁股票份数所对应的为获取限制性股票实际支付的资金数额，其差额为应纳税所得额。被激励对象限制性股票应纳税所得额的计算公式为：

$$\text{应纳税所得额}=\left(\text{股票登记日股票市价}+\text{本批次解禁股票当日市价}\right)\div 2\times\text{本批次解禁股票份数}-\text{被激励对象实际支付的资金总额}\times\text{本批次解禁股票份数}\div\text{被激励对象获取的限制性股票总份数}$$

从2019年1月1日起至2021年12月31日，满足条件的被激励对象应该按照《财政部、税务总局关于个人所得税法修改后有关优惠政策衔接问题的通知》（财税［2018］164号）第二条“关于上市公司股权激励的政策”的规定计算纳税，即

$$\text{应纳税额}=\text{股权激励收入}\times\text{适用税率}-\text{速算扣除数}$$

居民个人在一个纳税年度内取得两次及以上股权激励的，在2021年12月31日前应合并计算纳税。

股权激励的应纳税所得额与股票的行权价和授予价有关，因而在行权日应尽量控制股价，以降低税收负担。股票价格随着证券市场行情而波动，因而应恰当选择行权日期，尽可能缩小行权日的股票价格与市价之间的差距就可以降低税收负担。

比较股票期权和股票增值权所得，如果预计在行权日后股票价格将上升，那么以股票期权的形式作为激励机制，将使个人产生节税效应。其原因是根据我国税法的规定，个人在上海证券交易所、深圳证券交易所转让从上市公司公开发行和转让市场取得的上市公司股票所得，免征个人所得税。这样就可以将个人从企业取得的收益转移到资本市场上，从而获得免税收益。

当授权日和股票登记日与解禁日或行权日股票的市价差距较大时，授予雇员限制性股票比授予股票期权更有利。这是因为限制性股票的应纳税所得额是按照股票登记日、解禁日股票价格的平均值与实际支付价格的差额计算的，股票期权所得是按照行权日股票市价与行权价（即实际支付）的差额计算的，当市场的上升空间较大时，前者将远小于后者，可以减少应纳税额。

【例 6-10】 2019 年 1 月，居民个人黄某从其任职的某上市公司取得限制性股票 10 000 股，在取得限制性股票时支付了 10 000 元。该批股票在股票登记日的收盘价为 6 元/股。按照计划约定，2020 年 3 月 31 日解禁 5 000 股，假定当日收盘价为 10 元/股；2020 年 11 月 30 日解禁剩下的 5 000 股，假定收盘价为 9 元/股。在不考虑其他税费的情况下，黄某限制性股票应缴纳的个人所得税是多少？

黄某取得限制性股票的 2019 年 1 月不产生纳税义务，因为限制性股票个人所得纳税义务发生时间是每一次股票解禁的日期。

第一批股票解禁时（2020 年 3 月 31 日），应纳税所得额为：

$$(6+10)\div 2\times 5\,000-10\,000\times 5\,000\div 10\,000=35\,000(\text{元})$$

应纳税额为：

$$35\,000\times 3\%-0=1\,050(\text{元})$$

第二批股票解禁时（2020 年 11 月 30 日），应纳税所得额为：

$$(6+9)\div 2\times 5\,000-10\,000\times 5\,000\div 10\,000=32\,500(\text{元})$$

按照财税［2018］164 号文第二条“关于上市公司股权激励的政策”的规定，居民个人在一个纳税年度内取得两次以上（含两次）股权激励的，应合并计算纳税。

由于黄某的限制性股票解禁都是在一个纳税年度内，因而在第二批股票解禁时，不能单独计算纳税，必须要跟第一批解禁股票合并计算纳税。

合并后的应纳税所得额为：

$$35\,000+32\,500=67\,500(\text{元})$$

合并后应纳税额为：

$$67\,500\times 10\%-210=6\,540(\text{元})$$

第二批股票解禁应补缴税款为：

$$6\,540-1\,050=5\,490(\text{元})$$

三、员工持股计划

员工持股计划是一种新型的股权激励方式，它允许员工使用自己的资金或其他合法的收入购买企业的股票，并将这些股票委托第三方集中管理。员工在获得这些股票的同时，享有部分或全部的公司管理权。持股模式的实现有三种方式，即员工自己持有、通过有限责任公司持有以及通过合伙企业持有。因此。在行权阶段、持有阶段、转让阶段所需缴纳的企业所得税和个人所得税存在差异。

（1）员工自己持有。员工直接获得了公司的股票，如果在持有期间获得了股息、利息、红利所得，按 20%的税率缴纳个人所得税。当其退出投资时，转让股票所获得的转让收入需要按照财产转让所得缴纳 20%的个人所得税。是否可以适用税收优惠政策，还要看被投资企业的性质以及持股的期限。

（2）通过有限责任公司持有。在该持有形式下，员工为股票的间接持有者，如果持股公司从被投资企业分得利息、股息、红利所得，应按税法的规定缴纳企业所得税。如果是境内居民投资境内居民企业的，该利息、股息、红利所得可以免税，但在向员工进行定向分配时（采取股息分配方式），员工需要按照20%的税率计算缴纳个人所得税。

（3）通过合伙企业持有。我国合伙企业实行先分后税制度，员工直接转让持股平台股票时，仅需在个人层面，按照财产转让所得缴纳20%的个人所得税。如果是持股平台转让股票后再以股息、红利方式向员工派发所得，则要按25%的税率缴纳一次企业所得税。

四、其他股权激励的税收筹划措施

股票期权涉及工资、薪金所得，财产转让所得和股息、红利所得这三种不同类型的所得。因此，如何使这三种所得的应纳个人所得税的总额最小，就是税收筹划需要解决的关键问题。通常可以不考虑期权行权后的股息、红利所得，因为对于持股比例不高的普通股东来说，他们很难对企业的利润分配政策和实务产生足够大的影响，所以这方面的税收筹划空间很小。我们主要关注行权时工资、薪金所得的应纳税额和再转让时财产转让所得的应纳税额的合计数，并使其最小化。

企业应选择税收洼地设立持股平台。相对于其他地区，税收洼地享有更优惠的税收政策，同时这些地区也有更宽松的金融约束。比如在新疆、深圳等地区，企业可以享受企业所得税的减免税等政策，因而企业可以考虑在这些地区设立持股平台，降低企业所得税负担。

税收筹划的目的并不是简单地降低纳税人的税收负担，还应该结合非税因素进行考虑，进而实现纳税人的企业价值最大化。股票期权、限制性股票涉及股票所有权的转让，而股票增值权不涉及股权的转让，相对而言，员工对股票的占有感低，激励效果可能较差。股票期权、限制性股票以及股票增值权的激励对象仅限于公司董事、监事和高级管理人员；员工持股计划的适用范围相对较广，只要是关键岗位的员工就可以获得。相对于其他股权激励模式来说，员工持股计划是员工相信企业的未来业绩并自愿选择的结果，在实施上更为灵活、激励效果也更强。这些都是非税因素，是企业在进行股权激励和税收筹划时需要考虑的。

第三节　向投资者（股东）分配利润的税收筹划

一、投资者为法人单位的利润分配筹划

《企业所得税法》第二十六条第二款规定，符合条件的居民企业之间的股息、红利等权益性投资收益作为免税收入，免缴企业所得税。《企业所得税法》第二十六条第

（二）款所称符合条件的居民企业之间的股息、红利等权益性投资收益，是指居民企业直接投资于其他居民企业取得的投资收益，不包括连续持有居民企业公开发行并上市流通的股票不足12个月取得的投资收益。

根据以上规定，符合条件的居民企业之间的股息、红利应符合3个条件：

（1）居民企业之间——不包括居民企业投资到“独资企业”、“合伙企业”和“非居民企业”。

（2）直接投资——不包括“间接投资”。

（3）连续持有居民企业公开发行并上市流通的股票在一年（12个月）以上取得的投资收益，不包括处置及处置以后取得的收入。

根据《国家税务总局关于贯彻落实企业所得税法若干税收问题的通知》（国税函［2010］79号）第三条“关于股权转让所得确认和计算问题”，企业转让股权收入应于转让协议生效且完成股权变更手续时，确认收入的实现。转让股权收入扣除为取得该股权所发生的成本后，为股权转让所得。企业在计算股权转让所得时，不得扣除被投资企业未分配利润等股东留存收益中按该项股权可能分配的金额。

对公司股东来说，其转让被投资公司的股票需要缴纳企业所得税，而从公司分红的所得是免税的。因此，如果企业股东要转让被投资公司，应该在股票分红后再转让股票。

【例6-11】 居民企业A公司于2019年2月20日以银行存款900万元投资于居民企业B公司，占B公司股本总额的70%。B公司当年获得税后利润500万元。A公司2019年度内部生产、经营所得为100万元。A公司的企业所得税税率为25%，B公司的企业所得税税率为15%。B公司可以用两个方案来处理这笔利润。

方案一：2020年3月，B公司董事会决定将税后利润的30%用于分配，A公司分得利润105万元。2020年9月，A公司将其拥有的B公司70%的股权全部转让给C公司，转让价为1 000万元，在转让过程中发生税费0.5万元。

方案二：B公司保留盈余不分配。2020年9月，A公司将其拥有的B公司70%的股权全部转让给C公司，转让价为1 105万元，在转让过程中发生税费0.6万元。

请通过计算帮助A公司进行纳税决策，应该选择哪个方案？为什么？

案例解析：

方案一：

A公司的生产、经营所得为100万元，税率为25%，应纳企业所得税为：

$$100\times25\%=25(万元)$$

《企业所得税法》第二十六条第二款规定，符合条件的居民企业之间的股息、红利等权益性投资收益作为免税收入，免缴企业所得税。

《企业所得税法》还规定，不论企业在会计账目中对投资采用何种核算方法，被投资企业在会计账目中实际做利润分配处理时，投资方企业应确认投资所得的实现。也就是说，如果被投资单位未进行利润分配，即使被投资单位有很多未分配利润，也不能推定为投资方企业的股息所得。

A 公司分得股息收入 105 万元，不再补税，股权转让所得为：

1 000－900－0.5＝99.5(万元)

应纳税额为：

99.5×25%＝24.88(万元)

因此，A 公司 2019 年应缴纳的企业所得税为：

25＋24.88＝49.88(万元)

方案二：

A 公司的生产、经营所得为 100 万元，税率为 25%，应纳企业所得税为：

100×25%＝25(万元)

由于 B 公司保留盈余不分配，从而导致股息所得和资本利得发生转化，即当被投资企业有税后盈余且发生股权转让时，被投资企业的股价就会发生增值。如果此时发生股权转让，这个增值实质上就是投资者在被投资企业的股息所得转化为资本利得。因为企业保留利润不分配，才会导致股权转让价格升高。这种因股权转让而获得的收益应全额并入企业的应纳税所得额，依法缴纳企业所得税。因此，A 公司的资本转让所得为：

1 105－900－0.5＝204.5(万元)

应纳税额为：

204.5×25%＝51.13(万元)

2019 年，A 公司合计应缴纳的企业所得税为：

25＋51.13＝76.13(万元)

方案一比方案二的税负轻 26.25 万元（＝76.13－49.88)，前者明显优于后者。其原因在于，A 公司在股权转让前获取了股息所得，从而有效防止了股息所得转变为股权转让所得，避免了重复征税。所以，A 公司应该选择方案一。

二、个人股东投资者利润分配的税收筹划

(1) 对于个人股东来说，被投资公司采取不直接分配股利而使股票增值的办法来分配利润比较有利。例如，2018 年成都一家股份公司的盈利状况良好、股价大涨，经董事会决定，把税后利润中的大部分作为公司的追加投资，这就增加了公司股票的价值，也不会因为分派股利而下降。这样一来，个人可以通过转让股票获得收益，而这部分收益依照税法的规定无须缴纳所得税。此外，被投资公司无须其他费用支出，就获得了再投资。但是，被投资公司不分配红利，损害了公司股东的利益。在税收筹划时，企业需要考虑投资方和被投资方的角色与关系，选择是否要保留盈余不分配。一般来说，个人

股东应该选择在股票分红前出售股票，这就要求被投资公司在选择股利分红时间的时候，也要考虑股东的构成和相关的税收利益。

（2）个人股东获得股利分红，需要缴纳个人所得税。如果个人股东获得分红后依然打算继续投资该公司，那么这个分红只会导致税收负担的加重和资金的损失。此时，个人股东可以考虑成立一个持股公司，专门处理其对外投资。这样，该持股公司从其他企业的分红所得就可以不缴企业所得税，达到节税的目的。

三、“一元薪酬”的节税效应

一元薪酬，在中国的出现已有一段时日。2009 年，为应对国际金融危机的影响，三一重工集团梁稳根提出自己仅领取 1 元年薪；马云曾公开表示，自己自创立阿里巴巴以来，没有一个月拿过工资；刘强东于 2015 年宣布，未来十年年薪 1 元……

创始人在公司中不领取薪资，他们的住房如何解决？日常生活来源是什么？其中，究竟有什么奥妙呢？

首先，创始人的收入来源可能有多种，比如源自家族财富或个人的其他投资性收入。

其次，作为投资人或高管，他们的大多数消费均与企业的生产经营有关，比如汽车消费、交际应酬等，按照现行财税制度均可作为公司支出，而不需要计入个人所得予以征税。个人与生产经营无关的消费性支出毕竟金额有限，即使在公司报销也不得在企业所得税税前扣除，而且需要作为个人收入缴纳个人所得税。显然，这无法解释 1 元薪资的真正目的。

当然，创始人不领取薪资可能还有其他原因，比如：可以有效激励团队，表达与公司共进退的信念；可以吸引眼球，引起社会关注，在扩大个人知名度的同时，还提升了公司品牌。至此，我们就知道创始人为什么不领取薪酬了。

现行税法规定，个人每月工资、薪金所得超过 8 万元的部分需要缴纳 45%的个人所得税，如果创始人的年薪为 1 200 万元，则年应纳个人所得税约 520 万元。

如果不领取薪酬，公司利润将增加 1 200 万元，按 25%的企业所得税税率计算，将增加公司净利润 900 万元（=1 200×75%），按 50 倍市盈率计算，可增加公司市值 4.5 亿元；若个人持股 50%，则个人财富增加 2.25 亿元。

四、“对赌协议”式的分配筹划

“对赌协议”的本义是“价值调整机制”，也有翻译为“估值调整协议”。简单地讲，对赌协议是投资方与融资方在达成协议时，双方在对企业价值估值不一致的情况下对未来不确定条件的一种约定。如果约定的条件出现，投资方可以行使一种估值调整的权利；如果约定的条件不出现，融资方则行使另一种权利。所以，对赌协议实际上是期权的一种形式。对赌协议产生的根源在于目标公司或目标资产未来盈利能力的不确定性，其目的是为了尽可能地实现投资交易的合理和公平，它既是投资方利益的保护伞，又对融资方起着一定的激励作用。

资产（股权）收购型对赌协议是在收购方对目标公司或标的资产（股权）进行收购时，收购方与出售方以被收购的目标公司或标的资产（股权）为基础资产进行对赌，通常采用的“里程碑事件”是目标公司或标的资产（股权）的未来盈利能力。在上市公司重大资产重组中，这种类型的对赌体现为“盈利预测补偿协议”或“利润补偿协议”。

【例6-12】 东阳美拉成立于2015年9月2日，注册资本为500万元，其中冯××出资350万元。这家公司的主营业务是影视剧项目的投资、制作以及影视剧本的创作、策划、交易等。不过，细看东阳美拉未经审计的财务数据就会发现，在被收购时东阳美拉仍是负资产状态。截至2015年11月19日，东阳美拉的资产总额为1.36万元，负债总额1.91万元，所有者权益为—5 500元。这意味着冯××在2个多月前花500万元注册的公司，转手卖给华谊兄弟就是15亿元。

根据华谊兄弟2015年的公告显示，冯××持有东阳美拉99%的股权，陆××持有东阳美拉1%的股权，两人将分别转让旗下69%和1%的股份给华谊兄弟。华谊兄弟将向冯××和陆××一次性支付全部股权转让价款10.5亿元。在转让完成后，华谊兄弟将持有东阳美拉70%的股权，冯××持有东阳美拉30%的股权。

华谊兄弟“送”出的这份10亿元大礼附加了“对赌协议”。具体说来，在股权转让完成后，冯××需要承诺2016年度东阳美拉的业绩目标为经审计的税后净利润不低于人民币1亿元，而且自2017年度起至2020年12月31日止，每个年度的业绩目标为在上一年度承诺的净利润目标基础上增长15%。若未能完成该目标，冯××将以现金补足差额。

准确地说，华谊兄弟花10.5亿元收购冯××新成立的东阳美拉，双方的对赌协议要求五年实现的净利润如下：2016年的净利润为1亿元，2017年的净利润为1.15亿元，2018年的净利润为1.322 5亿元，2019年的净利润为1.520 875亿元，2020年的净利润为1.749 006 25亿元，总净利润要求6.75亿元。

五年到期后，就算冯××没有完成6.75亿元的净利润，比如冯××只完成了5亿元的净利润，冯××只需要自掏腰包补齐1.75亿元即可。其实，他还是净赚了8.75亿元。

即使冯××一分钱不赚，他也可以从已获得的10.5亿元现金中拿出6.75亿元来补足业绩目标的差额部分，仍净赚3.7亿元。

即使冯××完成任务，他的净利润也只有6.75亿元，华谊兄弟依然要损失3.75亿元。

后　续

华谊兄弟与冯××的对赌协议要回到6年前，当时冯××已经火了20年，他拍的电影出一部火一部，票房号召力强，是华谊兄弟的大票仓。虽然冯××是华谊兄弟的台柱，与华谊兄弟董事长的交情也非同一般，但两人毕竟还是老板与雇员的关系，如果哪一天冯××要出去单干了，华谊兄弟的损失就大了。

因此，华谊兄弟董事长决定不惜出巨资，哪怕透支公司未来几年的利润，也要深度绑定冯××。

前两年，冯××都完成了承诺，但到了第三年（即2018年），冯××实际完成业绩6 501.5万元，不到承诺业绩1.32亿元的一半，冯××赔给华谊兄弟6 700万元。2019年，冯××导演的《芳华》大热，完成了当年的业绩指标，顺利通过，但到了2020年，冯××遇到了“滑铁卢”，仅完成了552.38万元。

所以，2021年4月28日华谊兄弟发布的2020年年报显示，东阳美拉仅实现净利润552.38万元，低于业绩承诺的1.749亿元，冯××需要补仓华谊兄弟约1.69亿元。

经过2018年和2020年两次未达业绩的赔付，冯××合计赔给华谊兄弟约2.36亿元。看上去不少，但华谊兄弟当年一次性给冯××10.5亿元，不计算利息和通货膨胀，华谊兄弟实实在在给了冯××约8亿元。

其实，对于因业绩承诺而收到或支付的补偿怎么进行税务处理，当前在国家层面并无规定。目前，关于业绩承诺的涉税处理有三种思路：一是收到业绩补偿的一方纳税（东阳美拉），但支付业绩补偿的另一方可以申请退税（冯××），收购方的股权计税基础不变（华谊兄弟）；二是收到业绩补偿的一方不纳税（东阳美拉），但支付业绩补偿的另一方可以申请退税（冯××），收购方的股权计税基础应予调减（华谊兄弟）；三是收到业绩补偿的一方不纳税（东阳美拉），但支付业绩补偿的另一方不可以申请退税（冯××），收购方的股权计税基础不变（华谊兄弟）。

本章小结

本章介绍了员工、经营者和股东层面的税收筹划方法。通过本章的学习，可以培养学生的价值理念。学生要知法、敬法、守法、用法，既要维护国家税法的法律权威，又要守护纳税人的合法权益；学生要服务于党和人民，要为国家的繁荣富强贡献力量，要有宪法精神，要坚决履行公民的纳税义务。

复习思考题

1. 简述纳税人综合所得的税收筹划方法有哪些？
2. 如何利用个人所得税的专项附加扣除节省个人所得税支出？
3. 股权激励税收筹划的关键因素是什么？
4. 在利润分配环节，企业投资者和个人投资者的利润分配税收筹划思路一样吗？为什么？
5. 个人投资者可以利用哪些方法降低个人所得税的开支？

案例阅读1

美国富豪花式避税“第二集”：这次是硅谷风投大佬彼得·泰尔

在避税这件事上，美国富豪们从不令人失望，包括贝佐斯、马斯克、巴菲特，甚至美国前总统特朗普、纽约前市长迈克尔·布隆伯格都各显神通。

现在，这份避税榜单中又出现了新人——彼得·泰尔（Peter Thiel）。

非营利新闻网站ProPublica援引美国国税局的数据显示，泰尔的Roth IRA（一种个人免税退休账户，以下简称“罗斯账户”）的价值，在2019年就积累了超过50亿美元，而在1999年只有区区2 000美元。

这是一个什么概念呢？

2018年，美国人罗斯账户中的平均价值为39 108美元，50亿美元大约是平均127 851个美国人的罗斯账户总额。

泰尔只需要等到他59岁半，也就是2027年4月再从他的账户中提现，就永远无须为这几十亿美元支付一分钱的税。

1. 泰尔是谁？

说起这个名字，很多人都比较陌生。

是的，泰尔和马斯克可谓师出同门。

与马斯克一样，他也是PayPal的联合创始人之一。在卖掉PayPal套现后，泰尔并未选择继续理工科的工作，而是创办了一家全球宏观对冲基金Clarium Capital，并在此后将更多精力放到了投资界。

转战投资后，泰尔依然眼光毒辣。

2004年，泰尔以50万美元帮助一名哈佛在校生创业，换取了10.2%的股份。那家公司就是日后家喻户晓的Facebook，泰尔由此成为Facebook的第一位外部投资者。此外，他还投资了Airbnb、SpaceX、Affirm和Stripe，并于2015—2017年担任著名孵化器Y Combinator的合伙人。

作为一位保守的自由主义者，他对政府的高支出、高债务水平和国际战争持批评态度，并且曾向包括美国前总统特朗普在内的50多名美国右翼政治人物捐款。

与此同时，他一直身体力行地推行反税收。

泰尔曾多次公开谴责政府对富人的高税收，并且一直是美国最著名的反税收政治行动委员会的主要资助者。

2. 50亿美元是如何炼成的？

罗斯账户是一种为退休设立的特殊投资账户，有两种用途：①作为个人退休账户，其中包含股票、债券等，通常与共同基金合作进行；②作为个人退休年金，来自人寿保险公司购买的年金合同或捐赠合同。

普通的个人退休账户是从人们的收入中扣除一部分作为养老金存入账户，因而不需要征税，也不需要在这一过程中对股息、利息或投资收益征税。但当退休人员开始提现时，就必须为此缴纳个人所得税。

相比之下，罗斯账户是直接免除了纳税义务，而不是推迟纳税。该账户中投资所获的回报金额增长是免税的，并且只要罗斯账户的拥有者在59岁半后再提现，就意味着永远无须缴纳个人所得税。

其实，早在1997年罗斯账户设立之初，美国政府由于担心它会成为富人们的逃税工具，便阻止了高收入人群（单身收入超过11万美元/年）的罗斯账户申请。但是，当时泰尔并未被纳入这部分高收入人群中。

现在的罗斯账户理论上只能缴纳 6 000 美元/年（50 岁以上人群为 7 000 美元）。

那么，泰尔是如何往罗斯账户中存这么多钱的？

因为在泰尔的罗斯账户中，几乎所有的钱都不是存入，而是来自他对初创企业的早期投资。通常在出售这些股票时，将向美国国税局缴纳 20%的税款，但在罗斯账户中则不需要。

ProPublica 援引税务记录称，自 1999 年之后，泰尔便不再向他的罗斯账户打钱了。

此后，在短短一年间，他的罗斯账户价值就从 2 000 美元跃升至 380 万美元。

2001 年，泰尔又以 30 美分/股的价格购买了 PayPal 170 万股股票。

一年后的 2002 年，泰尔的这项投资就获得了 3 150 万美元的免税利润，因为当年 eBay 以 19 美元/股的价格收购了 PayPal。

此外，泰尔对包括 Facebook 在内的其他一些初创企业的早期投资，也是通过罗斯账户进行的。

这些罗斯账户中的免税收益，也可以用来投资其他公司。雪球越滚越大，泰尔的罗斯账户里的钱也越来越多。

就这样，泰尔的罗斯账户价值最终在 2019 年突破了 50 亿美元，在此前的短短三年，该账户的价值就跃升了超过 30 亿美元。

3. 鳄鱼的眼泪

泰尔曾在接受科技媒体 Big Think 的采访中表示，美国税收制度存在“公平问题，超级富豪支付的税率低于中产阶级或中上阶层人士”。

他认为的解决方式不是对富人征收更多税，而是“减少对中产阶级和中上阶层的征税额”，并减少他们对医疗保险和社会保障等昂贵项目的依赖。

在泰尔所著的畅销书《从 0 到 1》中，他称财富不是靠运气或不公平的优势建立的，而是靠比同行更勇敢的、有眼光的投资人和创始人。泰尔在书中用了一整章来强调保守秘密的重要性，“每一个伟大的企业都是围绕着一个对外隐藏的秘密而建立的”，他如此写道。

现在，我们知道了泰尔的秘密之一是，他的财富不仅是靠头脑建立起来的，而且靠着数额庞大的“合理避税”——截至 2019 年，他的 50 亿美元分散在 96 个罗斯子账户中。

得益于类似罗斯账户这样的东西，超级富豪们的私人财富远比网上的公开统计信息大得多。

2019 年，福布斯统计的泰尔个人净资产为 23 亿美元，甚至不及他罗斯账户价值的一半。就算截至今天，福布斯统计的这一数据也仅有 54 亿美元。

像泰尔这样由于赚得太多而无法直接向罗斯账户存钱的人，总能找到所谓的“后门”，使用“罗斯账户”积累巨额资金对超级富豪来说也并不是什么新鲜事。

根据 ProPublica 的数据，截至 2018 年底，在伯克希尔哈撒韦最有可能接替巴菲特位置的泰德·韦斯勒的罗斯账户价值 2.644 亿美元；奥尔登全球资本创始人兰德尔·史密斯的罗斯账户价值 2.526 亿美元。

此外，作为世界上最富有的人之一，虽然巴菲特曾多次公开宣称支持对富人多征税，但他同样是避税富人中的既得利益者。截至2018年底，巴菲特的罗斯账户价值2 020万美元；文艺复兴的前对冲经理罗伯特·默瑟的罗斯账户价值3 150万美元。

当大多数美国普通人还在尽职尽责地纳税，为他们国家的军事和基础设施等提供资金的时候，美国最富有的人们正想方设法地“合理避税”。

罗斯账户俨然已成为富豪们搜刮普通纳税人财富的投资工具，而据ProPublica援引美联储2020年的研究数据，四分之一达到工作年龄的美国人没有退休储蓄。

资料来源：俞涛．美国富豪花式避税“第二集”：这次是硅谷风投大佬彼得·泰尔．华尔街见闻，2021-06-30.

案例阅读2

中国吴亚军、蔡奎家族离岸信托（龙湖地产）

2012年11月20日，上市公司龙湖地产董事会主席、中国女首富吴亚军离婚案，为中国家族企业利用离岸信托处理同类事件树立了一个样本：虽然面临764亿港元市值公司和577亿港元身家分割，但龙湖地产在这场离婚案中并未受到太大影响。原来早在龙湖地产上市前，吴亚军与其丈夫蔡奎便已各自设立了一个家族离岸信托，将即将上市的公司股权分别转移其中，见图6-1。

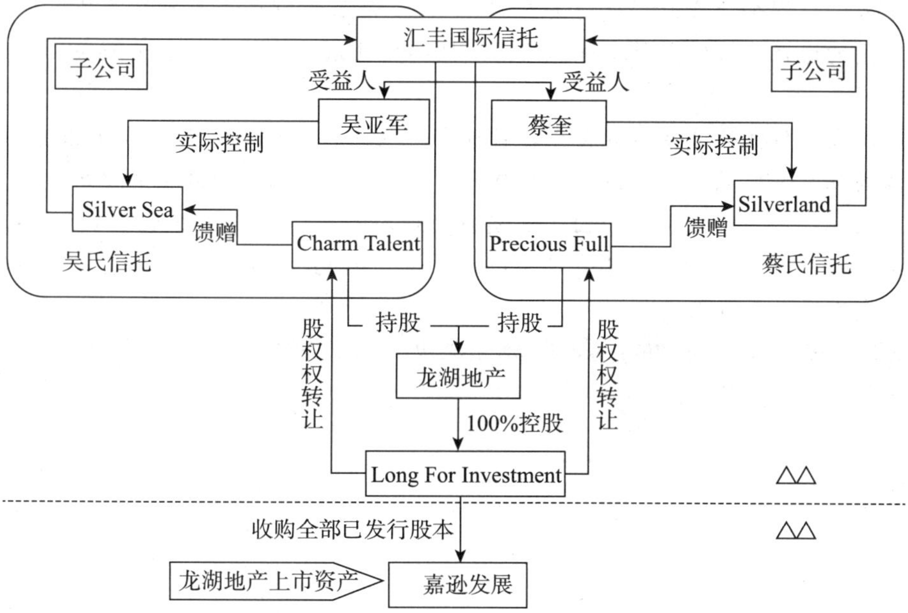

图6-1　吴亚军、蔡奎家族离岸信托架构图

吴亚军与蔡奎先在开曼群岛注册了龙湖地产的“空壳”公司，龙湖地产的股权由两家注册于英属维尔京群岛的公司持有，分别为Charm Talent以及Precious Full。随后，吴亚军与蔡奎在英属维尔京群岛又注册了一个名为Long For Investment的公司，该公司股权由龙湖地产100%控股。Long For Investment 收购了嘉逊发展的全部已发行股本（这一部分正是吴亚军打算上市的资产）。

Long For Investment 收购了嘉逊发展后，又将股权分别以19.2亿港元和12.8亿港元的价格转让给 Charm Talent 和 Precious Full。

吴亚军将 Charm Talent 持有的所有嘉逊发展的股份全部转让给汇丰国际信托在英属维尔京群岛注册的全资子公司 Silver Sea，而蔡奎也将 Precious Full 持有的所有嘉逊发展的股份全部转让给汇丰国际信托在英属维尔京群岛注册的全资子公司 Silverland。这两次转让以零代价的馈赠方式进行。在信托成立后，吴亚军和蔡奎都不再直接控制龙湖集团的股权。

在这一架构下，无论吴、蔡两人的身份性质发生了何种变化，公司股权最终都需要通过家族离岸信托基金汇于一体产生效力，这在一定意义上保障了两大股东行动的一致性！

个人持股公司是指消极投资收入占总收入65%以上，50%以上的股份被五个以下的自然人持有的公司。由于这种公司被五个以下的个人所控制，所以跨国纳税人很容易利用其亲属的化名来顶替，而实际上却是由他一人控制公司。然后，他把位于高税国的财产信托给这家公司经营，并逐步将在高税国的财产及其经营所得转移到避税地。他本人可以是这笔信托财产的受益人。他死后，这笔财产也可以按事先确定的办法分配给指定的受益人。这样就可以逃避掉全部或一部分的所得税和遗产税。

近年来，中国企业开始"走出去"，不少家族企业的财产遍布世界各地，同时面临着各国不同的遗产法规定，所以选择离岸地区的信托法及其结构就成为解决避税需求的重要路径。

但是，离岸信托的复杂性就在于，目前行之有效的案例并不能代表未来也能实现，比如在各国相继发起的"全球追税"大政策背景下，离岸信托的税收筹化功能或许要打个问号。比如美国、加拿大等国由于其实行全球征税，同时搭配 FATCA、AEOI 协定等的陆续出台，因而对信托架构肯定要进行穿透。因此，"家族信托具有完全避税避债的功能，实则是一种误解"。

资料来源：郑晓军．案例图解：家族离岸信托架构．搜狐，2019-07-22.

第7章 企业重组兼并的税收筹划

教学目的与要求：

本章主要介绍企业重组兼并与税收筹划的一般原理、企业分立的税收筹划、企业合并中的税收筹划、企业清算的税收筹划以及企业股权转让的税收筹划。通过本章的学习，学生应掌握在几种常见的重组兼并形式中，企业需要承担哪些纳税义务，企业怎么根据不同的纳税义务选择重组兼并的形式，以及企业如何处理在重组兼并中遇到的诸如清算日期选择等技术性问题。

思政元素的融入：

结合国家近年出台的减税降费政策，重点讲解如何合理利用重组过程中的税收优惠政策，使学生理解税收的公平效率原则在经济生活中的具体体现。

第一节　重组兼并与税收筹划的一般原理

一、企业重组兼并的概念与分类

企业重组是指企业之间或企业内部通过产权流动、整合带来的企业组织形式的调整，是企业为改善其经营状况、获取对资产的最大利益，对存量资产进行企业间转移，进而实现各种生产要素的优化配置与组合，包括企业法律形式的改变、债务重组、股权收购、资产收购、企业合并、企业分立等。

按照企业所有权变更的方向，可以把企业重组分为三种类型，见表7-1。

表 7-1 企业重组的三种类型

类型	实质	例子
收缩型重组	减少企业所有权	企业分立，资产出售、资产与负债剥离
扩张型重组	扩大企业所有权	企业的合并，购买资产、收购股份、合资或联营组建子企业
内变型重组	所有权总量不变，仅改变企业所有权结构	改组改制、股权置换或资产置换、管理层收购

二、一般性税务处理

1. 企业法律形式的改变

企业由法人转变为个人独资企业、合伙企业等非法人组织，或将登记注册地转移至中华人民共和国境外（包括港澳台地区），应视同企业进行清算、分配，股东重新投资成立新企业。企业的全部资产以及股东投资的计税基础均应以公允价值为基础确定。

企业发生其他法律形式简单改变的，可直接变更税务登记，除另有规定外，有关企业所得税纳税事项（包括亏损结转、税收优惠等权利和义务）由变更后的企业承继，但因住所发生变化而不符合税收优惠条件的除外。

2. 债务重组

债务重组是指在债务人发生财务困难的情况下，债权人按照其与债务人达成的书面协议或者法院的裁定做出让步的事项。

（1）以非货币性资产清偿债务，应当分解为转让相关非货币性资产、按非货币性资产公允价值清偿债务两项业务，同时确认相关资产的所得或损失。

（2）发生债权转股权的，应当分解为债务清偿和股权投资两项业务，同时确认有关债务清偿所得或损失。

（3）债务人应当按照支付的债务清偿额低于债务计税基础的差额，确认债务重组所得；债权人应当按照收到的债务清偿额低于债务计税基础的差额，确认债务重组损失。

（4）债务人的相关所得税纳税事项原则上保持不变。

3. 股权收购和资产收购

股权收购是指一家企业（以下称为“收购企业”）购买另一家企业（以下称为“被收购企业”）的股权，以实现对被收购企业控制的交易。收购企业支付对价的形式包括股权支付、非股权支付或两者的组合。

资产收购是指一家企业（以下称为“受让企业”）购买另一家企业（以下称为“转让企业”）实质经营性资产的交易。受让企业支付对价的形式包括股权支付、非股权支付或两者的组合。

股权支付是指企业重组中购买、换取资产的一方支付的对价中，以本企业或其控股企业的股权、股份作为支付的形式；非股权支付是指以本企业的现金、银行存款、应收款项、本企业或其控股企业股权和股份以外的有价证券、存货、固定资产、其他资产以及承担债务等作为支付的形式。

(1) 被收购方应确认股权、资产转让所得或损失。

(2) 收购方取得股权或资产的计税基础应以公允价值为基础确定。

(3) 被收购企业的相关所得税事项原则上保持不变。

4. 企业合并

企业合并是指一家或多家企业(以下称为“被合并企业”)将其全部资产和负债转让给另一家现存或新设企业(以下称为“合并企业”),被合并企业股东换取合并企业的股权或非股权支付,实现两个或两个以上企业的依法合并。

(1) 合并企业应按公允价值确定接受的被合并企业各项资产和负债的计税基础。

(2) 被合并企业及其股东都应按清算进行所得税处理。

(3) 被合并企业的亏损不得在合并企业结转弥补。

5. 企业分立

企业分立是指一家企业(以下称为“被分立企业”)将部分或全部资产分离转让给现存或新设的企业(以下称为“分立企业”),被分立企业股东换取分立企业的股权或非股权支付,实现企业的依法分立。

(1) 被分立企业对分立出去的资产应按公允价值确认资产转让所得或损失。

(2) 分立企业应按公允价值确认接受资产的计税基础。

(3) 被分立企业继续存在时,其股东取得的对价应视同被分立企业分配进行处理。

(4) 被分立企业不再继续存在时,被分立企业及其股东都应按清算进行所得税处理。

(5) 在企业分立中,相关企业的亏损不得相互结转弥补。

6. 增值税的有关规定

纳税人在资产重组的过程中,通过合并、分立、出售、置换等方式,将全部或者部分实物资产以及与其相关联的债权、负债和劳动力一并转让给其他单位和个人,不属于增值税的征税范围,其中涉及的货物转让,不征收增值税;与此同时,在企业兼并中,对被兼并企业将房地产转让到兼并企业中的,暂免征收土地增值税。

7. 印花税的有关规定

以企业合并或企业分立方式成立的新企业,其新启用的资金账簿记载的资金,凡原已贴花的部分可不再贴花,未贴花的部分和以后新增加的资金按规定贴花。

三、特殊性税务处理

1. 特殊性税务处理的条件

企业重组同时符合下列条件的,适用特殊性税务处理规定:

(1) 具有合理的商业目的,且不以减少、免除或者推迟缴纳税款为主要目的。

(2) 被收购、合并或者分立部分的资产或股权比例符合规定的比例。

(3) 企业重组后的连续 12 个月内不改变重组资产原来的实质性经营活动。

(4) 重组交易对价中涉及的股权支付金额符合规定比例。

（5）重组交易对价中取得股权支付的原主要股东，在重组后连续12个月内，不得转让所取得的股权。

企业发生涉及中国境内与境外之间（包括港澳台地区）的股权和资产收购交易，除应符合上述条件外，还需要判断是否同时符合下列条件：

（1）非居民企业向其100%直接控股的另一非居民企业转让其拥有的居民企业股权，没有因此造成以后该项股权转让所得的预提所得税负担变化，且转让方非居民企业向主管税务机关书面承诺在3年（含3年）内不转让其拥有的受让方非居民企业的股权（注：包括因境外企业分立、合并导致中国居民企业股权被转让的情形），相关政策见《国家税务总局关于非居民企业股权转让适用特殊性税务处理有关问题的公告》（国家税务总局公告［2013］72号）。

（2）非居民企业向与其具有100%直接控股关系的居民企业转让其拥有的另一居民企业的股权。

（3）居民企业以其拥有的资产或股权向其100%直接控股的非居民企业进行投资。

（4）财政部、国家税务总局核准的其他情形。

2. 特殊性税务处理方法

企业重组符合上述特殊性税务处理条件的，交易各方对其交易中的股权支付部分，可以按照以下规定进行特殊性税务处理：

（1）债务重组。企业债务重组确认的应纳税所得额占该企业当年应纳税所得额50%以上的，可以在5个纳税年度内，均匀计入各个年度的应纳税所得额。

企业发生债权转股权业务，对债务清偿和股权投资两项业务暂不确认有关债务清偿所得或损失，股权投资的计税基础以原债务的计税基础确定，企业的其他相关所得税事项保持不变。

（2）股权收购。对于股权收购来说，收购企业购买的股权不低于被收购企业全部股权的50%，且收购企业在该股权收购发生时的股权支付金额不低于其交易支付总额的85%，可以选择按以下规定处理：

1）被收购企业的股东取得收购企业股权的计税基础，以被收购股权的原有计税基础确定。

2）收购企业取得被收购企业股权的计税基础，以被收购股权的原有计税基础确定。

3）收购企业、被收购企业原有各项资产和负债的计税基础及其他相关所得税事项保持不变。

知识点提醒：为了满足特殊性税务处理条件，要求收购企业购买的股权应不低于被收购企业全部股权的50%，且收购企业在该股权收购发生时的股权支付金额不低于其交易支付总额的85%。

（3）资产收购。对于资产收购来说，受让企业收购的资产不低于转让企业全部资产的50%，且受让企业在该资产收购发生时的股权支付金额不低于其交易支付总额的85%，可以选择按以下规定处理：

1）转让企业取得受让企业股权的计税基础，以被转让资产的原有计税基础确定。

2）受让企业取得转让企业资产的计税基础，以被转让资产的原有计税基础确定。

知识点提醒：为了满足特殊性税务处理条件，要求受让企业收购的资产不低于转让企业全部资产的50%，且受让企业在该资产收购发生时的股权支付金额不低于其交易支付总额的85%。

（4）企业合并。对于企业合并来说，企业股东在该企业合并发生时取得的股权支付金额不低于其交易支付总额的85%，以及在同一控制下且不需要支付对价的企业合并，可以选择按以下规定处理：

1）合并企业接受被合并企业资产和负债的计税基础，以被合并企业的原有计税基础确定。

2）被合并企业合并前的相关所得税事项由合并企业承继。

3）可由合并企业弥补的被合并企业亏损的限额＝被合并企业净资产公允价值×截至合并业务发生当年年末国家发行的最长期限的国债利率。

4）被合并企业股东取得合并企业股权的计税基础，以其原持有的被合并企业股权的计税基础确定。

（5）企业分立。对于企业分立来说，被分立企业所有股东按原持股比例取得分立企业的股权，分立企业和被分立企业均不改变原来的实质性经营活动，且被分立企业股东在该企业分立发生时取得的股权支付金额不低于其交易支付总额的85%，可以选择按以下规定处理：

1）分立企业接受被分立企业资产和负债的计税基础，以被分立企业的原有计税基础确定。

2）被分立企业已分立出去资产相应的所得税事项由分立企业承继。

3）被分立企业未超过法定弥补期限的亏损额可按分立资产占全部资产的比例进行分配，由分立企业继续弥补。

4）被分立企业的股东取得分立企业的股权（以下简称“新股”），如需部分或全部放弃原持有的被分立企业的股权（以下简称“旧股”），新股的计税基础应以所放弃旧股的计税基础确定。如果不需要放弃旧股，则其取得新股的计税基础可从以下两种方法中选择确定：直接将新股的计税基础确定为零；以被分立企业分立出去的净资产占被分立企业全部净资产的比例先调减原持有的旧股的计税基础，再将调减的计税基础平均分配到新股上。

重组交易各方按上述（1）～（5）项规定对交易中的股权支付暂不确认有关资产的转让所得或损失的，其非股权支付仍应在交易当期确认相应的资产转让所得或损失，并调整相应资产的计税基础。

$$\text{非股权支付对应的资产转让所得或损失}=\left(\text{被转让资产的公允价值}-\text{被转让资产的计税基础}\right)\times\text{非股权支付金额}\div\text{被转让资产的公允价值}$$

（6）股权或资产划转。对100%直接控制的居民企业之间，以及受同一或相同多家居民企业100%直接控制的居民企业之间按账面净值划转股权或资产（见图7-1），凡具有合理商业目的，不以减少、免除或者推迟缴纳税款为主要目的，在股权或资产划转后连续12个月内不改变被划转股权或资产原来的实质性经营活动，且划出方企业和划入方企业均未在会计上确认损益的，可以选择按以下规定进行特殊性税务处理：

1）划出方企业和划入方企业均不确认所得。

2）划入方企业取得被划转股权或资产的计税基础，以被划转股权或资产的原账面净值确定。

3）划入方企业取得的被划转资产，应按其原账面净值计算折旧扣除。

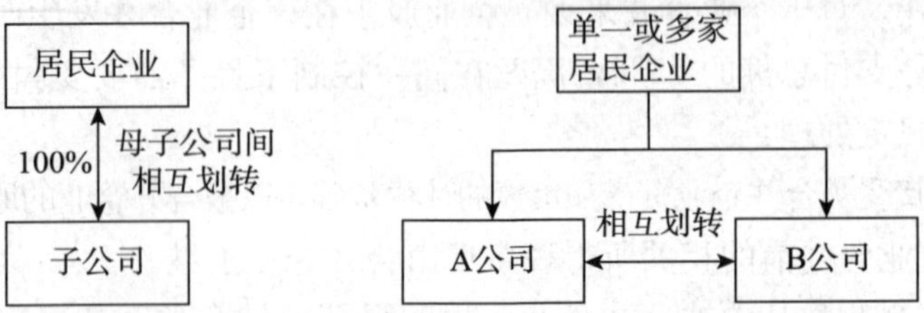

图7-1 股权或资产划转示意图

“100％直接控制的居民企业之间，以及受同一或相同多家居民企业100％直接控制的居民企业之间按账面净值划转股权或资产”，限于以下情形：

1）100％直接控制的母子公司之间，母公司向子公司按账面净值划转其持有的股权或资产，母公司获得子公司100％的股权支付。母公司按增加长期股权投资处理，子公司按接受投资（包括资本公积金，下同）处理。母公司获得子公司股权的计税基础以划转股权或资产的原计税基础确定。

2）100％直接控制的母子公司之间，母公司向子公司按账面净值划转其持有的股权或资产，母公司没有获得任何股权或非股权支付。母公司按冲减实收资本（包括资本公积金，下同）处理，子公司按接受投资处理。

3）100％直接控制的母子公司之间，子公司向母公司按账面净值划转其持有的股权或资产，子公司没有获得任何股权或非股权支付。母公司按收回投资处理，或按接受投资处理，子公司按冲减实收资本处理。母公司应按被划转股权或资产的原计税基础，相应调减持有子公司股权的计税基础。

4）受同一或相同多家母公司100％直接控制的子公司之间，在母公司主导下，一家子公司向另一家子公司按账面净值划转其持有的股权或资产，划出方没有获得任何股权或非股权支付。划出方按冲减所有者权益处理，划入方按接受投资处理。

“股权或资产划转后连续12个月内不改变被划转股权或资产原来的实质性经营活动”，是指自股权或资产划转完成日起连续12个月内不改变被划转股权或资产原来的实质性经营活动。

股权或资产划转完成日是指股权或资产划转合同（协议）或批复生效，且交易双方已进行会计处理的日期。

“划入方企业取得被划转股权或资产的计税基础，以被划转股权或资产的原账面净值确定”，是指划入方企业取得被划转股权或资产的计税基础，以被划转股权或资产的原计税基础确定。

“划入方企业取得的被划转资产，应按其原账面净值计算折旧扣除”，是指划入方企业取得的被划转资产，应按被划转资产的原计税基础计算折旧扣除或摊销。

交易一方在股权或资产划转完成日后连续12个月内发生生产经营业务、公司性质、资产或股权结构等情况变化，致使股权或资产划转不再符合特殊性税务处理条件的，发生变化的交易一方应在情况发生变化的30日内报告其主管税务机关，同时书面通知另一方。另一方应在接到通知后 30 日内将有关变化报告其主管税务机关。

上述情况发生变化后 60 日内，原交易双方应按以下规定进行税务处理：

属于第 1）项规定情形的，母公司应按原划转完成时股权或资产的公允价值视同销售处理，并按公允价值确认取得长期股权投资的计税基础；子公司按公允价值确认划入股权或资产的计税基础。

属于第 2）项规定情形的，母公司应按原划转完成时股权或资产的公允价值视同销售处理；子公司按公允价值确认划入股权或资产的计税基础。

属于第 3）项规定情形的，子公司应按原划转完成时股权或资产的公允价值视同销售处理；母公司应按撤回或减少投资进行处理。

属于第 4）项规定情形的，划出方应按原划转完成时股权或资产的公允价值视同销售处理；母公司根据交易情形和会计处理对划出方按分回股息进行处理，或者按撤回或减少投资进行处理，对划入方按以股权或资产的公允价值进行投资处理；划入方按接受母公司投资处理，以公允价值确认划入股权或资产的计税基础。

四、资产重组的税务处理比较

资产重组的税务处理分为一般性税务处理和特殊性税务处理，两者的主要税务差异在于确认重组所得的时间不同。符合特殊性税务处理条件的资产重组，可以实现递延缴纳所得税。两者之间的差异见表 7－2。

表 7－2　一般性税务处理和特殊性税务处理的差异

类型	税务处理
特殊性税务处理	1. 以原有计税基础确定，原有各项资产和负债的计税基础及其他相关所得税事项保持不变 2. 对交易中的股权支付暂不确认有关资产的转让所得或损失，非股权支付仍应在交易当期确认相应的资产转让所得或损失，并调整相应资产的计税基础 3. 企业债务重组确认的应纳税所得额占该企业当年应纳税所得额的 50%以上，可以在 5 个纳税年度内，均匀计入各年度的应纳税所得额
一般性税务处理	1. 计税基础应以公允价值为基础确定 2. 相关所得税事项原则上保持不变 3. 确认重组所得或损失

纳税人在资产重组的过程中，通过合并、分立、出售、置换等方式，将全部或者部分实物资产以及与其相关联的债权、负债和劳动力一并转让给其他单位和个人，不属于增值税的征税范围，其中涉及的货物转让，不征收增值税。

资产划转除资产无偿划转外，涉及房屋、土地产权的转移，应该征收土地增值税。

同一投资主体内部所属企业之间土地、房屋权属的划转，包括母公司与其全资子公司之间，同一公司所属全资子公司之间，同一自然人与其设立的个人独资企业、一人有限公司之间土地、房屋权属的划转，免征契税。

第二节　企业分立的税收筹划

企业分立是指一家企业（以下称为“被分立企业”）将部分或全部资产分离转让给现存或新设的企业（以下称为“分立企业”），被分立企业股东换取分立企业的股权或非股权支付，实现企业的依法分立。企业分立可以采取存续分立和新设分立两种形式。存续分立是指被分立企业存续，而其一部分分出设立为一个或数个新的企业。新设分立是指被分立企业解散，分立出的各方分别设立为新的企业。

企业分立有利于企业更好地适应环境和利用税收政策获得税收方面的利益。企业分立筹划利用分拆手段，可以有效地改变企业的规模和组织形式，降低企业的整体税负。在企业所得税采用累进税率的情况下，企业在分立后，可能分别适用相对较低的税率级次，从而降低了企业的整体税负。我国自 2008 年 1 月 1 日起实施的企业所得税税率，虽然在名义上采用了 25％的比例税率，但对小型微利企业制定了特殊的 20％优惠税率，对国家需要重点扶持的高新技术企业减按 15％的税率征收企业所得税。因此，企业在分立后，就有可能适用相对较低的 20％税率级次，从而降低了企业的整体税负。企业分立筹划一般用于以下几个方面：

（1）企业分立为多个纳税主体，可以形成有关联关系的企业群，实施集团化管理和系统化筹划。

（2）企业分立可以将兼营或混合销售中的低税率或零税率业务独立出来，通过单独计税来降低税负。

（3）企业分立使适用累进税率的纳税主体分化成两个或多个适用低税率的纳税主体，税负自然降低。

（4）企业分立可以增加一个流通环节，有利于货物和劳务税抵扣及转让定价策略的运用。

企业分立是一种产权结构的调整，不可避免地会影响到税收。在我国的企业分立实务中，税法规定了免税分立与应税分立两种模式。对于纳税人来说，在实施企业分立时，应尽量利用免税分立进行税收筹划，从而合理降低企业税负。

对于企业分立，通常被分立企业应按公允价值转让其被分离出去的部分或全部资产，并按规定计算被分立资产的财产转让所得或损失，依法缴纳企业所得税。

在企业分立时，如果符合税法规定的特殊性税务处理条件，即被分立企业所有股东按原持股比例取得分立企业的股权，分立企业和被分立企业均不改变原来的实质性经营活动，且被分立企业股东在该企业分立发生时取得的股权支付金额不低于其交易支付总额的 85％，可以选择按以下规定处理：

第一，分立企业接受被分立企业资产和负债的计税基础，以被分立企业的原有计税基础确定。

第二，被分立企业已分立出去的资产相应的所得税事项由分立企业继承。

第三，被分立企业未超过法定弥补期限的亏损额可按分立资产占全部资产的比例进行分配，由分立企业继续弥补。

第四，被分立企业的股东取得分立企业的股权（以下简称“新股”），如果需要部分或全部放弃原持有的被分立企业的股权（以下简称“旧股”），“新股”的计税基础应以所放弃“旧股”的计税基础确定。如果不需要放弃“旧股”，则其取得“新股”的计税基础可从以下两种方法中选择确定：直接将“新股”的计税基础确定为零；以被分立企业分立出去的净资产占被分立企业全部净资产的比例先调减原持有的“旧股”的计税基础，再将调减的计税基础平均分配到“新股”上。

【例7-1】 奥维公司拟将一个非货币性资产价值为500万元的分公司分离出去，分离方式可以是资产收购，也可以是分立。不论采取哪种分离方式，都涉及确认财产转让所得、计算缴纳所得税的问题。但只要把握好税收筹划空间，避免财产转让所得的实现，就可以避免缴纳所得税。

案例解析：

（1）如果采取资产收购方式，将分公司的全部资产转让给永信股份公司（为公开上市公司），则根据税法的规定，只要永信股份公司支付的非股权支付额（如现金、有价证券等）不高于奥维公司所取得永信股份公司支付对价的15%，就可以不确认财产转让所得。

假设分公司与永信股份公司股票的市场交易价为1∶4.8，将支付给奥维公司的股票面值设为X、现金设为Y，则

$$4.8X+Y=500$$
$$Y=15\%\times 500=75(\text{万元})$$

解得：

$$X=88.54(\text{万元})$$
$$Y=75(\text{万元})$$

这表明奥维公司应争取获得永信股份公司88.54万元以上的股票、75万元以下的现金，就可避免缴纳企业所得税。

（2）如果采取分立方式，将分公司分立出去，成立独立的法人单位奥新公司，则奥新公司应向奥维公司及其股东支付资产价款，只要其非股权支付额不高于所支付总对价的15%，并且奥维公司所有股东按原持股比例取得奥新公司的股权，同时两家公司均不改变原来的实质性经营活动，那么奥维公司就可以不确认财产转让所得。在本例中，奥新公司应支付给奥维公司不低于425万元（$=500\times 85\%$）的股权、不高于75万元（$=500-425$）的现金，奥维公司就可避免缴纳企业所得税。

《增值税暂行条例》规定，增值税的免税项目包括农业生产者销售的自产农产品、避孕药品和用具、古旧图书、由残疾人组织直接进口供残疾人专用的物品等8项。

【例 7-2】 A 企业为增值税一般纳税人，除经营属于增值税应税项目的产品外，还兼营属于免税项目的产品。这两类产品的购销情况见表 7-3。

表 7-3　K、M 产品的购销情况

类别	销售收入（万元）	占全部产品的比例（%）	进项税额（万元）
免税产品 K	20	20	—
应税产品 M	80	80	—
合计	100	100	8

我国现行税制对增值税纳税人兼营行为的规定为：纳税人兼营免税项目（不包括固定资产与在建工程）而无法划分不得抵扣的进项税额时，不得抵扣进项税额。合并经营时，A 企业可抵扣的全部进项税额为：

可抵扣进项税额＝8－8×20%＝6.4(万元)

案例解析：

当设立一个独立企业生产免税产品 K 时，可以如下分析：

(1) 如果新企业中免税产品 K 的进项税额为 1 万元，则新企业有 1 万元的进项税额不能抵扣，但 A 企业的存续部分（即生产应税产品 M 的部分）可以抵扣 7 万元（＝8－1）的进项税额。

此时，两企业合计可以抵扣的进项税额 7 万元大于合并经营时的 6.4 万元，可以多抵扣 0.6 万元，所以此时分立经营较有利。

(2) 如果新企业中免税产品 K 的进项税额为 2 万元，则新企业有 2 万元的进项税额不能抵扣，A 企业的存续部分（即生产应税产品 M 的部分）可以抵扣的进项税额变为 6 万元（＝8－2）。

此时，分立经营可抵扣的进项税额（6 万元）小于合并经营时可以抵扣的进项税额(6.4 万元)，所以应选择合并经营。因此，免税产品的比例直接决定了企业应分立经营还是合并经营。

如果我们假设免税产品的进项税额占全部进项税额的比重为 X，那么其平衡点为：

$$80\,000\times(1-X)\times100\%=64\,000$$

即

$$X=20\%$$

也就是说，若免税产品的进项税额越大，其可抵扣的进项税额越少，对分立经营者越不利。

通过以上分析，我们可以得出结论：当本例中免税产品的进项税额占全部进项税额的 20%以上时，应采用合并经营较有利；反之，则应分立一个独立的 B 公司专门经营免税产品更有利。

在前面计算和分析的基础上，我们还可以把以上筹划思路一般化，即

$$全部进项税额\times\left(1-\frac{免税产品的进项税额}{全部进项税额}\right)\times 100\%$$

$$=全部进项税额\times可抵扣比例$$

当$\frac{免税产品的进项税额}{全部进项税额}>\frac{免税产品的销项税额}{全部销售额}$时，采用合并经营法较为有利；反之，应将免税产品的经营分立为一个新的公司，才较为有利。

【例7-3】 某食品厂为增值税一般纳税人，适用13%的增值税税率。根据市场需求，该食品厂自行种植猕猴桃，并将猕猴桃加工成果脯、饮料等（以下简称“加工品”）对外销售。2021年2月，该食品厂共销售猕猴桃加工品100万元（不含增值税价格），产生13万元的销项税额。但企业经核算，发现与该项业务有关的增值税进项税额很少，只有化肥等项目产生了1万元的进项税额。这样，该食品厂需要就该项业务缴纳12万元的增值税。为了降低增值税负担，该企业在购进可抵扣项目时，十分注意索取合格的增值税专用发票，但收效不大。

案例解析：

从税收筹划的角度考虑，该食品厂应采取企业分立的方法来降低增值税负担。也就是说，该食品厂将猕猴桃的种植业务分立为一个独立的企业，并使其具有独立的法人资格，实行独立核算，也就是使之成为一个独立的纳税人。我国增值税法规规定，一般纳税人向农业生产者购买的免税农产品，或者向小规模纳税人购买农产品并用于生产税率为13%的货物，准予按照购买价格和10%的扣除率计算进项税额，从当期销项税额中扣除。将种植业务独立后，该食品厂就可以按照购买价格和10%的扣除率计算进项税额，而种植企业也不必缴纳增值税，因为直接从事植物的种植、收割和动物的饲养、捕捞的单位及个人销售的自产农产品，免征增值税。当然，相应的进项税额也不能再抵扣。其结果是，种植企业没有因为分立而多承担任何税收，但该食品厂在原进（销）项税额不变的前提下，因为有了“向农业生产者购买的免税农产品”，而可以增加大量的进项税额。

根据以上分析，该食品厂分立后的税收负担及有关的变化为：

（1）分立后的食品厂，销项税额不变，仍为13万元。

（2）分立后的食品厂增加了进项税额。假设按照市场正常的交易价格，该食品厂用于生产猕猴桃加工品的原料价值为60万元，那么分立后的食品厂可以按照60万元的买价和10%的扣除率计算进项税额，即6万元（如果企业进行转移定价，还可以计算更多的进项税额）。

（3）种植企业享受增值税免税优惠，但与此同时，有关的进项税额也不能抵扣。如前所述，这部分进项税额为1万元。

所以，分立后食品厂的这项业务需要缴纳的增值税为：

应纳增值税=13−6=7(万元)

在税收筹划操作后，与筹划前相比，企业的增值税纳税义务降低了5万元（=12—7）。

前述的税收筹划方案没有考虑企业所得税的影响。如果企业分立后能够适用照顾性税率，则该方案的税收筹划效果会更好。

因此，该税收筹划方案的效果主要取决于两个因素：

(1) 新增加的进项税额的数量，即根据10%的扣除率计算的进项税额。这个数额越大，该税收筹划方案就越好。实际上，这个数额直接取决于种植企业和加工企业之间的交易价格：交易价格越高，可抵扣的进项税额就越多。

(2) 原先的进项税额的数量。这个数额会直接增加该税收筹划方案的机会成本。

在企业分立的过程中，由于不需要缴纳增值税、土地增值税等税种，纳税人可以利用企业分立来进行低税负的资产转让。

【例7-4】 某房地产B公司是一家房地产开发企业，主营花园洋房、电梯公寓等开发业务，目前拍下一宗3 000多亩的商业用地，拟直接出售。

案例解析：

该案例涉及同一控制下的企业分立。根据B公司的资产地块剥离分立出子公司C（或子公司D、子公司E等），它们分别拥有分宗地块。所有分立出的子公司均以法人形式设立，不能采取个人股东，目的是规避资产出售或股份转让后的个人所得税。随后，通过子公司与买方合并的形式来达到出售土地的目的。这样可规避增值税、土地增值税、契税。

分立是指被分立企业将部分或全部资产分离转让给现存或新设的企业，被分立企业股东换取分立企业的股权或非股权支付。

在这个步骤中，对政策的把握有两个问题：一是分立的情形；二是分立支付对价的形式。

(1) 如果公司考虑同一股东控制下的企业分立，则不涉及税务负担问题。如果公司考虑在新设分立时立刻引入其他新股东，将有可能被税务机关认定为应税企业重组。所以，保持“原投资主体存续”很重要。

(2) 不需要采用企业所得税特殊处理。因为有关规定要求在企业重组中取得股权支付的原主要股东，在重组后连续12个月内，不得转让所取得的股权。此外，该规定对于免税重组有非常多的限定条件。根据B公司的情况，由于是新拍土地，所以该宗土地的增值幅度不大，可以直接考虑分立。我们建议，直接以土地拍卖价作为分立账务的确认价格。

【例7-5】 外国投资者拟对甲公司进行股权并购，拟并购其有关药品生产的资产和业务，但对内含的有关宾馆的房地产和业务不感兴趣，需要对宾馆的房地产及业务进行剥离。

目前，有两个方案：①将需要剥离的资产和业务转让给甲公司的兄弟公司；②对甲公司进行存续分立，新设乙公司。

案例解析：

（1）转让宾馆的房地产和业务：缴纳3%左右的增值税，4%的契税，至少缴纳增值额为30%的土地增值税，资产转让应税所得要缴纳25%的企业所得税。

（2）若分立新设的乙公司与甲公司的股东及股权结构完全相同：甲公司无须确认分立所得；乙公司按分立前资产的计税基础确认接受资产的计税基础；省掉了增值税、契税、土地增值税，甚至是企业所得税。

以“先分立、后转股”代替资产转让，相关的分析如下：

甲公司拟对乙公司进行并购，乙公司是一家综合性公司，甲公司拟针对乙公司的特定资产进行收购。经乙公司财务人员和法务人员推演，此交易涉及的增值税、土地增值税、企业所得税不菲。

筹划方案：乙公司存续，分立新设丙公司，丙公司与乙公司的股东、股权结构不变。

在企业分立完成后，甲公司与丙公司的股东签署股权转让合同。

筹划结果：节约了前述各税（及企业所得税）。

企业分立将法人股东转出股权变为自然人股东转出股权（少一道企业所得税），企业分立改变了股东主体，也改变了相关交易活动的纳税主体，从而节约了税收。

第三节　企业合并的税收筹划

企业合并是指两家或两家以上的企业按照规定程序合并为一家企业的法律行为。广义的企业合并还包括企业收购行为。

按照有关税收法规的定义，企业合并包括被合并企业（指一家或多家不需要经过法律清算程序而解散的企业）将其全部资产和负债转让给另一家现存或新设企业（以下简称“合并企业”），为其股东换取合并企业的股权或其他财产，实现两家或两家以上企业的依法合并。企业合并包括吸收合并与新设合并两种形式。

一、企业合并中税收筹划的主要形式

一家盈利企业选择一家亏损企业实行合并，如果能够采用特殊性税务处理，可以实现其盈利与亏损的抵消，降低应纳税所得额，从而降低企业整体税负。此外，用亏损企业来合并盈利企业，那么亏损企业在以前年度的亏损可以得到弥补，无论是采用一般性税务处理还是特殊性税务处理。

表7-4展示了企业合并的两种类型。

表 7-4　企业合并的类型

类型	横向合并	纵向合并
对象	同行业	跨行业，供应商或者客户
优点	可能由不能享受税收优惠的企业变为可享受税收优惠的企业	外部购销关系变为企业的内部购销行为，减少流转税的纳税环节
缺点	一般不改变合并企业的纳税税种和纳税环节，但小规模纳税人有可能变为一般纳税人	可能改变纳税主体的属性，增加税种

（1）一般性税务处理案例。

【例 7-6】 2021 年 3 月，A 汽车集团股份有限公司（以下简称“A 集团”）吸收合并 B 汽车股份有限公司（以下简称“B 公司”），A 集团向 B 公司现有股东发行股票，换取 B 公司现有股份。在本次换股吸收合并中，换股股东所持的每 1 股 B 公司股票可以换取 1.6 股 A 集团本次发行的 A 股股票。在交易完成后，A 集团作为存续公司承继及承接 B 公司的全部资产、负债、业务、人员、合同及其他权利与义务，B 公司终止上市并注销法人资格。

A 集团需要发行股份换股或者以现金购买 B 公司 369 818 687 股股票。其中，C 公司持有的 75 997 852 股 B 公司股票均选择申报行使首次现金选择权，即 A 集团将以现金购买 C 公司持有的 B 公司股票。

案例解析：

企业所得税：

1）合理商业目的原则的判定：A 集团进行本次交易的主要目的是为了解决同业竞争问题，并非出于税收目的，应该说是具有合理商业目的的。

2）权益连续性原则的判定：本次交易无法满足特殊性税务处理中“权益连续性原则”的限制条件。

3）经营连续性原则的判定：在本次交易完成后，原有资产的经营活动不会改变。从上述分析来看，本次交易可以满足“经营连续性原则”的限制条件。

综上所述，在本次交易中，由于股权支付比例无法满足 85%的条件，因而不能适用特殊性税务处理，B 公司及其股东要按照清算进行企业所得税处理。

货物和劳务税：B 公司无须就货物、不动产及土地使用权的转移缴纳增值税。

财产和行为税：由于 A 集团发行股票吸收合并 B 公司，所以 A 集团账面上的“股本”和“资本公积”会增加，A 集团应该就增加部分按照万分之五的比例贴花。

（2）特殊性税务处理案例。

【例 7-7】 2021 年 12 月，E 航空股份有限公司（上交所上市公司，以下简称“E 航空”）换股吸收合并 S 航空股份有限公司（上交所上市公司，以下简称“S 航空”）。

在交易完成后，S航空的所有资产、负债、业务、人员、合同及其他权利与义务，包括但不限于S航空所有的运营许可证照、与飞机有关的许可证照及备案登记以及航线经营权等，将转移至E航空或其指定的接收方，S航空终止上市并注销法人资格。在本次换股吸收合并交易中，每股S航空的A股股票可以按照协议换成1.3股E航空为本次换股吸收合并而发行的A股股票。

案例解析：

增值税和企业所得税：

1）合理商业目的原则的判定：本次交易的主要目的是为了提高规模、整合资源，并非出于税收目的，应该说是具有合理商业目的的。

2）权益连续性原则的判定：本次交易满足特殊性税务处理中“权益连续性原则”的限制条件。

3）经营连续性原则的判定：在本次交易完成后，原有资产的经营活动不会改变。因此，本次交易可以满足“经营连续性原则”的限制条件。

4）S航空无须就货物、不动产及土地使用权的转移缴纳增值税。

综上所述，本次交易能够适用特殊性税务处理，S航空无须就交易过程中发生的资产转让行为确认所得或者损失。

财产和行为税：由于E航空发行股票吸收合并S航空，所以E航空账面上的“股本”和“资本公积”会增加，E航空应该就增加部分按照万分之五的比例贴花。

二、企业合并重组的税收筹划思路

（一）利用递延所得税资产节税

某集团公司下有N家全资子公司，这些子公司盈亏不一，而且亏损公司在短期内无法扭亏为盈，因而递延所得税资产将被浪费。

在这种情况下，通过企业合并使子公司全变成分公司，这样有利于亏损弥补、降低所在年度的计税利润，可以充分利用递延所得税资产实现节税。

（二）利用企业合并消除关联交易

利用企业合并有利于消除因关联交易带来的税收负面影响。例如，在上下游链条上，有两家企业为关联方（均为同一公司的全资子公司）。

在关联交易下，零配件厂盈利4 000万元、成品厂盈利7 000万元。

由于关联方被认定为存在按非公允价格交易，经税务调整，零配件厂亏损1 000万元、成品厂盈利12 000万元。若两者合并，可以少缴企业所得税250万元。

涉及股权支付比例的企业合并重组为适用特殊性税务处理，常常需要调整股权支付比例，为减少非股权支付比例、提高股权支付比例，需要进行必要的事先筹划。

1. 非股权支付的影响因素

（1）小股东多的，发生该支付的数额大。

（2）原股东不同意加入合并后的公司。

（3）参加合并公司的资产评估值大于其需要投入的资产价值。

2. 减少非股权支付的措施

（1）在企业合并前主张合并的大股东收购本公司小股东的股权。

（2）由参加企业合并的股东与要求非股权支付的股东签订附生效期限的股权转让协议（期限为企业合并后一年以上）。

（3）按参加企业合并的各公司资产的评估值确定各公司股东在合并后存续公司中的股份比例，并辅之以对参加合并公司事先的分立重组。

（4）公司盘子过大，可对其先分立、后合并。

（三）企业合并的所得税筹划

企业合并是实现资源流动和有效配置的重要方式，在企业合并过程中不可避免地涉及企业的税收负担及筹划问题。企业合并筹划是指企业利用并购及资产重组手段，改变其组织形式及股权关系，实现税负降低的筹划方法。

企业合并筹划一般用于以下五个方面：

（1）合并后的企业可以进入新的领域、新的行业。

（2）并购有大量亏损的企业，可以盈亏互补，实现低成本扩张。

（3）企业合并可以实现关联企业或上下游企业之间流通环节的减少，合理规避货物和劳务税及印花税。

（4）企业合并可能改变纳税主体的性质。例如，企业可能因为合并而由小规模纳税人变为一般纳税人，或由内资企业变为中外合资企业。

（5）企业合并因规模扩张，能够提高应提取折旧的资产总额，获取折旧抵税利益。

（四）企业合并的筹划要点

（1）选择合并目标的筹划。

第一，考察目标企业的财务状况。

第二，考察目标企业的所在地及企业类型。

（2）选择出资方式的筹划。企业合并按出资方式可分为以下三种：现金购买资产式合并、现金购买股票式合并、股票换取资产式合并。第三种企业合并以股票方式出资，对目标企业股东来说，不需要立即确认其因获得并购企业股票而形成的资本利得，无须缴纳企业所得税，属于免税重组交易。

在实践中，股权置换式合并可分为以下三种类型：

第一，吸收合并与新设合并。

第二，相互持股合并。

第三，股票换资产型合并。

（3）选择会计处理方法的筹划。三种类型的股权置换式合并都属于免税合并，在会计处理时有购买法和权益结合法两种方法。

在购买法下，合并企业在购买日，将构成净资产的各资产项目按评估的公允价值入账，公允价值超过净资产账面价值的差额在会计上作为商誉处理。商誉不允许摊销，只在会计期末进行减值测试；固定资产因公允价值超过账面价值形成的增值会提高折旧费用，产生一定的节税效果，故股票换资产型合并宜采用购买法。

权益结合法仅适用于合并企业发行普通股股票换取被合并企业普通股股票的情形，不会对合并企业的未来收益产生影响。

与权益结合法相比，在购买法下，资产被确认的价值较高，并且由于增加折旧会引起净利润的减少，从而形成了节税效果。然而，购买法会引起企业的现金流出增加或负债增加，从而相对降低了资产回报率，因而税收筹划要全面衡量得失。

【例7-8】 A企业购买B企业的买价为100万元，B企业的账面净资产为80万元。A企业应如何进行税收筹划？

案例解析：

如果A企业全部用股票支付，则B企业的股东在企业合并时不需要缴纳企业所得税，但B企业的股东在将其股权转让时，应缴纳个人所得税。

如果A企业用股权支付50%，用现金支付50%，则被合并企业在企业合并时应按资产转让所得20万元（=100－80）缴纳5万元（=20×25%）的企业所得税。

假设A企业接受B企业的资产是一条生产线，其账面原值为200万元，已提折旧120万元，预计折旧年限10年，已提折旧6年（不考虑净残值），该生产线在企业合并时的评估作价为100万元。在不同的企业合并方式下，企业折旧额的计算如下：

在第一种方式下——全部用股票支付，合并企业对该生产线提取的年折旧额为20万元[=(200－120)÷(10－6)]。

在第二种方式下——用股权支付50%，用现金支付50%，合并企业对该生产线提取的年折旧额为25万元[=100÷(10－6)]。也就是说，折旧额越大，应纳税所得额越少。

第四节　企业清算的税收筹划

一、企业清算的基本概念

企业清算是指企业宣告终止以后，除因企业合并事由外，终止企业的法律关系，消灭其法人资格的法律行为。清算所得是指在纳税人清算时的全部资产或者财产扣除清算费用、损失、负债、企业未分配利润、公益金和公积金后的余额，超过实缴资本的部分。

二、企业清算的涉税问题

企业清算按照《财政部、国家税务总局关于企业清算业务企业所得税处理若干问题的通知》(财税［2009］60号)的规定进行税务处理。

三、企业清算的税收筹划方式

企业清算中的税收筹划主要包括两方面：一是通过推迟或提前企业清算开始日期，合理调整清算所得和正常经营所得，降低企业的整体税收负担；二是将原有减免税到期的企业注销后，重新设立新的企业，继续享受有关优惠政策。

(一) 调整清算所得与正常经营所得

1. 筹划原理

通过改变企业清算日期，可以减少企业清算期间的应纳税所得额，实现税收筹划的目的。

2. 案例分析

【例7-9】 I公司董事会于8月18日向股东会提交了公司解散申请书。股东会在8月20日通过决议，决定I公司于8月31日宣布解散，并于9月1日开始正常清算。I公司在9月1日至9月30日共发生费用160万元，清算所得90万元。

I公司在成立清算组前进行的内部清算发现，当年1—8月公司预计盈利100万元(适用的企业所得税税率为25%)。因此，在未公告和进行税务申报的前提下，股东会再次通过决议，将公司解散日期推迟至9月30日，并于10月1日开始清算，全部清算所得也推迟至10月实现。

案例解析：

在进行税收筹划操作前后，有关的纳税情况如下：

(1) 当清算开始日为9月1日时，1—8月的应纳税额为：

$$100\times25\%=25(\text{万元})$$

清算所得为：

$$90-160=-70(\text{万元})$$

因此，无须纳税。

(2) 当清算开始日为10月1日时，1—9月的亏损为60万元，本期不缴纳企业所得税。清算所得为90万元，应先抵减上期60万元的亏损后，再纳税。因此，清算所得的税额为：

$$(90-60)\times25\%=7.5(\text{万元})$$

两方案相比较，后者的税收负担降低了 17.5 万元（=25−7.5）。

(3) 结果分析。该税收筹划案例的关键在于，1—8 月有大量利润需要纳税，而清算期有大量费用得不到弥补。在实际操作中，只要能够充分利用清算期这个纳税年度以及清算期之前的纳税年度进行亏损弥补，就可以实现有效的税收筹划。

(二) 重新设立新企业，继续享受有关优惠政策

当前，在我国的企业所得税法律法规中有许多定期减免税优惠政策。针对这种定期减免税优惠，我们可以适时进行企业清算，通过重新设立新的企业进行税收筹划。

由于我国有关企业所得税的很多税收优惠政策是针对新办企业的，如高新技术企业优惠、软件企业优惠等，因而有些老企业为享受新办企业的税收优惠，纷纷设立新的企业，并通过各种渠道将老企业的经营利润转移到新企业中，以逃避税收。

当然，在运用这一方法进行税收筹划时，应特别关注国家的反避税措施。

为堵塞税收漏洞，财政部和国家税务总局于 2006 年 1 月下发了《关于享受企业所得税优惠政策的新办企业认定标准的通知》（财税［2006］1 号），明确了享受企业所得税定期减税或免税的新办企业必须符合两个条件：

(1) 按照国家法律、法规以及有关规定在工商行政主管部门办理设立登记，新注册成立的企业。

(2) 新办企业的权益性出资人（股东或其他权益投资方）实际出资中固定资产、无形资产等非货币性资产的累计出资额占新办企业注册资金的比例一般不得超过 25%。

企业在进行税收筹划的时候应充分关注这些新政策的变化，以便衡量是否采用这种税收筹划方法。

四、企业清算中其他税种的涉税处理

(一) 关于企业清算中的增值税

(1) 凡有形动产的销售（含向股东分配），应计算增值税销项税额。

(2) 凡出现增值税进项税额未能完全抵扣，不予退还。

(3) 资产重组中的实物资产及其相关债权、负债和劳动力一并转让，不征增值税。

政策依据：《国家税务总局关于纳税人资产重组有关增值税问题的公告》（国家税务总局公告 2011 年第 13 号）。

(二) 关于企业清算中的土地增值税

(1) 在合并、分立、资产收购、股权收购等公司重组中，被重组公司投资主体存续的，被重组公司向重组公司转让房地产，不征收土地增值税。

政策依据：《财政部、国家税务总局关于土地增值税一些具体问题规定的通知》（财税字［1995］48 号）。

(2) 清算公司将房地产对外销售(含向股东分配),应缴纳土地增值税。

(三) 关于企业清算中的契税

(1) 企业改制。企业按照《中华人民共和国公司法》的有关规定整体改制,包括非公司制企业改为有限责任公司或股份有限公司,有限责任公司变更为有限公司,原企业投资主体存续并在改制(变更)后的公司中所持股权(股份)比例超过75%,且改制(变更)后公司承继原企业权利、义务的,对改制(变更)后公司承受原企业土地、房屋权属,免征契税。

(2) 事业单位改制。事业单位按照国家的有关规定改制为企业,原投资主体存续并在改制后企业中出资(股权、股份)比例超过50%的,对改制后企业承受原事业单位土地、房屋权属,免征契税。

(3) 公司合并。两个或两个以上的公司,合并为一个公司,且原投资主体存续的,对合并的公司承受原合并各方土地、房屋权属,免征契税。

(4) 公司分立。公司分立为两个或两个以上与原公司投资主体相同的公司,对分立后公司承受原公司土地、房屋权属,免征契税。

政策依据:《财政部、税务总局关于继续执行企业、事业单位改制重组有关契税政策的公告》(财政部、税务总局公告2021年第17号)。

(5) 其他情形的企业清算,涉及房地产所有权转移,应征契税。

第五节　企业股权转让的税收筹划

一、股权转让的基本概念

(1) 企业股权转让属于"股权重组"的一种方式,即企业的股东将其拥有的股权或股份,部分或全部转让给他人。

(2) 股权转让所得是指其股权转让价减除股权成本价后的差额,其计算公式如下:

非居民企业股权转让所得=股权转让价-股权成本价

二、企业股权转让的涉税规定

1. 增值税

企业股权转让属于非增值税征税范围。

2. 土地增值税和契税

部分股权的转让不属于转让不动产的行为,按理不缴纳土地增值税,但鉴于《国家税务总局关于以转让股权名义转让房地产行为征收土地增值税问题的批复》(国税函［2000］687号)所做批复，股权转让是否缴纳土地增值税，还应该依据地方政策和转让实质考虑。

根据财政部、税务总局公告2021年第17号的规定："在股权（股份）转让中，单位、个人承受公司股权（股份），公司土地、房屋权属不发生转移，不征收契税。"

3. 企业所得税

《国家税务总局关于非居民企业所得税源泉扣缴有关问题的公告》(国家税务总局公告2017年第37号)规定，自2008年1月1日起，非居民企业转让中国居民企业的股权（不包括在公开的证券市场买入并卖出中国居民企业的股票）所取得的所得，应自合同、协议约定的股权转让日（如果转让方提前取得股权转让收入的，应自实际取得股权转让收入之日）起7日内，到被转让股权的中国居民企业所在地主管税务机关（负责该居民企业所得税征管的机关）申报缴纳企业所得税。

《国家税务总局关于贯彻落实企业所得税法若干税收问题的通知》(国税函［2010］79号)第3条规定，转让股权收入扣除为取得该股权所发生的成本后，为股权转让所得。企业在计算股权转让所得时，不得扣除被投资企业未分配利润等股东留存收益中按该项股权所可能分配的金额。

三、股权转让的税收筹划方式

(一) 非居民企业股权转让是否分配利润将影响纳税

【例7-10】 某境外投资者A公司以美元现汇500万元于2006年全资设立了一家中国居民企业B公司，投入当天人民币兑美元汇率为1∶7.808 7，B公司账目中的实收资本金额为人民币3 904.35万元。2009年12月，A公司欲将其持有的B公司股权转让给香港投资者C公司，转让价款为人民币5 000万元，包含B公司未分配的税后利润人民币1 500万元。其中，2008年以前的未分配利润为1 000万元，2008年以后的未分配税后利润为500万元。转让当日人民币兑美元的汇率为1∶6.828 7。

案例解析：

1. 未进行税收筹划前

A公司在转让B公司股权及C公司在后期分配B公司税后利润时的企业所得税计算如下：

(1) 境外A公司在转让股权时的企业所得税。根据国家税务总局公告2017年第37号的规定，在计算股权转让所得时，以非居民企业向被转让股权的中国居民企业投资时或向原投资方购买该股权时的币种计算股权转让价和股权转让成本价。

因为A公司首次投资时的币种为美元，所以上述股权转让价和股权成本价均以美元计算。股权转让当日的美元兑人民币汇率为1∶6.828 7，则其股权转让价5 000万元人民币应依美元兑人民币的汇率1∶6.828 7折算为732.20万美元，而股权转让成本为

500 万美元。

A 公司的股权转让所得为：

732.20－500＝232.20(万美元)

股权转让所得税为：

232.20×10％×6.828 7＝158.56(万元人民币)

(2) 香港C公司在受让股权后，取得受让前税后未分配利润的企业所得税。根据《财政部、国家税务总局关于企业所得税若干优惠政策的通知》(财税［2008］1号) 第四条的规定，2008 年 1 月 1 日之前外商投资企业形成的累积未分配利润，在 2008 年以后分配给外国投资者的，免征企业所得税；2008 年及以后年度外商投资企业新增利润分配给外国投资者的，依法缴纳企业所得税。因此，若 C 公司在受让股权后分配 B 公司 2008 年以前的未分配利润，仍然免征企业所得税；但分配 2008 年以后的未分配利润，应缴纳企业所得税。

C 公司应缴纳的企业所得税为：

1 000×0％＋500×10％＝50(万元)

(3) 上述两项所得使 A 公司和 C 公司合计缴纳的企业所得税为：

158.56＋50＝208.56(万元)

2. 税收筹划

在本案例中，假设 A 公司在股权转让前先把 B 公司的未分配利润进行分配再转让，则 A、C 两公司的纳税情况将完全不同。

也就是说，境外 A 公司在股权转让前先分配 B 公司的税后利润，再以 3 500 万元人民币的价款转让给香港 C 公司。

(1) 境外 A 公司取得 B 公司税后利润分配的所得税。A 公司在分配 B 公司 2008 年以前的未分配利润时，免征企业所得税；在分配 2008 年以后的未分配利润时，将缴纳企业所得税。A 公司应缴纳的企业所得税为：

1 000×0％＋500×10％＝50(万元)

(2) 境外 A 公司转让股权时的企业所得税。因为 A 公司首次投资时的币种为美元，所以股权转让价和股权成本价均以美元计算。股权转让当日的美元兑人民币汇率为 1∶6.828 7。股权转让价 3 500 万人民币依 6.828 7 的汇率折算为 512.54 万美元，股权转让成本为 500 万美元。

A 公司的股权转让所得为：

512.54－500＝12.54(万美元)

股权转让所得税为：

12.54×10％×6.828 7＝8.56(万元人民币)

(3) 实行先分配、后转让后，A 公司应缴纳企业所得税 58.56 万元（=50+8.56)，香港 C 公司由于股权转让价中不包含未分配利润，不存在受让后因分配受让前产生的未分配利润而缴纳企业所得税的可能。

3. 结果分析

非居民企业在转让居民企业的股权时，如果被投资企业的账目中有税后未分配利润，先分配、后转让对转让双方都有利。

从上述案例可知，如果境外 A 公司在股权转让前把 B 公司的税后利润先分配再转让，将比直接转让少缴企业所得税 100 万元（=158.56-58.56)，香港 C 公司也将少缴企业所得税 50 万元。

由此可见，国家税务总局公告 2017 年第 37 号的下发，将会直接影响非居民企业对股权转让策略的选择。

（二）自然人股权转让涉税事项风险提示

1. 基本涉税事项

《国家税务总局关于发布〈股权转让所得个人所得税管理办法〉（试行）的公告》（国家税务总局公告 2014 年第 67 号）提出了加强对自然人股东股权转让所得个人所得税的征收管理、堵塞征管漏洞的具体措施。

转让股权的形式一般包括零价格转让、净资产价值转让、原始投资股本转让、溢价转让、低于净资产价值转让等。无论怎样转让，自然人的股权转让主要涉及个人所得税、印花税。

(1) 零价格转让。这种转让形式一般发生在继承上，即股权持有人死亡或出于其他原因，需要将股权无偿转让给子女、亲属（有继承权的人）。这种转让行为不涉及个人所得税。目前，我国还没有开征遗产税，但涉及印花税（以下都涉及该税）。

(2) 净资产价值转让。投资人将资本投入企业后，股权会发生变化——可能投入 1 元/股，经过几年后每股净资产变成了 0.80 元/股或 1.50 元/股，此时进行股权转让就有两种情况：

1) 低于面值 1 元/股转让，比如以净资产 0.80 元/股转让，不涉及个人所得税。

2) 高于面值 1 元/股转让，比如以净资产 1.50 元/股转让，多出的 0.5 元/股就是财产转让所得。转让人可减除转让过程发生的合理费用后，按 20%的税率计征个人所得税。

(3) 原始投资股本转让。投资人投入原始股本 1 元/股，在转让时仍以 1 元/股转让，此时税务机关要核实企业的净资产。国家税务总局公告 2014 年第 67 号规定：对申报的计税依据明显偏低（如平价和低价转让等）且无正当理由的，主管税务机关可参照每股净资产或个人股东享有的股权比例所对应的净资产份额核定。以上例分析，如果面值为 1 元/股，企业的净资产为 1.5 元/股，税务机关可以确定转让所得为 0.5 元/股，在减除转让过程发生的合理费用后，按 20%的税率计征个人所得税。

(4) 溢价转让。投资人投入原始股本 1 元/股，企业的净资产为 1.5 元/股，转让价为

1.80 元/股。这里可能有商誉或潜在的盈利空间，作为转让人的所得应该是 0.8 元/股。

(5) 低于净资产价值转让。投资人投入原始股本 1 元/股，企业的净资产为 1.5 元/股，转让价为 1.20 元/股。这里可能有不利因素，比如土地使用证还有两三年就到期，经营前景有巨大的潜亏因素等。

2. 案例分析

【例 7－11】 投资人夫妻在某地区设立有限责任公司，建立了一个速冻玉米加工企业，每年的盈利空间很大。几年后，以股权转让形式将他们两人的股份全部转让给了当地某人。当时投资了 400 万元，转让时的净资产为 500 万元，双方签订的转让合同价为 400 万元，受让人口头答应暗中再给他 100 万元。受让人承诺在签订意向合同时先付 100 万元，待正式实施时再支付 300 万元。此后，受让人对口头答应的 100 万元不再兑现了。

这里需要注意两点：一是合同中的 400 万元具有法律效力，可以通过法律诉讼索要。暗中的 100 万元是良心账，如果受让人不兑现，吃亏的是转让人。二是如果这件事和盘托出，那么转让人有偷税嫌疑。另外，当税务机关检查时，也会按国家税务总局公告 2014 年第 67 号的规定实施补税处理。

按上述文件的要求，股权交易各方已签订了股权转让协议，但未完成股权转让交易的，企业在向工商行政管理部门申请股权变更登记时，应填写《个人股东变动情况报告表》并向主管税务机关申报。这里应注意两方面：一是支付人要履行代扣代缴义务；二是转让人也要自行申报。所以，双方都有法律责任。更重要的是，如果不提供《个人股东变动情况报告表》，工商部门不会进行股权变更登记。

税务机关在加强对股权转让所得计税依据的评估和审核时，对双方申报的股权转让资料进行审核，判断是否符合独立交易原则，是否符合合理性原则。所以，当自然人进行股权转让时，应当事先考虑涉税事项，并根据《个人所得税法》的规定，按转让收入额减除财产原值和合理费用后的余额计算纳税。关于应扣除的“合理费用”，目前没有具体相关规定，但必须符合合理性原则。

另外，关于印花税，《国家税务总局关于印花税若干具体问题的解释和规定的通知》(国税发［1991］第 155 号) 第十条规定：“‘财产所有权’转移书据的征税范围是：经政府管理机关登记注册的动产、不动产的所有权转移所立的书据，以及企业股权转让所立的书据。”所以，对股权转让应按“产权转移书据”贴花，税率为万分之五。

(三) 股权收购与资产收购的区别

1. 基本原理

《财政部、国家税务总局关于企业重组业务企业所得税处理若干问题的通知》(财税［2009］59 号，以下简称“59 号文”) 对资产收购进行了相关规定。

(1) 资产收购是指一家企业 (以下称为“受让企业”) 购买另一家企业 (以下称为“转让企业”) 实质经营性资产的交易。受让企业支付对价的形式包括股权支付、非股权支付或两者的组合。

(2) 实质经营性资产是指企业用于从事生产经营活动、与产生经营收入直接相关的资产，包括经营所用的各类资产、企业拥有的商业信息和技术、经营活动产生的应收款项、投资资产等。

(3) 资产收购的交易内容只包括资产权属的转移，并不涉及与资产相关的负债、劳动力等的转移，这也是与企业分立、企业合并、股权收购的重要区别之一。

(4) 如果资产收购不满足特殊性税务处理条件，则转让方应该在当期确认有关的资产转让所得或者损失，收购方取得资产的计税依据按照交易价格重新确定。

如果资产收购采用特殊性税务处理，应该同时满足特殊性税务处理条件，即合理商业目的原则、权益的连续性原则、经营的连续性原则。与此同时，企业还要准备一系列的文档，比如重组协议、评估报告及承诺书等。

在理解 59 号文有关资产收购含义的基础上，需要重点区别以下两方面内容：

(1) 资产收购不同于一般的资产买卖。

(2) 资产收购不同于企业合并。

此外，需要注意的是，在会计上，股权也是资产，它是一种投资资产。因此，在包含投资资产（股权）的资产收购中，投资资产（股权）可以从资产收购中剥离出来，作为股权收购处理，而股权以外的其他资产，可按资产收购业务处理，也可与其他资产捆绑打包，统一作为资产收购处理。

比如 A 企业拟收购 B 企业含长期股权投资在内的实质经营性资产，由于 A 企业收购的资产比例低于 B 企业全部资产的 50%，不符合资产收购特殊性税务处理条件。为了避免 A、B 两企业当期税负过重，在进行税收筹划时，可考虑先行对 B 企业的长期股权投资资产进行股权收购，再对其余资产进行资产收购。

2. 有关股权收购的案例

【例 7－12】 A 房地产公司取得土地后，以土地投资入股成立 B 公司，C 房地产公司通过收购 A 房地产公司持有的 B 公司股权实现对土地的实质占有，这种操作的意义何在？

案例解析：

目前，房地产公司以土地投资入股成立新的独立法人项目公司，然后通过股权转让退出新项目开发，是颇为常见的用于土地转让的税收筹划方案，详见下文。

(1) 土地直接转让。根据《中华人民共和国城市房地产管理法》第三十九条的规定，以出让方式取得土地使用权的，转让房地产时，应当符合下列条件：①按照出让合同约定已经支付全部土地使用权出让金，并取得土地使用权证书；②按照出让合同约定进行投资开发，属于房屋建设工程的，完成开发投资总额的 25%以上。因此，未同时具备上述两个条件而进行转让的，其转让合同无效。另外，该法还规定，以出让方式取得土地使用权进行房地产开发的，必须按照土地使用权出让合同约定的土地用途、动工开发期限开发土地。超过出让合同约定的动工开发日期满一年未动工开发的，可以征收相当于土地使用权出让金 20%以下的土地闲置费；满两年未动工开发的，可以无偿收回土地使用权。

所以本案例中的 A 房地产公司在取得土地后，因资金短缺无力开发，为了避免土地被收回，A 房地产公司想把土地出售以赚取差额利润，但根据现行政策规定，土地不允许直接转让，必须达到土地投资规模的25%，或者进行土地成片开发的，要使土地达到熟地条件方可转让，否则只能由政府收回。因此，A房地产公司为达到土地转让目的就会另辟蹊径，与受让方C房地产公司共同筹划股权转让的运作方案。

(2) 股权转让下的税收处理及政策应用。

1) 印花税。转让股权应按照《中华人民共和国印花税法》的“产权转移书据”税目缴纳印花税，印花税税率为0.05%。

2) 个人所得税。在本案例中，B公司的股东为A房地产公司，因而不涉及个人所得税。

3) 土地增值税。A房地产公司转让B公司的股权给C房地产公司，从目前的法规来看，单纯的股权转让原则上不征收土地增值税，对于特殊的以转让房地产为目的的股权转让，《国家税务总局关于以转让股权名义转让房地产行为征收土地增值税问题的批复》(国税函[2000] 687号)倾向于征收土地增值税，但该文未被列入《国家税务总局关于公布现行有效的税收规范性文件目录的公告》(国家税务总局公告2010年第26号)的有效文件目录中，因而在实务中以不征收土地增值税为宜。

4) 企业所得税。根据《财政部、国家税务总局关于企业重组业务企业所得税处理若干问题的通知》(财税[2009] 59号)及《财政部、国家税务总局关于促进企业重组有关企业所得税处理问题的通知》(财税[2014] 109号)的相关规定进行纳税。

---

3. 有关资产收购的案例

【例7-13】 2009年10月，北京天坛生物制品股份有限公司（上交所上市公司，以下简称“天坛生物”）向北京生物制品研究所（以下简称“北京所”）收购其拥有的位于北京市朝阳区三间房南里4号（东区）的68 512.52平方米工业用地（以下简称“该宗土地”），天坛生物以其自身股份作为支付对价，向北京所发行5 365 383股股票。在交易完成后，北京所将持有天坛生物1.041%的股份。该宗地的账面价值为443.71万元，评估作价7 693.96万元，评估增值7 250.25万元，增值率为1 634%。在交易基准日，北京所的总资产为14 652.05万元。

案例解析：

(1) 所得税。

1) 合理商业目的原则的判定：天坛生物进行本次交易的主要目的是为了解决“房地不合一”的问题，并非出于税收目的，应该说是具有合理商业目的的。

2) 权益连续性原则的判定：本次交易满足特殊性税务处理中“权益连续性原则”的限制条件。

3) 经营连续性原则的判定：在本次交易中，由于转让资产的比例较小，不足50%，无法满足“经营连续性原则”的限制条件。

综上所述，对于天坛生物收购北京所的土地资产，由于本次交易中该宗土地资产占总资产的比例仅为3%，因而无法满足特殊性税务处理条件。北京所应该按照一般性税务处理的规定处理有关的所得税事项，即北京所应在当期确认资产转让所得。

（2）财产和行为税。

1）印花税：天坛生物以定向增发形式收购资产，其账面的“股本”和“资本公积”会增加，天坛生物应该就增加的部分缴纳印花税。

2）城镇土地使用税：天坛生物收购北京所的土地，需要办理土地使用权证过户，在此过程中应该缴纳契税和印花税。在交易完成后，天坛生物针对该宗土地的使用权，应该按照规定缴纳城镇土地使用税。

3）房产税：天坛生物在交易完成后，在该宗土地上建造的房屋应取得房产证，在计算房产税时，根据《财政部、国家税务总局关于安置残疾人就业单位城镇土地使用税等政策的通知》（财税［2010］121号）的规定“对按照房产原值计税的房产，无论会计上如何核算，房产原值均应包含地价，包括为取得土地使用权支付的价款、开发土地发生的成本费用等”。因此，天坛生物应该按照“房地合一”的价值来作为房产税的计税依据。

综上所述，在进行股权或资产划转的所得税税收筹划时，股权或资产划转通常发生在100%直接控制的居民企业之间，以及受同一或相同多家居民企业100%直接控制的居民企业之间。对100%直接控制的居民企业之间，以及受同一或相同多家居民企业100%直接控制的居民企业之间按账面净值划转股权或资产，凡具有合理商业目，不以减少、免除或者推迟缴纳税款为主要目的，股权或资产划转后连续12个月内不改变被划转股权或资产原来实质经营性活动，且划出方企业和划入方企业均未在会计上确认损益的，可以选择特殊性税务处理。

股权或资产划转的税收筹划要点是使划转行为符合特殊性税务处理条件：

（1）获得的股权支付要符合规定。母公司向子公司按账面净值划转其持有的股权或资产，母公司获得子公司100%的股权支付，或母公司没有获得任何股权或非股权支付。

子公司向母公司按账面净值划转其持有的股权或资产，子公司没有获得任何股权或非股权支付。

在母公司主导下，一家子公司向另一家子公司按账面净值划转其持有的股权或资产，划出方没有获得任何股权或非股权支付。

（2）会计处理要符合规定。会计上划入和划出双方均不能确认损益。母公司向子公司按账面净值划转其持有的股权或资产，母公司获得子公司100%的股权支付，母公司按增加长期股权投资处理，子公司按接受投资（包括资本公积金，下同）处理；母公司没有获得任何股权或非股权支付。母公司按冲减实收资本（包括资本公积金，下同）处理，子公司按接受投资处理。

子公司向母公司按账面净值划转其持有的股权或资产，子公司没有获得任何股权或非股权支付。母公司按收回投资处理，或按接受投资处理，子公司按冲减实收资本处理。

在母公司主导下，一家子公司向另一家子公司按账面净值划转其持有的股权或资产，划出方没有获得任何股权或非股权支付。划出方按冲减所有者权益处理，划入方按接受投资处理。

(四)中国境内与境外之间(包括港澳台地区)的股权和资产收购交易的所得税税收筹划

企业发生涉及中国境内与境外之间(包括港澳台地区)的股权和资产收购交易,若想适用特殊性税务处理,除了要符合特殊性税务处理要求的股权支付比例、资产收购比例等条件,还应判断是否同时符合下列条件:

(1)非居民企业向其100%直接控股的另一非居民企业转让其拥有的居民企业股权,没有因此造成以后该项股权转让所得预提所得税负担变化,且转让方非居民企业向主管税务机关书面承诺在3年(含3年)内不转让其拥有的受让方非居民企业的股权(包括因境外企业分立、合并导致中国居民企业股权被转让的情形)。

(2)非居民企业向与其具有100%直接控股关系的居民企业转让其拥有的另一居民企业股权。

(3)居民企业以其拥有的资产或股权向其100%直接控股的非居民企业进行投资。

本章小结

本章主要介绍税收筹划在企业兼并重组活动中的具体运用。通过对本章的学习,学生可以了解企业的重组方式和税负成本,同时需要掌握企业重组的税收政策和筹划方法以及相应的税务风险管理。

复习思考题

1. 企业的重组方式有哪些?
2. 每一种重组方式的税收政策是什么?
3. 在股权收购时应如何进行税收筹划?
4. 在股权转让时,自然人股东和法人股东的所得税应如何缴纳?
5. 如何防范资产收购的税务风险?

案例阅读1

森马服饰收购华人实业税案分析

案例背景:

2012年5月28日森马服饰发布公告,声明公司已于5月24日召开第二届董事会第二十一次会议,并审议通过了《关于使用筹集资金以股权收购方式购买店铺的议案》,同意使用募集资金1.56亿元收购浙江华人实业发展有限公司(以下简称"华人实业")100%股权并承继相应债务。其中,股权转让价格为4 900万元,承继债务1.07亿元。在交易完成后,森马服饰将取得位于浙江省杭州市上城区延安路236号的房屋所有权及土地使用权。

公告称,华人实业所拥有的延安路房屋,位于浙江省杭州市的核心商圈,地理位置、使用面积、交易价格等均符合森马服饰营销网络建设项目的要求，未来作为店铺投入使用后，有助于提升森马品牌与巴拉巴拉品牌在杭州地区的品牌形象与销售业绩，具有重要的战略意义。

华人实业的店铺价值约1.56亿元，如果采取资产收购方式，华人实业大约要缴纳500多万元营业税及其附加，5 000多万元土地增值税，森马服饰要缴纳400多万元契税，双方需缴纳16万元印花税，交易总税负超过6 000万元。如果采取股权收购方式，双方仅需要缴纳几十万元印花税，节税高达6 000万元。

森马服饰收购华人实业既可以采取资产收购的方式，又可以采取股权收购的方式。由于森马服饰收购华人实业的主要目的并不在于取得企业的股权继续经营华人实业，而是为了取得华人实业的不动产。因此，在不考虑税收成本的情况下，森马服饰应该采取资产收购的方式。显然，森马服饰采取股权收购的主要目的是为了节税。当地税务机关认为，森马服饰的收购行为涉嫌避税。森马服饰为证明其行为并非避税行为，应当证明其交易的合理性。第一，股权收购的手续相对简单，仅需要进行股东的变更登记即可；第二，森马服饰将继续保持华人实业的法人地位，并将继续从事生产经营活动；第三，股权收购和资产收购都是企业常用的收购手段，都是常规性商业交易行为，并非异常交易形式。最终，当地税务机关并未对该收购进行反避税调查。

税收筹划的思路：

股权收购是指一家企业（以下称为“收购企业”）购买另一家企业（以下称为“被收购企业”）的股权，以实现对被收购企业控制的交易。资产收购是指一家企业（以下称为“受让企业”）购买另一家企业（以下称为“转让企业”）实质经营性资产的交易。

在一般情况下，企业股权收购、资产收购重组交易应按以下规定处理：

（1）被收购方应确认股权、资产的转让所得或损失。

（2）收购方取得股权或资产的计税基础应以公允价值为基础确定。

（3）被收购企业的相关所得税事项原则上保持不变。

企业发生上述股权收购、资产收购重组业务，应准备以下相关资料，以备税务机关检查：①当事各方所签订的股权收购、资产收购业务合同或协议；②相关股权、资产公允价值的合法证据。

在一般情况下，股权交易的税收负担比资产交易的税收负担轻，因而企业应尽可能通过股权收购方式来完成资产收购。

法律政策依据：

（1）《中华人民共和国企业所得税法》。

（2）《中华人民共和国企业所得税法实施条例》。

（3）《财政部、国家税务总局关于企业重组业务企业所得税处理若干问题的通知》（财税［2009］59号）。

（4）《财政部、国家税务总局关于促进企业重组有关企业所得税处理问题的通知》（财税［2014］109号）。

（5）《企业重组业务企业所得税管理办法》（国家税务总局公告2010年第4号）。

(6)《国家税务总局关于非居民企业所得税源泉扣缴有关问题的公告》(国家税务总局公告 2017 年第 37 号)。

(7)《国家税务总局关于企业重组业务企业所得税征收管理若干问题的公告》(国家税务总局公告 2015 年第 48 号)。

(8)《中华人民共和国土地增值税暂行条例》(国务院令第 138 号)。

案例阅读 2

四川双马发行股份购买资产案例

案例背景:

2008 年 9 月,四川双马 (000935) 发布重大重组预案公告称,公司将通过定向增发,向该公司的实际控制人拉法基中国海外控股公司(以下简称"拉法基中国")发行 36 809 万股 A 股股票,收购其特有的都江堰拉法基水泥有限公司(以下简称"都江堰拉法基")50%的股权,增发价为 7.61 元/股。在收购完成后,都江堰拉法基将成为四川双马的控股子公司。

都江堰拉法基在成立时的注册资本为 856 839 300 元。其中,都江堰市建工建材总公司的出资金额共计 214 242 370 元,出资比例为 25%;拉法基中国的出资金额为 642 596 930 元,出资比例为 75%。

根据法律法规,拉法基中国承诺,本次认购的股票自发行结束之日起 36 个月内不上市交易或转让。

第一,业务的性质。在此项股权收购完成后,四川双马将达到控制都江堰拉法基的目的,因而符合财税 [2009] 59 号文规定的股权收购的定义。

第二,企业所得税政策的适用。尽管符合控股合并的条件,同时所支付的对价均为上市公司的股权,但由于四川双马只收购了都江堰拉法基 50%的股权,没有达到 75%的要求,因而应当适用一般性税务处理(在 2008 年时,适用财税 [2009] 59 号文,特殊性重组规定的股权比例为 75%)。

(1) 被收购企业的股东:拉法基中国,应确认股权转让所得。

股权转让所得=取得对价的公允价值-原计税基础

=7.61×368 090 000-856 839 300×50%

=2 372 745 250(元)

由于拉法基中国的注册地在英属维尔京群岛,属于非居民企业,因而其股权转让应纳的所得税为:

2 372 745 250×10%=237 274 525(元)

(2) 收购方:四川双马取得(对都江堰拉法基)股权的计税基础应以公允价值为基础确定,即 2 801 164 900 元(=7.61×368 090 000)。

(3) 被收购企业:都江堰拉法基的相关所得税事项保持不变。

如果其他条件不变,拉法基中国将转让的股权份额提高到 75%,即转让其特有的全部都江堰拉法基的股权，那么由于此项交易同时符合财税［2009］59号文规定的五个条件，因而可以选择特殊性税务处理。

（1）被收购企业的股东：拉法基中国，暂不确认股权转让所得。

（2）收购方：四川双马取得（对都江堰拉法基）股权的计税基础应以被收购股权的原有计税基础确定，即428 419 650元（＝856 839 300×50％）。

（3）被收购企业：都江堰拉法基的相关所得税事项保持不变。

由此可见，如果拉法基中国采用后一种方式，转让都江堰拉法基75％的股权，则可以在当期避免2.37亿元的所得税支出。

税收筹划的思路：

对于资产收购，受让企业收购的资产不低于转让企业全部资产的75％（2014年1月1日以后为50％），且受让企业在该资产收购发生时的股权支付金额不低于其交易支付总额的85％，可以选择按以下规定处理：转让企业取得受让企业股权的计税基础，以被转让资产的原有计税基础确定；受让企业取得转让企业资产的计税基础，以被转让资产的原有计税基础确定。

企业发生上述资产收购业务，应准备以下资料：

（1）当事方的资产收购业务总体情况说明，在该情况说明中应包括资产收购的商业目的。

（2）当事各方签订的资产收购业务合同或协议。

（3）评估机构出具的资产评估报告。

（4）证明受让企业股权的计税基础的有效凭证。

（5）证明重组符合特殊性税务处理条件的资料，包括资产收购比例、支付对价情况以及12个月内不改变资产原来的实质经营性活动、原主要股东不转让所取得股权的承诺书等。

（6）工商部门核准相关企业股权变更事项的证明材料。

（7）税务机关要求提供的其他材料证明。

企业在实行资产收购交易时应尽量按照上述条件来设计，这样就可以享受暂时免税的优惠政策。

法律政策依据：

（1）《中华人民共和国企业所得税法》。

（2）《中华人民共和国企业所得税法实施条例》。

（3）《财政部、国家税务总局关于企业重组业务企业所得税处理若干问题的通知》（财税［2009］59号）。

（4）《企业重组业务企业所得税管理办法》（国家税务总局公告2010年第4号）。

（5）《财政部、国家税务总局关于促进企业重组有关企业所得税处理问题的通知》（财税［2014］109号）。

第8章 国际税收筹划

教学目的与要求：

通过本章的学习，学生需要理解关联企业与转让定价的含义，掌握转让定价的各种筹划方法，了解预约定价安排的过程及作用、BEPS转让定价国别报告机制。

思政元素的融入：

结合跨国公司转让定价、BEPS行动计划等专业知识的学习，了解跨国企业和国家发展之间的关系，帮助学生树立人类命运共同体理念，正确认知国家意识、国家权力和国家利益，自觉遵守法律法规，严格执行党和国家的政策法令等。

第一节　关联企业与转让定价

一、关联企业的概念

关联企业（associated enterprises），又称联属企业、联营企业，是国际避税中的一个重要概念。《联合国关于发达国家与发展中国家间避免双重征税的协定范本》（以下简称《联合国范本》）和《经济合作与发展组织关于避免所得和财产双重征税的协定范本》（以下简称《经合组织范本》）中都对关联企业的概念给予明确的界定。

《联合国范本》规定，符合下列两个条件之一的，便构成关联企业：

（1）缔约国一方企业直接或间接参与缔约国另一方企业的管理、控制或资本。

（2）同一人直接或间接参与缔约国一方企业和缔约国另一方企业的管理、控制或资本。

《经合组织范本》规定，符合下列两个条件之一的，便构成关联企业：

（1）一缔约国企业直接或间接参与另一缔约国企业的管理、控制或资本。

（2）相同的人员直接或间接参与一缔约国企业和另一缔约国企业的管理、控制或资本。

由此可见，《联合国范本》和《经合组织范本》都对关联企业做出了相似的原则性规定，即确定关联企业的关键条件是判定分属于缔约国双方的企业之间是否相互构成了管理、控制或资本的参与，无论这种参与是直接还是间接，也无论这种参与是否经由相同的第三方实现。如果两家企业之间的商业或财务关系不同于独立企业之间的关系，那么这样的企业就可以被认定为关联企业。

《企业所得税法》第四十一条使用了"关联方"一词来定义应受特别纳税调整的关联企业。《企业所得税法实施条例》第一百零九条对"关联方"做出了具体解释①："关联方"是指与企业有下列关联关系之一的企业、其他组织或者个人：

（1）在资金、经营、购销等方面存在直接或者间接的控制关系。

（2）直接或者间接地同为第三者控制。

（3）在利益上具有相关联的其他关系。

2016年6月，国家税务总局颁布了《关于完善关联申报和同期资料管理有关事项的公告》（国家税务总局公告2016年第42号）。根据该公告第二条，关联关系主要是指企业与其他企业、组织或个人具有下列关系之一：

（1）一方直接或者间接持有另一方的股份总和达到25%以上；双方直接或者间接同为第三方所持有的股份达到25%以上。

如果一方通过中间方对另一方间接持有股份，只要其对中间方的持股比例达到25%以上，则其对另一方的持股比例按照中间方对另一方的持股比例计算。

两个以上具有夫妻、直系血亲、兄弟姐妹以及其他抚养、赡养关系的自然人共同持股同一企业，在判定关联关系时持股比例合并计算。

（2）双方存在持股关系或者同为第三方持股，虽持股比例未达到第（1）项的规定，但双方之间借贷资金总额占任一方实收资本比例达到50%以上，或者一方全部借贷资金总额的10%以上由另一方担保（与独立金融机构之间的借贷或者担保除外）。

（3）双方存在持股关系或者同为第三方持股，虽持股比例未达到第（1）项的规定，但一方的生产经营活动必须由另一方提供专利权、非专利技术、商标权、著作权等特许权才能正常进行。

（4）双方存在持股关系或者同为第三方持股，虽持股比例未达到第（1）项的规定，但一方的购买、销售、接受劳务、提供劳务等经营活动由另一方控制。

（5）一方半数以上董事或者半数以上高级管理人员（包括上市公司董事会秘书、经理、副经理、财务负责人和公司章程规定的其他人员）由另一方任命或者委派，或者同时担任另一方的董事或者高级管理人员；或者双方各自半数以上的董事或者半数以上的高级管理人员同为第三方任命或者委派。

---

① 《中华人民共和国税收征收管理法实施细则》第五十一条也对《中华人民共和国税收征收管理法》第三十六条所称关联企业做出了相似解释。

(6) 具有夫妻、直系血亲、兄弟姐妹以及其他抚养、赡养关系的两个自然人分别与双方具有第 (1)～(5) 项关系之一。

(7) 双方在实质上具有其他共同利益。

【例 8-1】 假设有 A、B、C 三家企业，A 企业拥有 B 企业 30%的股份，B 企业又拥有 C 企业 25%的股份，B 企业和 C 企业的其余股份由公众持有。这三家企业之间是否存在关联关系?

案例解析

根据 25%的持股比例标准，A 企业直接控制 B 企业，A 企业与 B 企业属于关联企业；B 企业直接控制 C 企业，B 企业与 C 企业也属于关联企业；A 企业持有中间方 B 企业的股份达到了 25%以上，所以 A 企业对 C 企业的持股比例按照 B 企业对 C 企业的持股比例 (25%) 计算，即 A 企业间接持有 C 企业 25%的股份，符合关联条件，故 A 企业与 C 企业也属于关联企业。

二、转让定价的概念

在国际上，并没有一个统一的关于转让定价的定义。经合组织在《转让定价指南》中也没有对转让定价这一术语进行解释。

转让定价其实是一个中性概念。对于关联企业来说，即使不是出于税收筹划的要求，只是出于它们自身的会计或管理上的需求，也会按照一定的标准进行计价收款、登账入账，以便核算各自的经营成果。事实上，转让定价是一个正常的、合法的且必需的行为。然而，关联企业在对内部交易进行定价时，往往会利用其内部控制的优势，不按照市场价格水平进行定价，即不当操纵转让定价。

但是，并非所有关联企业的内部交易价格都偏离市场价格。也就是说，关联企业在进行内部交易时，并非都不当操纵转让定价。无论关联企业是否对内部交易的价格进行了不当操纵，其对内部交易进行定价的行为都应称为转让定价。

总之，关联企业在内部交易定价的实践中，既可能存在按照市场价格水平进行定价的情形，又可能存在不当操纵价格的情形。无论是哪一种情形，都是对内部交易进行的定价，即转让定价。因此，转让定价就是对关联企业间的交易进行定价的行为。

三、关联交易转让定价的类型

关联交易转让定价主要包括以下几种类型：

(1) 有形资产的购销、转让和使用，包括房屋、建筑物、交通工具、机器设备、工具、商品、产品等有形资产的购销、转让和租赁业务，主要涉及货物购销和固定资产购置、租赁与投资的转让定价。

货物购销的转让定价是转让定价最主要的形式。关联企业之间的货物转让主要涉及有形动产购销，包括原材料、燃料、低值易耗品、零部件、半成品、产成品等内部购销，其价格制定的高低，对购销双方的利润水平有着截然相反的影响，从而使双方的税负此增彼减，但增减的税额是不相等的，一般增少减多；两者相抵，集团的整体税负应是下降的。

关于固定资产购置、租赁与投资的转让定价，关联企业之间是通过内部交易定价来控制固定资产的购置额与租赁费用。固定资产购置额的高低会影响折旧的摊销，在以固定资产作价投资的情况下，还影响企业的股权份额；在设备租赁领域，由于各国对国际租赁业务应由哪一方计提折旧、由谁承担风险等问题的规定不尽一致，也为税收筹划留下了广阔的空间。

（2）无形资产的转让和使用，包括土地使用权、版权（著作权）、专利、商标、客户名单、营销渠道、牌号、商业秘密和专有技术等特许权，以及工业品外观设计或实用新型等工业产权的所有权转让和使用权的提供业务。关联企业之间相互提供专利、专有技术、版权、商标等无形资产，其价格标准难以掌握，但它为转让定价提供的机会相对更多，使用无形资产发生的特许权使用费会影响成本费用的分摊，而转让无形资产价格的高低直接影响应税收入，进而影响应税所得。

（3）融通资金，包括各类长短期资金拆借和担保以及各类计息预付款和延期付款等业务。从财务上讲，一笔正常贷款的利息是允许在企业所得税前扣除的，而支付的股息只能在税后列支，因而跨国投资者多采用举借债务的形式来改善资本结构，并且在关联企业相互借贷资金时，虚增或虚减利息费用，以达到人为调整利润的目的。

（4）提供劳务，包括市场调查、行销、管理、行政事务、技术服务、维修、设计、咨询、代理、科研、法律、会计事务等服务的提供。关联企业之间的劳务范围非常广，甚至连总机构的管理活动也可看作广义的劳务，劳务费用的高低直接影响企业的税前利润。

四、转让定价的原因

转让定价存在多方面的原因，税收是其中的一个重要因素，也包括非税收因素。转让定价的原因主要有如下几个方面：

（1）躲避高额税收。借助转让定价不仅可以降低跨国企业所得税的负担水平（当然，对所得税的影响是最显著的），而且当关联企业之间支付利息、股息、特许权使用费时，如果适当降低支付标准，还可以减轻各国对非居民公司征收的预提所得税。此外，转让定价对关税也会产生影响：当关联企业之间进行交易时，向设在高关税国的关联企业压低售价，可降低购买方关联企业的进口额，节省进口环节关税。比如欧盟规定，如果某种商品的价值一半以上是在贸易区内成员国中增值的，则该商品在贸易区内运销时可免征关税。这样，不属于该贸易区内成员的关联企业在与贸易区内关联企业进行交易时，压低零部件的价格可提高在当地的增值比例，满足自由贸易区内免税的要求，与从自由贸易区外企业直接销往该贸易区或以较高价格销给贸易区内关联企业相比，将节省大量的关税。当然，企业不能仅从节省某一个税种的税款出发，而应综合考虑关联交易涉及的所有税种，在进行综合测算后决定是否采用转让定价。

（2）逃避外汇管制。在一个完全自由竞争的市场中，政府对跨国企业的经营行为是不应该进行直接干预的，但事实上，企业的经营活动要受到政府贸易政策、金融政策、投资政策等的影响，比如在一些发展中国家普遍存在外汇管制。跨国关联企业为了逃避所在国的外汇管制，会利用转让定价，增大成本费用的列支范围和列支标准，尽量压低境内企业的利润，而将资金转移出境。

（3）控制市场，树立企业形象。有时，关联企业为了控制、垄断市场，也会采取低价供货的方式，使买方关联企业能够倾销产品，以击败竞争对手，同时又可以在消费者中树立具有雄厚资本和不凡实力的企业形象。

（4）规避外汇风险和政治风险。当预期某关联企业居住国货币贬值时，跨国企业可以利用转让定价，提前转出子公司的利润，避免或减少货币贬值带来的损失，或者在政局出现动荡的国家，跨国公司也可以通过转让定价，将关联企业的资产和利润事先转移出来，以躲避政治风险。

（5）谋求更多的合资利益。以合资形式组建子公司的跨国企业，必然涉及与当地合资者分配利润的问题，跨国企业具有资本上的优势，而且往往控制着合资企业外部的进货来源和产品出口渠道，通过抬高原材料购入价、压低成品销售价的方法，可以从合资企业谋求超过其股权比例的利益。

第二节　转让定价的方法

由于关联企业的转让定价常常偏离正常市场价格，含有虚假的成分，为了正确计算和征收税款，税务机关需要对关联企业的应税所得进行调整，调整的依据是独立企业之间交易的正常价格，又称正常交易原则或公平交易原则，是转让定价制度的核心原则。

对于不符合独立交易原则而减少企业或其关联方应纳税收入或所得额的，税务机关有权按照合理方法进行调整。合理方法主要包括传统的转让定价方法和非传统的转让定价方法两类。

一、传统的转让定价方法

传统的转让定价方法，又称可比交易法或可比交易价格法，具体包括可比非受控价格法、再销售价格法和成本加成法。

（一）可比非受控价格法

可比非受控价格法，又称市场价格法，是以非关联方之间进行的与关联交易相同或类似的业务活动所收取的价格作为关联交易的公平成交价格。如果两个价格之间存在差异，则可能表明关联企业在其商业活动中不符合公平交易原则，需要按照非受控交易的价格进行调整。

1. 可比非受控价格法的适用条件

可比非受控价格法适用于所有类型的关联交易。选择的非关联交易与关联交易之间具有可比性是适用可比非受控价格法的最基本条件。除此之外，产品的可比性在适用可比非受控价格法中也占有非常重要的地位，如果在产品方面存在差异，则由差异所造成的价格影响均应进行相应的调整，具体应考虑产品或服务的质量、性能、成交时间、成交数量、付款方式、地域性市场条件、风险等诸多因素的相同或类似之处。

可比性分析应特别考察关联交易与非关联交易在交易资产或劳务的特性、合同条款及经济环境上的差异。按照不同的交易类型，具体包括如下内容：

（1）有形资产的购销或转让。

1）购销或转让过程，包括交易的时间与地点、交货条件、交货手续、支付条件、交易数量、售后服务的时间和地点等。

2）购销或转让环节，包括出厂环节、批发环节、零售环节、出口环节等。

3）购销或转让货物，包括品名、品牌、规格、型号、性能、结构、外形、包装等。

4）购销或转让环境，包括民族风俗、消费者偏好、政局稳定程度以及财政、税收、外汇政策等。

（2）有形资产的使用。

1）资产的性能、规格、型号、结构、类型、折旧方法。

2）提供使用权的时间、期限、地点。

3）资产所有者对资产的投资支出、维修费用等。

（3）无形资产的转让和使用。

1）无形资产的类别、用途、适用行业、预期收益。

2）无形资产的开发投资、转让条件、独占程度、受有关国家法律保护的程度及期限、受让成本和费用、功能风险情况、可替代性等。

（4）融通资金。融资的金额、币种、期限、担保、融资人的资信、还款方式、计息方法等。

（5）提供劳务。劳务的业务性质、技术要求、专业水准、承担责任、付款条件和方式、直接和间接成本等。

如果关联交易与非关联交易之间在以上5个方面存在重大差异，则应就该差异对价格的影响进行合理调整。如果无法进行合理调整，那么应选择其他合理的转让定价方法。

可比非受控价格法的调整公式为：

$$收入调整额=(非受控价格-受控价格)\times 受控销售数量$$

可比非受控价格法的计算调整并不局限于上述公式，有时还可以采用比较同一产品的毛利率或利润率等方法。如果企业既有内销又有外销，而外销是在关联企业之间进行，内销是在非关联企业之间进行，则关联企业的交易价格可以采用比照内销价格进行调整的办法。比如在无特殊原因的情况下进行可比性分析，如果外销价格明显低于内销价格，而且外销产品有同类产品的内销价格，此时可以按内销不含税价格换算成外销价格进行调整。

2. 税收筹划的关键点

在可比非受控价格法下，转让价格的制定要参考独立企业之间或企业与无关联的第三方之间发生类似交易时使用的价格。虽然这种方法在理论上最容易应用，但在实务中却并非如此。质量、数量、商标、品牌甚至市场经济水平等方面的差别经常使得直接对比价格很困难。

例如，在关联交易与非关联交易中转让财产之间的细小差别可能会对价格产生重大影响。在这种情况下，应该进行一些适当调整，这类调整的范围和可靠性会影响按照可比非受控价格法所做分析的相对可靠性。但这也恰恰为企业的税收筹划留下了一定空间，企业应努力收集并向税务机关提交一切能证明关联交易价格不同于非关联交易价格的原因，说服税务机关接受自己的定价。

3. 案例分析

【例 8-2】 A 公司按照每吨 100 美元的价格将 2 000 吨产品销售给跨国公司集团内的一家关联企业，也是它的子公司。与此同时，按每吨 120 美元的价格将 200 吨同样的产品销售给一家独立企业。A 公司应如何说服税务机关接受自己的定价？

案例解析：

根据可比非受控价格法，就是要找一个销售同样产品，并且其他交易条件也相同或相似的非关联的第三方价格。

在本例中，A 公司卖给关联企业的产品数量和卖给非关联企业的产品数量相差较大，定价也存在一定的差异，这样的定价很容易遭到税务部门的质疑，企业如何应对税务机关的转让定价调查？

其实，销量差异是企业说服税务机关接受自己定价的一个着眼点。企业可以从产品销售的数量、技术支持以及可能产生的坏账等方面出发，对向关联企业销售和向非关联的第三方企业销售做进一步分析。例如，企业销售给关联企业的产品数量多，可以有一定的价格优惠。此外，由于是集团内部销售，相应的营销费用和技术支持费用都能实现最小化，因而单件产品的成本相对要低一些。在应收账款的坏账方面，关联企业间产生坏账的可能性也小于第三方无关联的企业。综合以上几点，企业完全可能尝试说服税务机关接受自己的定价，毕竟 100 美元的单价与 120 美元的单价相差并不悬殊。当然，这里面涉及的各种可能因素都需要合理且公允的计算推导过程支持，才能通过税务机关的调查。企业需要做足功课，准备好充足的理由来防范转让定价调整风险。

(二) 再销售价格法

再销售价格法是以关联交易的买方将购进的货物再销售给非关联企业时的销售价格

（转售价格或再销售价格）扣除合理利润后的余额为依据来确定关联企业之间转让定价的方法。

1. 再销售价格法的适用条件

再销售价格法是以再销售给无关联第三方的价格为起点，通过对照可比非关联交易的毛利率来推算关联企业之间的公平成交价格。其计算公式如下：

$$\text{公平成交价格}=\text{再销售给非关联方的价格}\times(1-\text{可比非关联交易毛利率})$$

$$\text{可比非关联交易毛利率}=\frac{\text{可比非关联交易毛利}}{\text{可比非关联交易收入净额}}\times 100\%$$

$$\text{收入调整额}=\left(\text{公平成交价格}-\text{被调整企业的实际销售价格}\right)\times\text{被调整企业的受控销售数量}$$

可比性分析应特别考察关联交易与非关联交易在功能风险及合同条款上的差异以及影响毛利率的其他因素，具体包括销售、广告及服务功能，存货风险，机器、设备的价值及使用年限，无形资产的使用及价值，批发或零售环节，商业经验，会计处理及管理效率等。

关联交易与非关联交易之间在以上方面存在重大差异的，应就该差异对毛利率的影响进行合理调整，无法合理调整的，应根据规定选择其他合理的转让定价方法。

再销售价格法通常适用于再销售者未对产品进行改变外形、性能、结构或更换商标等实质性增值加工的简单加工或单纯购销业务。

2. 税收筹划的关键点

再销售价格法要求再销售方没有大幅提高产品的价值，如果再销售方是对产品外观进行物理改变，如将购买的产品进一步加工或组装，使其原有功能彻底转变或丧失，或者采用了一些独有的无形资产或追加了一些实质性的东西（如商标、独有的许可权等），再销售价格法就难以准确使用。也就是说，这种方法仅限于再销售方未对产品进行实质性增值加工（如改变外形、性能、结构、更换商标等），只是简单加工或单纯的购销。

再销售价格法的目的是通过检查再销售的功能、投入的资本、承担的风险等因素来合理估算再销售方应有的毛利率。从相关法律规定的描述中也可以看出，合理估计确定可比非关联交易的毛利率是关键、也是难点。

当再销售企业没有实质性地增加产品的价值时，最容易确定一个适当的再销售价格毛利；相反，如果在再销售之前，再销售企业对货物做了进一步的加工或将其组合在一个更复杂的产品中，从而改变或丧失了原货物的根本特征，那么再销售价格法的使用可能会变得更困难。另外，若再销售企业对由关联企业拥有且与产品有关的无形资产（如商标或名称）的产生或维护有实质性的贡献，那么在这种情况下，就不太容易评估原先转让的货物对最终产品价值的贡献份额。

此外，在再销售企业购买货物以后的较短时间内实现的再销售价格毛利是较为正确的。在最初购买和再次销售之间的间隔时间越长，就可能要在任何比较中考虑其他因素，比如市场、汇率、成本等方面的变化及其影响。

3. 案例分析

【例 8-3】 一家韩国公司 A 以 200 万美元的价格向其中国境内子公司 B 销售一台

设备，子公司B以150万美元的价格将其转售给无关联关系的C公司。此项交易明显以低于成本价格销售，税务机关应如何进行调整？

案例解析：

税务机关可以采用再销售价格法，将子公司B的再销售价格减去正常利润后的余额作为A公司销售给子公司B的正常销售单价，并以此调整A公司的销售收入。假设子公司B平时的合理销售毛利率为10%，则母子公司之间的合理价格应为：

$$150\times(1-10\%)=135\text{（万美元）}$$

税务机关可以调整子公司B从A公司的进货价格，调减存货成本并调增应纳税所得额65万美元（=200−135）。

（三）成本加成法

成本加成法是以关联企业发生的合理成本加上合理利润后的金额为依据，借以确定关联企业之间合理的转让价格。它实际上是组成市场标准在转让定价调整中的具体应用。

1. 成本加成法的适用条件

如果关联买方在购进产品后做进一步加工然后出售，那么采用成本加成法可能就比较适当。经合组织的《转让定价指南》认为，当关联企业之间进行半成品销售或者签订有联合使用设施协议或长期购买与供应安排，成本加成法最有用。

成本加成法以关联交易发生的合理成本加上可比非关联交易毛利作为关联交易的公平成交价格。其计算公式如下：

$$\text{公平成交价格}=\text{关联交易的合理成本}\times(1+\text{可比非关联交易成本加成率})$$

$$\text{可比非关联交易成本加成率}=\frac{\text{可比非关联交易毛利}}{\text{可比非关联交易成本}}\times100\%$$

可比性分析应特别考察关联交易与非关联交易在功能、风险及合同条款上的差异以及影响成本加成率的其他因素，具体包括制造、加工、安装及测试功能，市场及汇兑风险，机器、设备的价值及使用年限，无形资产的使用及价值，商业经验，会计处理及管理效率等。

2. 税收筹划的关键点

在实际应用中，成本加成法会带来一些困难，特别是在成本的确定这方面。根据相关规定，在计算关联企业转让定价时，卖方（生产商）的独立交易价格等于正常利润加上关联交易的合理成本。这里的合理成本包括制造成本，再加上其他正常成本，如运输费用、保险费及关税等，即该产品的全部成本。但在不同的会计制度或准则中，对成本的认定不一定相同，对于跨国经营的企业而言，可能会与税务机关在成本的认定上产生分歧。

另外，我们在使用成本加成法时应注意要在可比成本的基础上加上一个可比的加成额

（＝成本×可比非关联交易成本加成率）。例如，在使用成本加成法时用作参考的供应方在进行其业务活动时使用了租赁的商业资产，而关联交易中的供应方却拥有自己的商业资产，那么如果未经调整，其成本基础就不可比。与再销售价格法的情况类似，成本加成法依赖于关联交易中货物或服务的供应方的成本加成额与非关联交易中一个或多个公司在其可比交易中的成本加成额之间的比较。因此，必须对关联交易和非关联交易中对加成额的大小有影响的差异进行比较，以确定是否需要对各个非关联交易的加成额加以调整。

3. 案例分析

【例8-4】 A集团公司销售一批产品给子公司B，产品作价50万元。经税务机关核查，A集团公司生产这批产品的成本为50万元，销售费用为5万元，正常情况下A集团公司的成本加成率为10%。税务机关应如何进行调整？

案例解析：

税务机关可以运用成本加成法对A集团公司的成交价进行调整，调整方法如下：

公平交易价格＝(50＋5)×(1＋10%)＝60.5(万元)

所以，A集团公司应调增10.5万元（＝60.5－50）的应纳税所得额。

二、非传统的转让定价方法

非传统的转让定价方法，又称交易利润定价法，包括利润分割法、交易净利润法及其他符合独立交易原则的方法。

（一）利润分割法

利润分割法根据企业与其关联方对关联交易合并利润的贡献计算各自应该分配的利润额。利润分割法分为一般利润分割法和剩余利润分割法。

一般利润分割法按照关联交易各参与方所执行的功能、承担的风险以及投入的资产来确定各自应取得的利润。在实践中，往往选用一个经济上合理的分配要素来分配关联交易各方的合并利润，以使其符合独立交易原则。

剩余利润分割法将关联交易各参与方的合并利润减去分配给各方的常规利润的余额作为剩余利润，再根据各方对剩余利润的贡献程度进行分配。常规利润一般是指执行简单功能、承担有限风险所应分配的利润。由于其符合使用交易净利润法的前提条件，因而在实践中可用交易净利润法来确定。剩余利润通常是指企业为发展高价值无形资产而进行的投资活动或在企业运营中承担主要风险所应获得的利润。

1. 利润分割法的适用条件

通常说来，当一系列交易相互紧密联系时，很难对它们进行独立的评估。在这种情况下，独立的企业可能决定建立一种合伙关系并达成一种利润的分配。因此，在具有上述情况的关联交易中，使用利润分割法来确定独立交易价格是适当的。

利润分割法大多应用于金融行业，如分析关联金融机构在全球证券交易活动中的利润分配等问题，而在其他行业的实践中使用较少。它也适用于关联交易双方都拥有高价值无形资产的情况。在这种情况下，关联企业间的合并利润分割可以根据各自拥有的无形资产对整个价值链所做的贡献来决定。

2. 税收筹划的关键点

在转让定价实践中，企业可根据不同的对象采用利润分配法。近年来，随着国内市场竞争的加剧，在借助海外关联企业资源的同时，很多外商投资企业为保持市场竞争优势，往往需要持续稳定的研发经费投入以及市场营销资源来优化生产工艺流程，推动产品的升级换代和提高市场的占有率。对于如何合理分配外商投资企业与其海外关联方共同创造的利润，利润分割法是唯一的选择。在企业的经营利润和投入费用呈现相对稳定关系的情况下，外商投资企业与其海外关联方对研发及市场的投入可作为它们之间利润分割的合理依据。利润分割法就适合这类案例。在企业的投入与利润不存在稳定关系的情况下，如高风险行业，则需要寻找其他更合理的利润分割依据。

采用利润分割法时应注意以下问题：

第一，合并利润必须来自关联交易。如果从事关联交易的各方还从事其他与关联交易无关的活动，应将与关联交易无关的其他利润进行合理拆分，即将其他交易产生的收入、成本及费用以合理方式与关联交易的利润区别开来，并从合并利润中予以剔除。

第二，合并利润的确定应在统一核算口径及同一货币币种下进行。交易各方的会计核算应采用统一标准，如存在差异，应能进行合理调整。随着跨国企业全球价值链的发展，分处不同国家与地区的关联方将越来越多地成为价值链的参与者，而各国采用的会计标准不同。此时，如果能够统一核算口径、统一货币币种，那么集团内部管理会计、成本会计等的相关数据就可以为合并利润的计算提供基础或依据。

第三，以营业利润作为合并利润，比以毛利润作为合并利润更能减轻差异调整的工作量。如果交易双方的会计核算存在较大差异，成本与费用的归集原则不一致，那么毛利润就会存在很大差异，而采用营业利润作为合并利润，那么会计核算方法、成本归集口径等方面的差异将得以消除。

3. 案例分析

【例 8－5】 甲国的 A 公司与乙国的 B 公司是关联企业，A 公司生产的产品全部销售给 B 公司。A 公司的经营资产为 5 000 万美元，销售成本为 1 000 万美元，取得的经营利润为 200 万美元；B 公司的经营资产为 15 000 万美元，当期取得的经营利润为 300 万美元。如果用经营资产规模作为衡量对利润贡献的唯一参数，并根据利润分割法确定 A 公司向 B 公司的合理销售价格，应如何确定？

案例解析：

由于 A，B 两公司的经营资产规模之比为 1∶3，所以各自取得的利润之比也应为 1∶3，这样 A 公司的利润就应在两个公司合计 500 万美元的总利润额中占 1/4，即 125 万美元，而 B 公司的利润应为 375 万美元。由于 A 公司的销售成本为 1 000 万美元，其向 B 公司的合理销售额应为 1 125 万美元。

(二) 交易净利润法

交易净利润法是以独立企业在一项可比交易中所能获得的净利润率为基础来确定转让定价的方法。根据交易净利润法，纳税人在关联交易下取得的净利润率应与在可比非关联交易情况下非关联纳税人取得的净利润率大致相同。

1. 交易净利润法的适用条件

交易净利润法通常适用于有形资产的购销、转让和使用，无形资产的转让和使用，以及劳务提供等关联交易。

可比性分析应重点考察关联交易与非关联交易之间在功能、风险、经济环境上的差异以及影响营业利润的其他因素，具体包括执行的功能、承担的风险和使用的资产，行业和市场情况，经营规模，经济周期和产品生命周期，成本、费用、所得和资产在各交易间的分摊，会计处理及经营管理效率等。

在使用交易净利润法时，可以采用如下利润率指标：

$$资产收益率=\frac{息税前利润}{(年初资产总额+年末资产总额)\div 2}\times 100\%$$

$$营业利润率=\frac{营业利润}{营业收入}\times 100\%$$

$$息税前营业利润率=\frac{息税前利润}{营业收入}\times 100\%$$

$$贝里比率=\frac{营业毛利}{营业费用+管理费用}\times 100\%$$

$$完全成本加成率=\frac{息税前利润}{完全成本}\times 100\%$$

2. 税收筹划的关键点

由于在运用交易净利润法时要考察纳税人从某项关联交易中实现的、相对于一个适当基数（如成本、销售、资产）的净利润率，因而交易净利润法的操作方式类似于成本加成法和再销售价格法。也就是说，纳税人从某项关联交易中取得的净利润率，在理想情况下，应当参照同一纳税人从可比非关联交易中取得的净利润率。在使用交易净利润法时，有以下几点要注意：

第一，进行功能分析，确定可比数据。首先，要分析关联企业发挥的功能及承担的风险，并确定它是否拥有有价值的无形资产；然后，找出可比的交易或可比的公司，最好是找出该关联企业与其他非关联企业的交易进行比较，只有在没有内部可比交易时才可以使用关联企业没有参与的交易作为参照。在确定了可比的交易或公司后，还要进行功能和风险评估，确保将所有影响利润率的差异都识别出来，以便在转让定价调整时充分考虑这些差异。

第二，选择分析的时间。在选定利润指标后，就要对关联交易和参照交易进行比较，但使用哪一年的指标进行比较，《国家税务总局关于印发〈特别纳税调整实施办法（试行）〉的通知》（国税发［2009］2号）中并没有说明。OECD在《转让定价准则》中也没有说明这个问题，只是表示要参照多年的数据，以便充分考虑产品生命周期和短期经济波动对利润的影响。另外，企业可能采取市场侵蚀战略：在该时期，企业的利润可能会低于一般水平，但企业以后的利润率可能会高于正常水平。有些企业的经营带有明显的周期性（比如与农、林、牧、渔业相关的企业），必须用整个周期的数据进行分析，一般要选择3～4年的数据。

第三，选择分析的方法。在对多年的利润率指标进行分析时，一般要求出平均数，具体的计算方法包括算术平均法或按销售额进行加权平均。如果考虑整个经营周期的情况，就可以对每一年的结果进行平均。这样，一年内企业与企业的差异就可以凸显出来，在这个时期内的整个盈利模式也就很清楚了。当然，如果一个行业内企业的营利性受产品周期的影响很大，而且在一个年度中进行比较的两个企业在产品生命周期中处于不同的位置，那么对一个年度的结果进行平均就没有意义，此时就需要选择合适的周期，比如季度。

3. 案例分析

【例8-6】 Y公司是我国境内的一家通信设备制造企业，在A国和B国各有一家子公司，这两家子公司都使用Y公司研发的专有技术进行生产，是世界上仅有的生产这种产品的两家公司。Y公司使用资产利润率来评价各公司的业绩。A国子公司的资产原始成本为1 000万美元，所生产的产品全部销往Y公司，每年销售20万件产品，单位总成本（销售成本加上销售费用）为每件40美元。B国子公司生产的产品销往第三国的非关联批发商，其资产利润率为10%。那么，如何合理确定A国子公司销售给Y公司的产品单价？

案例解析：

由于Y公司使用资产利润率指标来评价子公司的经营管理，所以在没有交易数据的情况下，使用资产利润率来确定转让定价就比较合适。已知B国子公司取得的资产利润率为10%（资产价值按资产的原始成本计算），A国子公司使用的资产原始成本为1 000万美元。根据B国子公司10%的资产利润率，A国子公司销售给Y公司的产品应当取得100万美元的净利润。A国子公司每年销售20万件产品给Y公司，所以每件产品的净利润应为5美元，加上单位总成本40美元，A国子公司卖给Y公司每件产品的价格应当是45美元，成本利润率为12.5%（$=5\div40\times100\%$）。

实际上，这种方法可以转化为成本加成法，即

成本×(1＋成本利润率)＝正常交易价格

但在调整的过程中，需要根据资产利润率来确定净利润的总额，进而计算出关联企业在转让定价中的单价应该包括的正常利润额度，然后推算出正常的单价水平。

（三）其他方法

1. 可比利润法

可比利润法是指在可比的情况下，按非关联企业（可比方）与其他非关联企业从事同样经营活动所取得的利润率（利润水平指标）来推算关联企业（被检方）在关联交易中应使用的转让价格。如果被检方的利润水平指标与那些非关联纳税人的经营利润指标

一致，那么被检方的利润数额将被确认为公平交易的结果；但如果被检方的利润水平指标与可比方的经营利润指标不一致，有关税务当局就要按可比方的经营利润指标对被检方的利润水平进行调整。

可比利润法基于以下假定：从长期来看，在相同情况下的纳税人应当取得相同的利润。可比利润法属于一种净利润率的比较方法，但它要求比较被检方和非关联企业在一定时期中全部交易活动取得的净利润率，而不是在交易净利润法下比较单笔交易的净利润率，所以它属于总利润法。可比利润法是美国倡议的，并将其作为转让定价调整的“最后手段”。目前，除了美国外，只有新西兰、韩国、越南、菲律宾等少数国家采用。经合组织的《转让定价指南》认为，可比利润法只有与经合组织《转让定价指南》中的精神相一致才可以被接受。过去，我国也允许使用可比利润法。2004 年，《国家税务总局关于修订〈关联企业间业务往来税务管理规程〉的通知》（国税发［2004］143 号）曾明确把可比利润法作为转让定价调整的“其他合理方法”之一。然而，2009 年的《国家税务总局关于印发〈特别纳税调整实施办法（试行）〉的通知》（国税发［2009］2 号）以及《国家税务总局关于发布〈特别纳税调查调整及相互协商程序管理办法〉的规定》（国家税务总局公告 2017 年第 6 号）中则没有明确指出可比利润法属于“其他符合独立交易原则的方法”。

2. 资产评估方法

国家税务总局公告 2017 年第 6 号特别推荐了资产评估方法作为其他符合独立交易原则的转让定价方法。资产评估方法包括成本法、市场法和收益法等方法。成本法是以替代或者重置原则为基础，通过评估在当前市场价格下重置相似资产所发生的支出来确定被测试对象价值的评估方法。成本法适用于能够被替代的资产价值评估。市场法是利用市场上同样或者类似资产的近期交易价格，经过直接比较或者类比分析以评估被测试对象价值的评估方法。市场法适用于在市场上能找到与被评估资产完全相同或者相似的可比交易信息。收益法是通过被评估对象的未来预期收益现值来确定其价值的评估方法。收益法适用于企业整体资产和可预测未来收益的单项资产评估。在运用收益法评估无形资产的价值时，应当合理确定无形资产的经济年限。

第三节 预约定价安排

一、预约定价安排的概念

预约定价安排（advance pricing arrangements，APA）是指在关联交易发生之前确定一套适当的标准（比如方法、可比对象及其适当调整、未来事件的临界假设），并以此确定一段期间内这些交易的转让定价问题的协议。从纳税人正式启动 APA 开始，需要由纳税人、一个或多个关联企业、一个或多个税务机关进行谈判。APA 旨在对解决转让定价问题的传统管理、司法及条约机制进行补充。在传统机制失效或难以适用时，

APA 可能很有帮助。

APA 可以涉及纳税人的所有转让定价问题（有些国家倾向于如此），也可以使纳税人有一定的灵活性，将 APA 申请局限于指定的子公司及公司间交易。APA 适用于以后年度的交易，其实际期限取决于所涉及的行业、产品或交易。关联企业可以将其申请局限于指定的以后纳税年度。APA 能提供机会将双方同意的转让定价方法用于以前年度未解决的类似的转让定价问题。

二、预约定价安排的主要目标

实施预约定价安排的目的是在纳税人与税务部门合作和谈判的基础上找到一种灵活的解决问题的方法。具体说来，预约定价安排应能达到以下几个目标：

（1）使纳税人在三个基本问题上与税务部门达成谅解：预约定价安排涉及的公司间交易的真实性质；用于这些交易的合理的转让定价方法；应用这些转让定价方法能够取得效果的范围。

（2）创造一种使纳税人与税务部门之间相互理解、相互合作的环境。

（3）能够以比传统方法更快的方式与纳税人达成协议。

（4）以一种对于纳税人和税务部门来说成本更低、更有效率的方式达成转让定价安排。

总之，制定预约定价安排的目的是通过减少不确定性以及提高跨国关联企业交易税收后果的可预见性来促进纳税人对税法的自愿服从，从而减轻税务部门和纳税人双方的管理负担。

三、预约定价安排的程序

根据《国家税务总局关于完善预约定价安排管理有关事项的公告》（国家税务总局公告 2016 年第 64 号）的规定，预约定价安排的谈签与执行通常要经过预备会谈、谈签意向、分析评估、正式申请、协商签署和监控执行 6 个阶段。

（一）预备会谈

企业有谈签预约定价安排意向的，应当向税务机关书面提出预备会谈申请，提交《预约定价安排预备会谈申请书》，主管税务机关可以组织与企业开展预备会谈。企业申请双边或者多边预约定价安排的，应当同时向国家税务总局和主管税务机关书面提出预备会谈申请，提交《预约定价安排预备会谈申请书》，并由国家税务总局统一组织与企业开展预备会谈。

（二）谈签意向

税务机关和企业在预备会谈期间达成一致意见的，主管税务机关向企业送达同意其提交谈签意向的《税务事项通知书》。企业在收到《税务事项通知书》后，向税务机关提出谈签意向。企业申请单边预约定价安排的，应当向主管税务机关提交《预约定价安排谈签意向书》，并附送单边预约定价安排申请草案。企业申请双边或者多边预约定价安排的，应当同时向国家税务总局和主管税务机关提交《预约定价安排谈签意向书》，并附送双边或者多边预约定价安排申请草案。然而，有下列情形之一的，税务机关可以拒绝企业提交谈签意向：税务机关已经对企业实施特别纳税调整立案调查或者其他涉税案件调查，且尚未结案的；未按照有关规定填报年度关联业务往来报告表；未按照有关规定准备、保存和提供同期资料；在预备会谈阶段，税务机关与企业无法达成一致意见。

（三）分析评估

在企业提交谈签意向后，税务机关应当分析预约定价安排申请草案的内容，评估其是否符合独立交易原则。根据分析评估的具体情况，税务机关可以要求企业补充提供有关资料。

（四）正式申请

主管税务机关在分析评估阶段认为企业预约定价安排申请草案符合独立交易原则的，可以向企业送达同意其提交正式申请的《税务事项通知书》；企业在收到通知后，可以向税务机关提交《预约定价安排正式申请书》，并附送预约定价安排正式申请报告。企业申请单边预约定价安排的，应当向主管税务机关提交上述资料。企业申请双边或者多边预约定价安排的，应当同时向国家税务总局和主管税务机关提交上述资料，并按照有关规定提交启动特别纳税调整相互协商程序的申请。

（五）协商签署

主管税务机关与企业开展单边预约定价安排协商，协商达成一致的，拟定单边预约定价安排文本。主管税务机关与企业就单边预约定价安排文本达成一致后，双方的法定代表人或者法定代表人授权的代表签署单边预约定价安排。国家税务总局与税收协定缔约对方税务主管当局开展双边或者多边预约定价安排协商，协商达成一致的，拟定双边或者多边预约定价安排文本。国家税务总局与税收协定缔约对方税务主管当局就双边或者多边预约定价安排文本达成一致后，双方或者多方税务主管当局授权的代表签署双边或者多边预约定价安排。国家税务总局应当将预约定价安排转发主管税务机关。主管税务机关应当向企业送达《税务事项通知书》，附送预约定价安排，并做好执行工作。

在预约定价安排签署前，税务机关和企业均可暂停、终止预约定价安排程序。税务机关发现企业或者其关联方故意不提供与谈签预约定价安排有关的必要资料，或者提供虚假、不完整资料，或者存在其他不配合的情形，使预约定价安排难以达成一致的，可以暂停、终止预约定价安排程序。税务机关暂停、终止预约定价安排程序的，应当向企业送达《税务事项通知书》，并说明原因；企业暂停、终止预约定价安排程序的，应当向税务机关提交书面说明。

（六）监控执行

第一，税务机关应当监控预约定价安排的执行情况。在预约定价安排执行期间，企业应当完整保存与预约定价安排有关的文件和资料，包括账簿和有关记录等，不得丢失、销毁和转移。企业应当在纳税年度终了后6个月内，向主管税务机关报送执行预约定价安排情况的纸质版和电子版年度报告，主管税务机关将电子版年度报告报送国家税务总局；涉及双边或者多边预约定价安排的，企业应当向主管税务机关报送执行预约定价安排情况的纸质版和电子版年度报告，同时将电子版年度报告报送国家税务总局。年度报告应当说明报告期内企业的经营情况以及执行预约定价安排的情况。需要修订、终止预约定价安排，或者有未决问题或预计将要发生问题的，应当做出说明。

第二，在预约定价安排执行期间，主管税务机关应当每年监控企业执行预约定价安排的情况。预约定价安排采用四分位法确定价格或者利润水平，在预约定价安排执行期间，如果企业当年的实际经营结果在四分位区间之外，税务机关可以将实际经营结果调整到四分位区间的中位值。

第三，在预约定价安排执行期间，企业发生影响预约定价安排的实质性变化，应当从发生变化之日起30日内书面报告主管税务机关，详细说明该变化对执行预约定价安排的影响，并附送相关资料。由于非主观原因而无法按期报告的，可以延期报告，但延长期限不得超过30日。主管税务机关应当在收到企业书面报告后，分析企业的实质性变化情况，再根据实质性变化对预约定价安排的影响程度，修订或者终止预约定价安排。

第四，在预约定价安排执行期间，主管税务机关与企业发生分歧的，双方应当进行协商。协商不能解决的，可以报上一级税务机关协调；涉及双边或者多边预约定价安排的，必须层报国家税务总局协调。对上一级税务机关或者国家税务总局的决定，下一级税务机关应当予以执行。企业仍不能接受的，可以终止预约定价安排的执行。

第五，签署的预约定价安排终止执行的，税务机关可以和企业按照规定的程序及要求，重新谈签预约定价安排。

第六，预约定价安排执行期满后自动失效。企业申请续签的，应当在预约定价安排执行期满之日前90日内向税务机关提出续签申请，报送《预约定价安排续签申请书》，并提供执行现行预约定价安排的情况报告，现行预约定价安排所述事实和经营环境是否发生实质性变化的说明材料，以及续签预约定价安排年度的预测情况等相关资料。预约定价安排执行期满，企业各年度经营结果的加权平均值低于区间中位值，且未调整至中位值的，税务机关不再受理续签申请。

四、预约定价安排的优点

申请和达成预约定价安排可能需要耗费很长的时间和很多的财力，然而，一旦签订了预约定价安排，各方就不必再为转让定价的审查和调整而费时费力。具体说来，预约定价安排可以给各方带来如下利益：

第一，通过达成预约定价安排，纳税人可以确切地知道今后税务部门对自己经营活动中的转让定价行为会做何反应；如果签订的是双边预约定价安排，纳税人还可以知道外国税务当局会对自己的转让定价行为做何反应。

第二，预约定价安排可以提供一种非常好的环境，纳税人、税务当局及主管税务部门可以相互合作，以确定纳税人的跨境交易活动适用哪种转让定价方法。预约定价安排的签署过程还可以促进有关各方之间的信息交流，在转让定价问题上达成一个合法的并切实可行的结果。

第三，预约定价安排可以大大减轻纳税人保留原始凭证、文件资料的负担。纳税人与税务部门签订预约定价安排以后，只需保存一些与合理的定价方法有关的原始凭证，与其他定价方法相关的文件资料并不一定要保留，而这些资料在过去税务部门的转让定价审查中往往要调阅，所以必须保存。另外，预约定价安排也可以使税务机关以廉价的方式获得纳税人的信息。

第四，预约定价安排可以使纳税人避免一些没完没了的诉讼程序。这是因为，如果没有预约定价安排，纳税人的转让定价行为就很可能被主管税务部门认定为不合理，从而使纳税人与税务部门之间发生纠纷，弄不好还要被税务部门告上法庭。而有了预约定价安排，纳税人只要不违反相关的条款，其转让定价行为就是合理合法的，不必担心被起诉。

五、预约定价安排的不足

出于对双重征税的关注，大多数国家倾向于双边或多边 APA（即两国或多国同时签订协议），有些国家甚至不同意与其税收管辖权域内的纳税人签订单边 APA（即纳税人与一个税务当局签订的协议）。因为单边 APA 只是得到跨国关联中一方当事国的认可，而另一方的税务当局可能并不接受这个结果，因而单边 APA 的运用并不一定带来有关纳税人确定性的增加及跨国公司集团经济或法律上双重征税的减少。

因此，只要有可能，有关税务当局应该通过相互协商程序在双边或多边的基础上签订 APA。双边 APA 还可明显减少利润完全没有被征税或被双重征税的机会。对于缺少国内立法依据、无法直接与纳税人签订有约束力的协议的税务机关来说，通过相互协商程序缔结 APA 可能是其唯一能够采用的方式。

预约定价安排实际上是纳税人事先将其和境外关联企业之间的内部交易与财务收支往来所涉及的转移价格制定方法向税务机关报告，经审查认可，作为计征所得税的会计核算依据，并免除事后税务机关对转让定价进行调整的协议。它的最大特点是将事后调整改为事先调整，有利于消除跨国企业与相关国家税务当局的争议。但并不是每一家跨国企业都适用预约定价安排，因为 APA 费时且费钱，规模较小的纳税人一般负担不起，特别是需要聘请独立专家帮助时，更是如此。因此，APA 一般只着力于解决重大转让定价个案。另外，APA 对资源的需求也限制了税务机关接受申请的数量。

六、适于申请预约定价安排的企业

预约定价安排并不是无条件地适用于所有类型的企业。一般来说，在下列情况下，企业应当考虑与税务机关达成预约定价安排：

第一，在与国外关联企业进行交易时需要采用非标准的转让定价方法。各国税法中一般都列出了允许纳税人使用的标准的转让定价方法，如可比非受控价格法、再销售价格法、成本加成法等，但如果一个企业出于经营管理上的需要，必须采取非标准的转让定价方法，那么最好与主管税务机关签订预约定价安排。这是因为，如果没有预约定价安排，主管税务机关很可能要对其进行转让定价的审查和调整。预约定价安排的目的就是要通过谈判以灵活的方式解决转让定价纠纷，所以只要企业能够在预约定价安排的谈判中向主管税务机关证明自己所采用的非标准转让定价方法不是出于避税，那么主管税务机关就可能同意企业的做法，并就这种非标准的转让定价方法与企业达成预约定价安排。实际上，这等于企业为自己的转让定价方法“买”了一份保险。

第二，与国外关联企业有大量的业务往来。如果企业与国外关联企业有大量的业务往来，很容易受到本国税务机关的注意和转让定价的审查。特别是在企业与跨国关联企业进行无形资产、贷款、管理服务交易以及收取内部管理费时，很容易与主管税务机关发生转让定价纠纷。所以，经常与跨国关联企业从事上述交易的企业最好与主管税务机关签订预约定价协议。特别地，如果企业的主管税务机关对转让定价审查得十分严格，那么签订预约定价安排就更有必要。

第三，本企业产品在国外面临激烈的市场竞争，因而必须在国外市场设立受控子公司来满足该市场的需求。在这种情况下，企业往往要利用低价销售的市场战略向国外受控子公司销售本企业的产品，所以此时最好事先向主管税务机关阐明企业的销售战略，争取税务机关的理解，并与其签订预约定价安排。

第四节　BEPS行动计划对国际税收筹划的影响

一、BEPS行动计划概述

税基侵蚀与利润转移（base erosion and profit shifting，BEPS）是指利用不同税收管辖区的税制差异和规则错配进行税收筹划，人为造成应税利润“消失”或将利润转移到没有或几乎没有实质经营性活动的低（或零）税负国家（地区），从而达到不缴或少缴公司所得税的目的。

在2008年国际金融危机后，主权国家针对跨国企业偷逃漏税的诉讼日益增多，比如微软、谷歌、苹果、星巴克等跨国企业集团都在此列。2012年6月，20国集团（G20）财长和央行行长会议同意通过国际合作应对税基侵蚀与利润转移问题，并委托OECD就此开展研究。

2013年6月，OECD发布了BEPS行动计划。在2013年7月莫斯科会议及2013年9月的圣彼得堡峰会上，G20领导人正式背书该计划。该行动计划是一个国际税收改革项目，旨在修改国际税收规则，遏制跨国企业规避全球纳税义务、侵蚀各国税基的行为。BEPS行动计划由34个OECD成员、8个非OECD的G20成员和19个其他发展中成员共计61个成员参与。其一揽子国际税改项目主要包括三方面的内容：一是保持跨境交易相关成员国内法规的协调一致；二是突出强调实质经营性活动并提高税收透明度；三是提高税收确定性。

OECD在整合2014年9月发布的BEPS行动计划首批7项成果的基础上，于2015年10月5日发布了BEPS行动计划的最终成果。BEPS行动计划的最终成果包括所有15项行动计划报告和一份解释性声明。

二、BEPS行动计划的框架结构

BEPS一揽子措施共包括15项行动计划，主要包含三个方面的内容，即国际税收规则的一致性、强调经济实质以及提高税收透明度和确定性。第1项和第15项行动计划设置在框架之外：第1项行动计划的目的在于应对数字经济对于现有征税原则的挑战，第15项行动计划的目的在于开发多边协议工具，使各国能利用该协议来修订现有的双边税收协定，以实施达成共识的BEPS相关改革措施。BEPS行动计划具体包括：

- 第1项行动计划：应对数字经济的税收挑战。
- 第2项行动计划：消除混合错配安排的影响。
- 第3项行动计划：制定有效受控外国公司规则。
- 第4项行动计划：对利用利息扣除和其他款项支付实现的税基侵蚀予以限制。
- 第5项行动计划：考虑透明度和实质性因素，有效打击有害税收实践。
- 第6项行动计划：防止税收协定优惠的不当授予。
- 第7项行动计划：防止人为规避构成常设机构。
- 第8～10项行动计划：转让定价结果和价值创造相匹配。
- 第11项行动计划：衡量和监控BEPS。
- 第12项行动计划：强制披露规则。
- 第13项行动计划：转让定价文档指引和国别报告。
- 第14项行动计划：使争议解决机制更有效。
- 第15项行动计划：制定用于修订双边税收协定的多边协议。

三、BEPS转让定价国别报告机制

2014年9月16日，经合组织发布了BEPS第13项行动计划报告，即重新审视转让定价文档资料，并作为独立的章节被纳入经合组织的《转让定价指南》。该项行动计划报告包含了转让定价报告的新标准，提出了转让定价报告的三层结构，即包含跨国集团全球信息的核心资料、包含某一特定集团子公司信息的本地资料和包含跨国集团全球信息概要的国别报告表。跨国集团全球信息的核心资料报告旨在提供跨国企业的全球运营信息概览，包括全球组织架构、业务描述、无形资产使用情况、集团内部融资情况和财务状况。本地资料报告包括跨国企业与特定国家关联企业之间具体关联交易的详细信息，以及企业对于这些交易所做的转让定价分析。国别报告是以国家为单位，报告跨国企业在各业务开展国的收入分配、纳税、雇员、资产等方面的具体情况，该报告有助于税务机关从整体上评估转让定价以及其他与BEPS相关的风险。此后，经合组织又就国别报告问题连续发布指导性文件，形成了国别报告机制。该机制被认为将在税务机关对转让定价及其他税收风险进行评估的过程中发挥重要作用。

2015 年 2 月，经合组织特别就第 13 项行动计划所要求的国别报告发布了一项指南，指出国别报告一般需要在跨国集团的母公司所在国提供，并通过税务情报交换与其他关联公司所属国家的税务机关共享。与此同时，该指南提到了免于报告的最低标准及如何实施核心资料和本地资料报送的问题。同年 6 月，经合组织又就第 13 项行动计划中的国别报告问题发布了进一步的指导文件，即《第 13 项行动：国别报告实施方案》。该方案包括各国可以借鉴的关于实施国别报告的示范性立法，以及促进各国主管税务机关之间进行国别报告情报交换的示范性协议。该方案还指出，经合组织或将进一步提供指引，以方便国别报告在各国税务机关之间通过电子文件形式进行交换。可以说，经合组织就转让定价国别报告机制基本上已经构建了较为完整的制度体系，有效地增强了税务机关对跨国关联企业通过转让定价逃避税收的监管。

四、BEPS 对企业税收筹划的影响

受到 BEPS 行动计划的影响，传统的国际税收筹划方式也面临新的调整，跨国企业需要重新筹划交易模式、对税收优惠政策进行重新考量以及对企业价值链进行重新分析等。

（一）重新筹划交易模式

企业集团的内部交易（包括商品销售、借贷、特许经营等）在跨国企业的经营中占有非常重要的地位。BEPS 行动计划非常关注关联交易的性质，修正了利益分配的规则，并重新明确了哪些类型的交易是有经济实质和可以接受的。这些措施使得跨国企业需要对交易模式进行重新筹划。例如，很多公司都有混合错配交易的安排，即同一经营实体或者业务安排在不同的税收辖区具有不同的税收属性，在一个国家或地区会被视为应税实体，而在另一个国家或地区不被视为应税实体。这些混合错配安排将来可能会受到更加严厉的监管或受到税务机关的纳税调整，从而可能导致双重征税或者在某些交易模式下利润的变化。

（二）重新考量税收优惠政策

为了鼓励投资和促进经济发展，很多国家和地区都针对跨国企业对本国的投资提供特定的税收优惠，但 BEPS 行动计划已经提议限制一个国家以损害其他国家税源的方式为在本国经营的企业提供税收优惠。这就要求跨国企业对基于税收优惠政策的国际税收筹划进行重新考量。

一个典型的例子是关于主体公司的安排。一些国家和地区（如瑞士、卢森堡、荷兰、新加坡等）对在本国建立主体公司提供税收优惠政策，因而跨国企业往往在这些国家建立主体公司，通过内部交易中的转让定价方法将高税率国家的利润转移到主体公司，从而实现跨国企业集团整体税负的降低。

以新加坡为例，新加坡的主体公司向供应商购买原材料，然后提供给亚洲其他国家

的关联企业进行生产，在生产完成后由新加坡主体公司收回，卖给亚洲各国的关联销售公司，再由销售公司将产品卖给最终客户。新加坡的主体公司承担主要的职能和风险，包括生产管理、质量监控、供应链管理和研发等，并集中了大部分利润，而集团内的生产企业、分销企业由于只承担了非常有限的职能和风险，所以获得的利润也非常有限。在符合相关要求和规定的条件下，主体公司在新加坡可以被认定为地区总部，享受特定的低税率，从而可降低集团的总体税负。随着 BEPS 行动计划的发布，各传统的主体公司所在地都可能修改相应制度，以符合 BEPS 第 5 项行动计划关于有害税收实践的相关要求。原来使用主体公司架构运营的企业，就要复核现有业务模式和当地税收立法的变化，进行相应的调整和应对。

（三）重新分析企业价值链和全球利润分布

大部分跨国企业都有大量的集团内部关联交易，通过内部交易转让定价策略的制定将形成特定的企业价值链。为实现跨国企业集团整体税负的降低，常见的方法是将高税率国家的利润转移到低税率国家。但是，尽管数字经济蓬勃发展，BEPS 行动计划还是强调了将利润分配和商业实质（主要体现为有形资产和业务经营者）相匹配。例如，一个单纯形式上拥有知识产权却没有员工进行知识产权管理的公司，可能不会被税务机关认同创造了知识产权并获得了相关收益。因此，跨国企业需要重新考量企业利润在不同关联方之间和不同区域的分布，这对企业的总体税负和全球利润都将产生重要的影响。

综上所述，BEPS 行动计划要求跨国企业对传统的国际税收筹划方式进行必要的调整。虽然新的国际税收体系需要时间的沉淀才能变得清晰，但跨国企业的董事会应当基于 BEPS 行动计划的要求重新考虑企业核心职能的地点布局、企业组织架构、融资方式以及治理方式等，及时进行必要的评估和计划，确保全球架构具备商业实质，确保业务和税收安排妥善记录存档。

本章小结

本章介绍了国际税收筹划的方法、转让定价调整方法、预约定价安排和 BEPS 行动计划对国际税收筹划的影响。在跨国投资的转让定价活动中，企业纳税人应当在遵守国家现行法律法规及国际税收协定的前提下，正确运用税收筹划的方法与技巧，在保障本国税收利益的基础上选择最佳纳税方案。

复习思考题

1. 转让定价的含义是什么？
2. 转让定价的方法有哪些？
3. 简述预约定价安排的程序。
4. BEPS 行动计划对转让定价做出了哪些规定？
5. 在关联企业的转让定价活动中，如何认知企业利益、国家利益和保护我国税收利益？

6. 简述国际税收筹划体现的社会主义核心价值观。

案例阅读

欧盟委员会如何否定星巴克与荷兰税务机关的预约定价安排

一、案例背景

星巴克集团是著名的咖啡专业制造商和零售商，它的总部位于美国西雅图，在60多个国家开展经营活动。2013年，星巴克集团的全球净收入是148.92亿美元，税后净利润为800万美元。

欧洲、中东和非洲（Europe，Middle-East，Africa，以下简称EMEA市场）是星巴克集团的主要经营市场之一，2013年该市场的营业收入占全球营业收入的比重约为8%。星巴克集团在该市场拥有设在25个国家的1 869个销售点，其中的53%为授权第三方经营。

荷兰星巴克制造公司（Starbucks Manufacturing BV）注册在阿姆斯特丹，雇用了约80名员工，是星巴克集团在本国本土以外唯一从事咖啡烘焙业务的成员企业，其母公司荷兰星巴克公司（Starbucks Coffee BV）也注册在荷兰，是星巴克集团在EMEA市场的总部。根据荷兰法律，荷兰星巴克公司与荷兰星巴克制造公司合并申报企业所得税。

荷兰星巴克公司制造的生咖啡豆原材料购自星巴克集团在瑞士的一家子公司——星巴克咖啡贸易公司（以下简称“瑞士星巴克公司”），该公司负责整个星巴克集团的生咖啡豆采购，并拥有独立的经营权。2008年4月28日，荷兰税务机关与荷兰星巴克制造公司签订预约定价安排（APA），确定荷兰星巴克制造公司可以使用交易净利润法确定其向瑞士星巴克公司采购原材料的转让定价，并以9%～12%的交易净利润率乘以其运营成本来计算税基。但是，2015年10月21日欧盟委员会在经过历时两年的调查后，裁定荷兰税务机关和荷兰星巴克制造公司达成的预约定价安排违反了欧盟竞争法中关于国家援助制度的规定，是非法的，因而责令星巴克向荷兰税务机关补缴2 000万～3 000万欧元税款，具体补缴金额将由荷兰税务机关依据欧盟委员会在判决中认可的转让定价方法确定。

二、本案例的焦点问题

本案例的焦点问题是荷兰税务机关与荷兰星巴克制造公司签订的预约定价安排为何遭到质疑？纳税人与税务机关已经签订的预约定价安排为何会被欧盟否定？欧盟的国家援助制度对欧盟国家和纳税人有哪些影响？

三、案例分析

（一）荷兰星巴克制造公司的主要业务活动和股权架构

欧盟委员会的调查主要针对荷兰税务机关与荷兰星巴克制造公司的预约定价安排。位于美国的星巴克集团公司总部完全控股星巴克国际公司（SCI Inc.）和英国星巴克公司（SCI UK Inc.），这两家子公司均在美国注册成立。SCI Inc. 完全控股两家欧洲星巴克公司（SCIEI Inc. 和SCIEII Inc.），这两家子公司也均在美国注册。SCI Inc.、SCIEI Inc. 和SCIEII Inc. 又分别直接和间接持有两家荷兰有限合伙企业CV1和CV2（其中，SCI Inc. 持有CV1 95%以上的权益，SCIEI Inc. 和SCIEII Inc. 分别持有CV1 5%以下的权益，

CV1 持有 CV2 95%以上的权益，SCIEI Inc. 和 SCIEII Inc. 分别持有 CV2 5%以下的权益），CV2 和 SCI UK Inc. 又持有一家英国有限合伙企业 ALKI LP（其中，CV2 持有 95%以上的权益，SCI UK Inc. 持有 5%以下的权益）。ALKI LP 与星巴克集团公司签订了成本分摊协议，拥有星巴克在 EMEA 地区无形资产的所有权，并将其授权给荷兰星巴克公司（主要是星巴克的商标、店面布置、企业标识等）和荷兰星巴克制造公司（主要是星巴克的烘焙技术），ALKI LP 向荷兰星巴克公司和荷兰星巴克制造公司收取特许权使用费并穿透 CV1 和 CV2 最终支付给美国公司（SCI Inc.、SCI UK Inc. 等）。

在上述架构中，CV1 和 CV2 是荷兰税法下的未上市有限合伙企业，而 ALKI LP 是英国的有限合伙企业。根据荷兰税法，未上市有限合伙企业被视为透明实体，其取得的收入不承担企业所得税的义务，而仅由持股方就其享有的权益对应的收入纳税。英国税法规定，有限合伙企业仅在持股方层面课税。因此，ALKI LP 取得的特许权使用费收入既不在英国缴纳企业所得税，又不在荷兰缴纳企业所得税，而是经过三层穿透，最终将在 SCI Inc. 层面纳税。

但是，欧盟委员会并没有质疑星巴克集团特许权使用费的税负是否合理，而重点关注了荷兰星巴克制造公司在业务活动中的转让定价问题。

如前所述，荷兰星巴克制造公司的功能是烘焙咖啡豆并向星巴克集团在 EMEA 市场的各个销售点交付咖啡，但它进行烘焙的原材料是从关联企业瑞士星巴克公司采购的，并且该公司向星巴克各个销售点交付的咖啡是基于其母公司荷兰星巴克公司与这些销售点签订的合同确定的价格，因而税务机关需要对这些关联交易进行转让定价调整。正是在这一背景下，荷兰税务机关分别和荷兰星巴克公司以及荷兰星巴克制造公司签订了预约定价安排，本案例涉及的主要是荷兰税务机关与荷兰星巴克制造公司签订的预约定价安排（以下简称 SMBV APA）。

（二）交易净利润法：预约定价安排中的核心内容

在 SMBV APA 中，荷兰税务机关与荷兰星巴克制造公司达成一致意见，采用交易净利润法作为转让定价的调整方法。根据这一方法，应先选取可比公司，然后确定可比公司的可比非关联交易的成本加成率区间，再将这个可比区间用于计算荷兰星巴克制造公司的净利润。

1. 可比公司的选择

在可比公司的选择方面，星巴克税务顾问对欧洲地区与本公司经营相似业务、承担相似功能和风险的企业进行了调查，经过计算机筛选和人工核查，最终确定了 Amadeus 数据库中的 20 家公司作为潜在的可比公司。在 SMBV APA 中，可比公司选择这一环节基本未受到欧盟委员会的质疑。

2. 可比成本加成率的计算

在正常情况下，可比成本加成率的计算公式如下：

$$可比成本加成率=\frac{可比公司净利润}{可比公司总成本}$$

然而，在 SMBV APA 中，可比成本加成率是根据 2001—2005 年 20 家可比公司的数据，采用以下公式计算的：

$$\text{调整的可比成本加成率}=\frac{\text{可比公司净利润}-\left(\text{无风险利率}+\text{风险溢价}\right)\times\text{可比公司原材料成本}}{\text{可比公司总成本}-\text{可比公司原材料成本}}$$

上述公式中的无风险利率使用的是各年度12个月期限的欧洲银行同业拆借利率，风险溢价均为0.5%。

我们可以发现，SMBV APA中调整的可比成本加成率公式是在正常可比成本加成率公式基础上经过两次调整得到的：第一次调整是在分子上从可比公司净利润中减去原材料的资金成本，第二次调整是在分母上从可比公司总成本中减去可比公司原材料成本。

对于这两次调整，荷兰税务机关和星巴克税务顾问给出的理由是：因为选取的可比公司中有一部分是完全制造商，它们在原材料方面承担更多的功能和风险；相应地，它们需要获得更多的利润。为了计算荷兰星巴克制造公司的可比利润，需要将这些公司增加的利润扣除，因而应在净利润中减去原材料的资金成本。此外，由于荷兰星巴克制造公司只是"来料加工企业"，在短期内不承担存货风险，因而为确定荷兰星巴克制造公司的可比成本，需要在分母中剔除原材料成本。

根据Amadeus数据库中2001—2005年20家可比公司的数据，可以测算出未调整可比成本加成率和SMBV APA中调整的可比成本加成率。

虽然SMBV APA中调整的可比成本加成率与未调整可比成本加成率相比，分子和分母都调减了，但经过这样的公式转换，核定荷兰星巴克制造公司净利润的基数将由总成本变为剔除原材料成本后的成本，最终将导致核定净利润的下降。

3. 荷兰星巴克制造公司净利润的计算

在正常情况下，可比成本加成率确定后，应根据下述公式计算荷兰星巴克制造公司的净利润：

$$\text{荷兰星巴克制造公司净利润}=\text{可比成本加成率}\times\text{荷兰星巴克制造公司总成本}$$

但在SMBV APA对可比成本加成率进行调整后，将根据下述公式计算荷兰星巴克制造公司的净利润：

$$\text{荷兰星巴克制造公司净利润}=\text{调整的可比成本加成率}\times\left(\text{荷兰星巴克制造公司总成本}-\text{荷兰星巴克制造公司原材料成本}\right)$$

显然，在调整后的可比成本加成率与原可比成本加成率相比变化不大的情况下，作为核定净利润基数的总成本的调减可带来净利润较大幅度的下降。事实上，在SMBV APA中，荷兰星巴克制造公司不仅从总成本中扣减了原材料成本，而且扣减了其他与咖啡烘焙业务无关的成本，比如荷兰星巴克制造公司作为星巴克纸杯和纸巾的中间分销商的成本等，这就使荷兰星巴克制造公司核定的净利润进一步下降，税负进一步减轻。

（三）星巴克和荷兰税务机关应用交易净利润法存在的问题

交易净利润法是一种在实践中比较常用的转让定价调整方法，其优点是受交易差异、功能差别的影响较小。但荷兰星巴克制造公司和荷兰税务机关达成的预约定价安排在应用交易净利润法时，对可比成本加成率的计算方法进行了较大调整，并且调整的理由不够充分。这是该预约定价安排遭到欧盟委员会质疑的主要原因。

具体说来，SMBV APA 调整可比成本加成率计算方法的主要理由是荷兰星巴克制造公司属于一家来料加工企业，而在星巴克税务顾问编制的转让定价报告中，它们从 Amadeus 数据库中选取的 20 家可比公司有一部分是完全制造商。

然而，欧盟委员会调查发现，根据荷兰星巴克制造公司的最新资产负债表，该公司的存货几乎达到总资产的一半。与此同时，报表附注显示：荷兰星巴克制造公司还计提了存货跌价准备，这就否定了 SMBV APA 对于荷兰星巴克制造公司只是一家来料加工企业的认定。既然荷兰星巴克制造公司承担了存货的风险，那么在计算净利润时就不应从其总成本中剔除原材料成本。

（四）欧盟关于非法国家援助的规定

在本案例中，欧盟关于非法国家援助的规定也非常值得关注，因为它可能使得跨国企业与东道国税务机关已经达成的协议失效，由此将大大提高跨国企业的税收筹划风险。

根据《欧盟运行条约》第 107 条第一款的规定，由某成员提供的或通过无论何种形式的国家资源给予的任何援助，凡通过给予某些企业或某些商品的生产以优惠，从而扭曲或威胁竞争，只要影响到各成员之间的贸易，均与内部市场原则相悖，即构成非法国家援助。

构成非法国家援助需要满足四个条件：

（1）援助措施是在国家层面实施的，并且由国家资源来资助。

（2）援助行为给被援助方带来了优势。

（3）这种优势是有选择性的。

（4）援助措施扭曲或者威胁竞争，并且潜在影响各成员间的贸易活动。

SMBV APA 对于净利润的调整方法违背了独立交易原则，不正当地导致荷兰星巴克制造公司在荷兰的税基减少。荷兰税务机关给予荷兰星巴克制造公司在税收负担方面的选择性优势，形成了欧盟各成员之间有害的税收竞争，符合上述四个条件，因而构成了非法国家援助。

四、案例启示

一方面，本案例展示了星巴克集团在 EMEA 市场的主要组织架构、经营策略以及所采用的转让定价方法；另一方面，展示了欧盟委员会关于荷兰星巴克制造公司与荷兰税收机关的预约定价安排是否构成非法国家援助的主要调查过程及结论。

本案例的核心是交易净利润法在实践中应如何应用，包括如何选择适当的可比公司，如何选择适当的利润水平指标，以及如何根据企业实际承担的功能和风险确定利润水平指标的正确计算方法。

本案例揭示了跨国企业在转让定价方法应用中可能面临的风险，特别是随着多边国际税收协调机制在国际税收领域的影响越来越大，跨国企业的税收筹划不仅要符合所在国税务当局的要求，而且要符合国际组织相关规则的要求。

主要参考文献

［1］蔡昌．税收筹划理论、实务与案例．北京：中国财政经济出版社，2013.

［2］计金标．税收筹划．北京：中国人民大学出版社，2012.

［3］盖地．企业税务筹划理论与实务．大连：东北财经大学出版社，2012.

［4］刘蓉．税收筹划．北京：高等教育出版社，2015.

［5］杜莉．国际税收．上海：复旦大学出版社，2019.

［6］全国注册会计师协会．税法．北京：中国财政经济出版社，2020.

［7］李利威．一本书看透股权架构．北京：机械工业出版社，2019.

［8］瑞华会计师事务所．上市公司税收筹划与案例解析．北京：中国财政经济出版社，2019.

［9］张远堂．资本投资并购重组税收成本和节税策划．2 版．北京：法律出版社，2015.

［10］盖地．税务筹划学．7 版．北京：中国人民大学出版社，2020.

［11］梁俊娇．税收筹划．8 版．北京：中国人民大学出版社，2020.

［12］朱青．国际税收．10 版．北京：中国人民大学出版社，2021.

［13］吴旭东．税收管理．7 版．北京：中国人民大学出版社，2019.

图书在版编目(CIP)数据

税收筹划/孙伟主编. --北京：中国人民大学出版社，2022.6

普通高等学校应用型教材. 财税

ISBN 978-7-300-30480-9

Ⅰ. ①税… Ⅱ. ①孙… Ⅲ. ①税收筹划-高等学校-教材 Ⅳ. ①F810.423

中国版本图书馆 CIP 数据核字（2022）第 050411 号

普通高等学校应用型教材·财税

税收筹划

主　编　孙　伟

副主编　谭　韵　周少君　蔡倩怡　孙　璐

Shuishou Chouhua

出版发行	中国人民大学出版社		
社　　址	北京中关村大街 31 号	**邮政编码**	100080
电　　话	010－62511242（总编室）		010－62511770（质管部）
	010－82501766（邮购部）		010－62514148（门市部）
	010－62515195（发行公司）		010－62515275（盗版举报）
网　　址	http://www.crup.com.cn		
经　　销	新华书店		
印　　刷	北京市鑫霸印务有限公司		
规　　格	185 mm×260 mm　16 开本	**版　　次**	2022 年 6 月第 1 版
印　　张	16	**印　　次**	2022 年 6 月第 1 次印刷
字　　数	364 000	**定　　价**	46.00 元

教学支持说明

1. 教辅资源获取方式

为秉承中国人民大学出版社对教材类产品一贯的教学支持，我们将向采纳本书作为教材的教师免费提供丰富的教辅资源。您可直接到中国人民大学出版社官网的教师服务中心注册下载——http://www.crup.com.cn/Teacher。

如遇到注册、搜索等技术问题，可咨询网页右下角在线 QQ 客服，周一到周五工作时间有专人负责处理。

注册成为我社教师会员后，您可长期根据您所属的课程类别申请纸质样书、电子样书和教辅资源，自行完成免费下载。您也可登录我社官网的"教师服务中心"，我们经常举办赠送纸质样书、赠送电子样书、线上直播、资源下载、全国各专业培训及会议信息共享等网上教材进校园活动，期待您的积极参与！

2. 高校教师可加入下述学科教师 QQ 交流群，获取更多教学服务

经济类教师交流群：781029042

财政金融教师交流群：182073309

国际贸易教师交流群：162921240

税收教师交流群：119667851

3. 购书联系方式

网上书店咨询电话：010-82501766

邮购咨询电话：010-62515351

团购咨询电话：010-62513136

中国人民大学出版社经济分社

地址：北京市海淀区中关村大街甲 59 号文化大厦 1506 室　100872

电话：010-62513572　010-62515803

传真：010-62514775

E-mail：jjfs@crup.com.cn